Vicente Merlo

Meditar

En el hinduismo y el budismo

editorial Kairós

© 2012 by Vicente Merlo
© de la edición en castellano:
   2013 by Editorial Kairós, S.A.

Numancia 117-121, 08029 Barcelona, España
www.editorialkairos.com

Fotocomposición: Beluga & Mleka, Córcega, 267. 08008 Barcelona
Diseño cubierta: Katrien Van Steen
Impresión y encuadernación: Romanyà-Valls. Verdaguer, 1. 08786 Capellades

Primera edición: Noviembre 2013
ISBN: 978-84-9988-311-3
Depósito legal: B 25.153-2013

Dedicado a todos los alumnos, buscadores, compañeros y amigos
que han compartido estas investigaciones sobre la meditación,
en los cursos impartidos en Casa Asia.
También a todos los lectores de esta obra

Sumario

Prólogo

de Javier Melloni

Todo libro es culminación de un proceso, tanto inmediato como remoto. El carácter inmediato del que aquí tenemos proviene de unas sesiones teórico-prácticas impartidas por el autor en Casa Asia de Barcelona durante varios años, pero su impulso procede de su propia exploración existencial por los parajes del espíritu. Sin esta búsqueda que consume a Vicente Merlo desde hace decenios no tendríamos un libro así. Y en esto consiste su valor remoto: lo que aparece en estas páginas viene de lejos, de una pasión muy antigua. El valor de este libro crece al dejar paso a textos milenarios que son presentados y comentados para dar eco a mayores lejanías.

El objetivo es audaz: dar a conocer experiencialmente las prácticas meditativas de las diversas escuelas del hinduismo y el budismo, tradiciones cuya esencia es precisamente la práctica meditativa. El autor se adentra en esas cordilleras tan extensas como los Himalayas, tan amplias como la llanura del Ganges, tan inaccesibles como las cumbres del Tíbet, tan secretas como lo que circunda la gran muralla china, tan lejanas como las islas del Japón.

Cada capítulo se ajusta con coherencia al mismo recorrido: se presenta el contexto histórico-cultural en el que surge la práctica meditativa que propone; se ofrecen unas pautas para la meditación, y a partir de la experiencia de cada una de ellas brota un diálogo aclaratorio, con unas útiles pistas bibliográficas finales. El libro se sitúa, pues, en el camino medio –muy budista– entre la erudición y la divulgación. En ningún momento cae en la vulgarización.

Uno de los mayores aciertos es hacer este recorrido a partir de los textos fundamentales de las diversas tradiciones. Se ofrece la oportunidad de acceder directamente a las fuentes, sin intermediarios. Este contacto es indispensable. Nadie puede probar en nuestro lugar el sabor del agua.

Por otro lado, el autor advierte que va a ir «cambiando deliberadamente la terminología, utilizando sinónimos y calificativos variados para impedir que nos aferremos a una terminología determinada como si el hecho de manejarla conceptualmente supusiera haber penetrado en la profundidad de aquello que trata de describir». Advierte también que no va a dar por supuestos los conceptos que aparecen, ya que parte de su propósito es que cada practicante descubra por sí mismo la veracidad de los términos o conceptos empleados. Incluso dice que este libro no está dirigido únicamente a creyentes: «Aquí no estamos presuponiendo creencia religiosa alguna. Basta con lo que podríamos denominar una espiritualidad laica». Fenómeno propio de nuestra generación que acepta la dimensión intangible de la realidad, pero que no se identifica con una interpretación o adhesión determinada. Lo que sí se requiere, sin embargo, para recorrer estas páginas, es estar abierto de mente y corazón o, más radicalmente, vivir en estado de apertura al misterio de lo Real.

Al final del recorrido, el autor plantea una serie de cuestiones capitales. En primer lugar, aborda las interpelaciones más radicales que el budismo plantea tanto al hinduismo como al resto de las religiones: ¿Hay una realidad substancial tras el yo individual? La Realidad última, ¿puede ser considerada un Ser personal? Más en general: ¿Tal Ultimidad puede ser cognoscible? ¿Es posible la unión con ella? ¿Hasta qué *lugar* conduce la meditación? ¿Hay algún tipo de conocimiento que pueda ser alcanzado mediante la práctica meditativa? A lo largo de los 16 capítulos, Vicente Merlo ha dejado claro que no hay *una* meditación, sino múltiples modalidades y cada una de ellas tiene o propicia su propio contenido. Esto nos sitúa en el centro de la epistemología contemporánea, tanto en el campo de las ciencias naturales como del espíritu: percibimos la realidad en función de nuestro ángulo de acceso y de los instrumentos que empleamos para este acercamiento. Dicho de otro modo, el que conoce, lo conocido y el acto de conocer forman una unidad inseparable. Todavía con otras palabras: no vemos la realidad tal como es sino tal como somos. Esto lo han sabido los maestros de todos los tiempos. Ello aboca a una humildad radical en toda pretensión de acercamiento a la Ultimidad.

De aquí que sea muy pertinente el uso de *equivalencias homeomórficas* que hace el autor, otra de las aportaciones valiosas de estas páginas. Este instrumento acuñado por Raimon Panikkar, maestro de todos nosotros, permite poner en relación los puntos centrales de cada tradición sin por ello igualarlos ni confundirlos. Así, se nos hace caer en la cuenta de que los *devas* hindúes tienen su equivalencia en nuestros ángeles; su manifestación sucede en un mundo intermedio, el *mundo imaginal*, que no es simplemente el de la imaginación, y menos el de la fantasía, sino que se halla a medio camino entre lo tangible y lo inteligible, en ese mismo espacio donde Jung identifica los arquetipos. En el budismo, se corresponden con los *boddhisatvas*, y en el budismo tibetano, con las *dakinis*. En algunas tradiciones meditativas, estas manifestaciones ocupan un lugar relevante, mientras que en otras, ninguno. Para unas son pistas e indicio de ascenso; para otras, meras proyecciones de la mente y distracciones que hay que evitar. Otra equivalencia homeomórfica aparece en el interior del hinduismo: entre el *atman* del Vedanta y el *purusha* del Samkya; Merlo señala muy bien que ambos son sujetos, el centro interno desde el que se medita, no objetos sobre los cuales meditar. Distinción fundamental que habla del proceso de desidentificación al que conduce toda forma de meditación. Aparecen otras equivalencias homeomórficas al poner en relación el modo de concebir la Realidad Última entre el hinduismo y las diferentes corrientes del budismo. En unas ocasiones, *brahman* equivale al *dharmakaya*, donde el Cuerpo Cósmico del Buddha aparece como plenitud llenándolo todo, mientras que en otras escuelas, la equivalencia se establece con *shunyata*, el Vacío absoluto. Esta movilidad muestra bien cómo cada horizonte de sentido organiza sus propios referentes y que las equivalencias cambian en función de cada constelación. Sutiles e insondables son las aguas de lo Intangible.

Todavía quisiera abordar un último tema en este prólogo que se me ha brindado escribir. El tiempo que vivimos es privilegiado porque nos permite conocer los diversos caminos –algunos de ellos milenarios– que han sido transitados antes que nosotros. Aquí se ofrece un mapa para que cada cual escuche lo que más le resuene, en función de su propia sensibilidad o momento que está viviendo. Pero una vez se ha hecho este recorrido lineal a lo largo de estas 16 propuestas de meditación, hay que adentrarse en una de ellas y recorrerla en toda su profundidad. Si no elegimos –y elegir significa también saber renunciar–, nos quedaremos en las puertas de todas ellas sin acabar de entrar en ninguna. Y es que junto con el privilegio está también el peligro de nuestra época: contentarnos con la mera experimentación, dispersarnos en demasiadas cosas sin que adquiramos un verdadero conocimiento que tenga la capacidad de transformarnos. Corremos el riesgo de convertirnos en diletantes, en eternos visitantes sin que nos arriesguemos a recorrer a fondo ningún camino y eludamos atravesar la última puerta que solo se abre con la redención del ego. En el término de cada práctica meditativa hay Luz infinita, sea como sea que se conciba esta Luz y sea cual sea el acceso por el que se llegue. Pero para llegar hasta ella no hay atajos que ahorren el trabajo honesto y tenaz del desenredo con nuestras falsas identificaciones.

En definitiva, estamos ante una novedosa y valiosa aportación en el campo del encuentro avanzado entre las tradiciones religiosas, en este caso, ceñido al ámbito de las prácticas meditativas de Oriente. Hay conocimiento, unción y precisión. Solo podría estar ofrecido por alguien que está familiarizado con lo que presenta. Es un estímulo también para que puedan aparecer propuestas semejantes, por ejemplo, en el ámbito de las tradiciones abrahámicas, en las que se pusieran en relación las diferentes prácticas de meditación judías, cristianas e islámicas. Todo un reto para quien lo asuma, como reto es tomarse en serio las páginas de este libro, obra que no nos invita a experimentar, sino a "experienciar", y, a partir de aquí, a dejarse transformar para adentrarse en regiones que son el destino último del ser humano.

Introducción

Bienvenidos a esta invitación a meditar unidos. Me gustaría presentar los tres aspectos que considero importantes en estos encuentros que vamos a mantener durante varios capítulos. En primer lugar, se trata de aprender y cultivar "la práctica de la meditación". No es, pues, un libro exclusivamente, ni siquiera fundamentalmente, teórico, sino que su corazón lo constituye "la experiencia de la meditación".

Ahora bien, en segundo lugar, considero importante también la "reflexión sobre la experiencia de la meditación". Esto significa que, dado que quizás no haya experiencia sin interpretación, práctica sin teoría, una segunda dimensión del encuentro del autor con los lectores consistirá en el diálogo (meditativo) sobre la práctica realizada. Pronto veremos, lo sabemos ya, que no es fácil "describir" lo que nos sucede durante la meditación. Es más, enseguida podremos comprobar que cualquier intento de descripción supone una determinada "interpretación" de lo que está sucediendo. Realizamos la descripción desde una determinada concepción del ser humano y de la realidad. Es más, quizás tengamos que reconocer que a un nivel sutil la misma experiencia, la misma práctica, suele estar muy condicionada por los presupuestos previos acerca de ella. Todo esto son cuestiones que debemos investigar juntos.

Se trata, efectivamente, de una investigación viva, conjunta, creativa. La propuesta es investigar juntos qué es esto de la meditación. Cada uno ha de "ver" por sí mismo, practicar por sí mismo, pensar por sí mismo. Así pues, experiencia y reflexión, teoría y práctica entrelazados en una relación no-dual en la que cabe distinguir ambas dimensiones, pero no separarlas como si pudieran gozar de una independencia absoluta.

Nos queda una tercera dimensión, una tercera pata del trípode sobre el que podemos apoyar nuestra investigación. Se trata del contexto histórico-cultural en el que cabe insertar cada una de las meditaciones realizadas. El libro se centra explícitamente en el hinduismo y el budismo. Se trata de (aprender a) meditar con el hinduismo y el budismo. Me parece importante tener en cuenta que la meditación, cada tipo de meditación, se origina en un contexto determinado, en un momento histórico, en una cultura específica. De ahí que enmarquemos cada meditación en una tradición, una cultura, o más concretamente, en una corriente, en un movimiento, en una escuela, en una perspectiva, quizás en ocasiones en un autor o en un texto determinados.

Se trata de buscar un equilibrio entre las tres dimensiones señaladas, partiendo de la prioridad de la práctica y la experiencia, reconociendo que nos importa en segundo lugar y ante todo, la descripción, interpretación y reflexión acerca de la meditación, haciéndonos conscientes de nuestras dudas, nuestras inquietudes, nuestras dificultades, nuestros obstáculos, así como de nuestros descubrimientos, nuestros intentos de comprender lo que está sucediendo y su alcance; y como telón de fondo que permite plantear cada meditación de un modo contextualizado, presentar el esquema conveniente para entender el origen de la meditación en cuestión.

Esto no quiere decir que cada meditación esté condenada irremisiblemente a depender de dicho contexto histórico-cultural. Ciertamente, podemos partir de su particular contexto y, sin embargo, tratar de trascenderlo, yendo más allá de él, aplicándolo a nuestra situación hermenéutica actual, a nuestro contexto histórico-cultural presente, a nuestras preocupaciones actuales. Y esto afectará incluso al lenguaje desde el cual describimos e interpretamos la experiencia de la meditación. Pero convendrá distinguir con claridad cuándo estamos hablando desde una tradición determinada y utilizando su lenguaje propio y cuándo estamos re-creando la comprensión y el sentido de dicha práctica.

Finalmente, me gustaría decir que en esta comunidad de investigación ideal no se da por sentada ninguna interpretación ni teoría determinada, sino que se propone un "diálogo dialógico" en el que nuestra "apertura" a visiones diferentes permita una cierta "vulnerabilidad" capaz de poner en cuestión nuestros presupuestos, nuestros "prejuicios hermenéuticos", pues veremos que –como decíamos anteriormente– en cuanto abrimos la boca para decir, aunque solo sea para decirnos a nosotros mismos, lo que está ocurriendo en meditación, descubrimos que estamos, siempre ya, interpretando desde una concepción del mundo determinada, acercándonos a la experiencia desde un paradigma específico, comprendiendo desde una determinada teoría acerca del ser humano, de la relación entre el cuerpo, el cerebro, la mente, la conciencia, etcétera.

Es decir, no daremos por supuesto nada. No daremos por supuesto que lo que dicen el hinduismo y el budismo sea cierto. No daremos por supuesto que las palabras recogidas en las *Upanishads,* la *Bhagavad Gita,* los *Yoga-sutras*, los *Tantras*, Sri Aurobindo, el Canon Pali, los *Sutras* del Mahayana, el Zen japonés o el *Bardo Thodol* sean absolutamente ciertas. Tampoco lo contrario. No partiremos de la incredulidad y el escepticismo respecto a todo ello. O más bien, cada uno leerá desde su postura, más o menos rígida, más o menos dogmática, más o menos formada. Cada uno tendrá su interpretación de todo ello: del fenómeno religioso, de la espiritualidad, del hinduismo, del budismo, de la meditación, etcétera. Pero, justamente, de lo que se trata es de estar dispuestos a poner en cuestión nuestros presupuestos previos, a compartirlos, formularlos, reconocerlos y permitirles entrar en diálogo abierto con otros presupuestos, otras interpretaciones, otras teorías acerca de la realidad. Y todo ello centrado muy especialmente en la meditación, que se constituye así en el hilo conductor de nuestra reflexión y el punto de referencia de los desarrollos teóricos en la doble dirección indicada (la histórico-cultural y la psicológico-personal).

Anteriormente he citado de pasada algunos de los temas que abordaremos. Me gustaría presentar brevemente ese "programa" que marcará el horizonte de nuestro "pro-yecto" de investigación. Las cinco primeras sesiones estarán dedicadas a diferentes aspectos de la tradición hindú y las once siguientes a otros tantos momentos de la tradición budista. Ni que decir tiene que se trata de dos riquísimas tradiciones, cuyo estudio se está mostrando cada vez más complejo y profundo con el desarrollo de la indología y la budología, y que aquí no podemos sino realizar algunas calas en determinados lugares de estas, tomándolo como punto de partida de nuestra conceptualización previa y nuestra práctica de la meditación. Estos momentos y lugares elegidos son los siguientes:

En el primer capítulo, nuestra meditación (en el doble sentido de reflexión conceptual-discursiva y de contemplación transconceptual) será deudora de las *Upanishads*, textos de enorme repercusión en buena parte de la tradición hindú posterior. Nos servirán para introducir una meditación basada en la no-dualidad (*advaita*) y esbozar en qué consiste esta "gnosis" (*jñana*) vedántica que afirma la identidad radical entre el fondo de nuestro ser (*atman*) y el fundamento último de todo lo real (*brahman*). El objetivo de esta meditación será, pues, idealmente, la experiencia del *atman*.

Nuestro segundo capítulo partirá de otro de los textos más influyentes en toda la tradición hindú. Si antes nos movíamos entre los siglos VIII y III a. de C., ahora, con la *Bhagavad Gita,* nos situamos, probablemente, pues ya sabemos que la conciencia histórica de la India no destacaba por su precisión, alrededor del siglo II o I a. de C. En este caso, sin una ruptura con la tradición upanishádica, antes al contrario, partiendo de ella, nos centraremos en la dimensión más devocional (*bhakti*) del hinduismo, en el *bhakti-yoga*, tal como se presenta en este hermoso texto. Por tanto, el objetivo de esta meditación será descubrir la hondura de nuestro corazón anímico-espiritual y bucear en la experiencia de lo Sagrado desde el corazón, el gozo, el amor, la devoción, la entrega a lo Divino, bajo el símbolo de Krishna como "descenso" y manifestación plena de lo Divino.

El tercer capítulo estará centrado en los *Yoga-sutras* de Patañjali, texto breve, aforístico, fundacional del *raja-yoga*, el yoga que más importancia concede a la práctica formal de la meditación. Tendremos, de este modo, una aproximación a tres de los yogas más importantes de la tradición hindú: el del conocimiento, el de la devoción y el del control mental (*jñana*, *bhakti*, *raja*). En este caso, el objetivo de la meditación será observar con todo cuidado nuestra mente, sus distracciones, su agitación, descubriendo la importancia del estado de calma mental, de silencio mental, descubriendo el *purusha* que somos. Con lo cual estaremos ante un esquema dualista que no identifica el alma individual (*purusha*) con lo Divino absoluto, con la Persona divina (*ishvara*). El propósito es desidentificarnos de todos los movimientos de la naturaleza en nosotros (*prakriti*) y descubrir nuestra verdadera identidad en tanto *purusha*, conciencia pura, alma despierta, libre y gozosa, independizada del cuerpo y la mente, descubriendo nuestro verdadero "yo espiritual", más allá del constructo psicológico de nuestro "ego prakrítico".

El cuarto capítulo introduce algunas ideas acerca de la tradición tántrica, presentando unas primeras nociones sobre la importancia de la sexualidad, de la meditación y del sonido tal como se entienden en ese rico mundo hasta hace poco mal conocido. Hemos prestado especial atención al *Vijñana-Bhairava-Tantra* y pasamos revista al sistema de *chakras* y a la noción de *kundalini*, recogiendo varios testimonios de autores recientes que han relatado su "despertar de *kundalini*". En la meditación se presta especial atención al *mantra* de cada *chakra* y a la visualización creativa.

El quinto y último capítulo de la tradición hindú dará un salto al hinduismo moderno, más concretamente al neohinduismo. Los nombres de Sri Ramakrishna y Sri Ramana Maharshi serán tenidos en cuenta, por la importancia de estos en el renacimiento de la India moderna, pero nos centraremos en el yoga integral (*purna-yoga*) de Sri Aurobindo. Habrá que investigar su noción central del "descenso de lo Supramental"; y la meditación hará hincapié en la integración de los estados de conciencia-energía alcanzados durante la práctica, su integración en el estado de conciencia habitual y la transformación de este que se pretende. Utilizaremos la "visualización", una de las herramientas en determinados tipos de meditación, y que volveremos a encontrar, especialmente en el budismo Vajrayana, el budismo tibetano, en nuestra última sesión.

Con los capítulos dedicados al budismo entramos en otro universo distinto, otra tradición que se quiere, desde el comienzo mismo, distinta del hinduismo, por más que nazca en tierra india y florezca allí durante sus primeros 15 o 16 siglos, para luego difundirse por Extremo Oriente. Dada la relevancia de la figura de Siddharta Gautama, el Buddha, nuestro sexto capítulo recogerá los rasgos principales de su biografía simbólico-arquetípica y mostrará el recorrido histórico-geográfico que ha ido haciendo del budismo la fecunda y variada tradición que se ha ido adaptando e integrando en las culturas más variadas (china, japonesa, tibetana, indonesia, occidental, etcétera). La primera meditación mostrará la importancia de la respiración como punto de concentración, manteniendo la atención en el amplio mundo que despierta a través de la respiración consciente. Dado que, en esta primera presentación, nos haremos cargo de la división tradicional entre Theravada, Mahayana y Vajrayana, será el momento de centrarnos en el Canon Pali, en las primeras escuelas, en la corriente posteriormente denominada Hinayana y que, por razones que explicaremos en su momento, más vale denominar Theravada.

El séptimo capítulo nos llevará a los orígenes del Mahayana, con la radicalización de la noción de vacuidad (*shunyata*) en los *Sutras* de la perfección de la sabiduría (*Sutras de la Prajña-paramita*). La figura del *bodhisattva*, las seis virtudes perfeccionadas, y especialmente la compasión, formarán el eje de este capítulo.

El octavo capítulo presenta el *Sutra del loto*, acogido en Japón como el *Sutra* más importante y definitivo. Hermosas parábolas nos hablan del camino único del Buddha, de la joya oculta en nosotros que es la naturaleza búdica y de la Presencia callada del Buddha, cuya última estrategia salvífica, el último medio hábil, habría sido simular su partida, su extinción, aunque siga presente.

El noveno capítulo nos introduce en la grandeza de ese influyente texto, especialmente en China, que es el *Avatamsaka-sutra*. Abundantes metáforas luminosas presentan el cosmos multidimensional del budismo Mahayana, si bien nos centraremos en el fascinante viaje iniciático de Sudhana en el *Gandavyuha*, el último de los capítulos de esta majestuosa obra.

El décimo capítulo presenta tres *Sutras* Mahayana más. El primero, *Las enseñanzas de Vimalakirti*, con excelentes textos sobre la meditación, el Dharma y la iluminación, para terminar con el silencio atronador de Vimalakirti al negarse a explicar lo que es la no-dualidad. El segundo, el *Sutra del Buddha de la Medicina*, Bhaisajyaguru, arquetipo del sanador celestial, que cura cuerpo y mente desde su Tierra Pura. El tercero, el *Sutra de la sublime luz dorada* que nos introduce en un inolvidable baño de luz dorada, emitida desde los dorados cuerpos de los miles de *buddhas* iluminados.

El undécimo capítulo, después de la aventura que supone el recorrido por estos tres grandes *Sutras* Mahayana, se centra en la figura de Nagarjuna, quizás el pensador más influyente de todo el budismo, con su tematización de la noción de vacuidad y la identificación de esta con la originación en dependencia (*pratitya-samutpada*), radical crítica a toda concepción esencialista, sustancialista, de la realidad. Puede hablarse aquí de "escuela filosófica", denominada Madhyamika o Shunyavada, por la importancia concedida a la vía del medio y a la vacuidad, respectivamente.

El duodécimo capítulo recoge algunas de las ideas principales de la siguiente "escuela filosófica" más destacada, la escuela Yogacara o Vijñanavada, por la importancia concedida a la práctica del yoga y por el papel destacado que desempeña la "conciencia", y más concretamente la "conciencia-almacén" (*alaya-vijñana*) en su sistema.

El decimotercer capítulo nos permitirá viajar a China y Japón, insinuando la creatividad que despierta el encuentro del budismo con las tradiciones previas de tales culturas, como el taoísmo, el confucianismo, el shinto, etcétera, pero centrándonos sobre todo en el Chan, con la figura de Hui-Neng y el *Sutra del estrado*, como ilustración del budismo chino, y con la figura de Dogen y su *Shobogenzo*, como maestro destacado del Zen japonés. Ha llegado el momento de radicalizar la experiencia transconceptual y practicar Zazen, simplemente sentarse, sin nada que hacer, nada que pensar, nada que visualizar, nada que esperar.

El decimocuarto capítulo recoge algunas pinceladas históricas de la gestación del budismo Vajrayana en el Tíbet, poniendo de maniesto los principales linajes y autores que han ido dejando huella en el budismo tibetano.

El decimoquinto capítulo se detiene a considerar las principales obras sobre meditación en la historia del budismo, así como los más importantes tipos de meditación, articulados a través de las nociones de *samatha* (meditación de calma mental), *vipashyana* (meditación analítica) y *tonglen*, ejemplificando esta última el papel que puede desempeñar la compasión en la meditación tibetana.

El decimosexto y último capítulo del libro se detiene en las narraciones, descripciones y meditaciones relacionadas con el tránsito a los estados *post mórtem*: los *delok,* el *Bardo Thodol* y la meditación conocida como *phowa.*

* * *

Hay que decir que este libro tiene su origen y su inspiración primera en los cursos impartidos desde hace años en Casa Asia (Barcelona), cursos que llevan como título: MEDITAR *–con el hinduismo y el budismo–*. Eso explica la estructura de cada capítulo, que generalmente consta de tres momentos: a) Exposición de la tradición, escuela, autor o texto que sirva de inspiración a la meditación; b) Delineamiento de la meditación, y c) Preguntas y respuestas.

En los cursos, el primer momento ocupa un espacio menos extenso que el aquí dedicado y su ampliación depende del interés de cada grupo. Las preguntas y respuestas están, generalmente, inspiradas en preguntas formuladas en los cursos, aunque, en ocasiones, han recibido una cierta ampliación. Por lo que respecta a las meditaciones, hay que decir lo obvio, esto es, que por una parte constituyen un aspecto central en este libro, pues pretende no solo hablar de la meditación, sino invitar a la experiencia de la meditación, pero que, por otra parte, no es lo mismo la meditación en vivo y en grupo, compartiendo el "campo de conciencia-energía" que se genera en la meditación grupal, que la meditación leída en casa, cada uno a solas consigo mismo.

Efectivamente, este intento de compartir las meditaciones a través de su lectura podría parecer algo difícil, si no imposible. Es como si faltase la música. Es cierto, estas páginas no pueden recoger más que la partitura. La música tiene que ponerla el lector. Pero, igual que el músico al leer la partitura escucha en su interior la música que las notas simbolizan, porque conoce el lenguaje musical, el lector conoce el lenguaje de las palabras y el lenguaje simbólico, en mayor o menor medida, de ahí que pueda escuchar la música de cada meditación. De modo que se pide un esfuerzo al lector por participar en la meditación cuando esta se describe. Si hemos escuchado la música simbolizada por las notas en la partitura, sin duda apreciaremos mejor su sonoridad callada. Del mismo modo, si hemos buceado en los espacios meditativos, será más fácil sintonizar y escuchar en el silencio la música callada de cada meditación.

En la música son muy importantes los silencios, y así se indican en el pentagrama. En la meditación son todavía más importantes, si cabe. De ahí que, a veces, indiquemos, con la palabra "silencio" o algún otro símbolo similar, la importancia de prestar atención al silencio que hay detrás de las palabras, y de permanecer en silencio meditativo, sin apresurarse en la lectura de las palabras. Es un ejercicio interesante, pues quizás descubramos que a través de la palabra, incluso de la palabra escrita, puede no solo expresarse, sino comunicarse y transmitirse algo más que palabras, incluso que significados conceptuales, acaso campos de conciencia-energía, campos de ser que van asociados a las palabras que hablan de ellos.

Para acabar, el lector verá que la primera parte, dedicada al hinduismo, es considerablemente más breve, y también con pocas citas bibliográficas. Eso se debe a que me he ocupado suficientemente de diversos aspectos de la tradición hindú en libros anteriores,[1] mientras que la tradición budista es la primera vez que recibe esta atención por parte de quien escribe. De ahí que no solo el número de capítulos sea mayor, sino también las referencias bibliográficas.

Además, y para paliar un poco lo anteriormente insinuado, hay que decir que el libro va acompañado de un CD en el que se recogen algunas meditaciones. No todas. Diez de ellas: cuatro del hinduismo y seis del budismo. No obstante, el ritmo de la meditación no es el mismo que el que llevamos cuando la meditación es presencial. Los espacios silenciosos se han reducido. En ocasiones podría tomarse como una lectura meditativa de textos. Esperemos que, aun así, las fronteras entre la meditación y la lectura, entre el silencio y la palabra, se vayan borrando y el lector pueda ser simultáneamente meditador. Con mayor razón, que lo sea también quien escucha, desde el corazón anímico, esta invitación a la meditación.

---

1. *Las enseñanzas de Sri Aurobindo*. Barcelona: Kairós, 1998; *Simbolismo del arte hindú: De la experiencia estética a la experiencia mística*. Madrid: Biblioteca Nueva, 1999; *La autoluminosidad del atman: Aproximación al pensamiento hindú clásico*. Madrid: Biblioteca Nueva, 2001; *La fascinación de Oriente*. Barcelona: Kairós, 2002. También, aunque no de manera exclusiva como en los anteriores en *La llamada (de la) Nueva Era. Hacia una espiritualidad místico-esotérica*. Barcelona: Kairós, 2007. *La Reencarnación: una clave para entender el sentido de la vida*. Málaga: Sirio, 2007; *Filosofía ¿qué es eso? Saber y Ser en Occidente y Oriente*. Madrid: Biblioteca Nueva, 2013.

Parte I:

Meditando con el hinduismo

1. Las *Upanishads* y el *atman* como presencia inobjetivable

Como es bien sabido, los textos fundacionales de buena parte de las tradiciones hindúes son los *Vedas*. Se consideran textos "revelados". No por un Dios personal, sino más bien como la formulación del Orden cósmico-ético (Rta, Dharma), la "traducción" a un lenguaje humano de las verdades esenciales que rigen la existencia. El mediador es en este caso el *rishi* védico, el sabio del tiempo de los *Vedas*, quien, en el silencio de la meditación capta las altas vibraciones del mundo causal y las traduce a palabras, palabras pronunciadas con un ritmo mántrico, ritmo que traduce el ritmo del ser, el ritmo del devenir. Se habla a veces del *rishi* como de un profeta-poeta, incluso de un "vidente", capaz de "ver" (con el ojo del alma, el tercer ojo) dichas verdades esenciales y decirlas con "palabras esenciales".

La tradición védica, sin embargo, concede más importancia al sonido que a la luz, a la escucha que a la visión. El símbolo privilegiado de lo Absoluto (*brahman*) es el sonido OM, el *mantra* originario, la vibración capaz de poner en marcha el orden rítmico del universo. Por ello puede decirse que la creación (en el sentido de manifestación, de exteriorización del propio Absoluto) es creación a través del Sonido, de la Vibración, de la Palabra creadora de Ishvara. Correspondientemente, el *rishi* védico podría ser entendido entonces como "el oyente de la palabra" y portavoz de las verdades divinas.

No obstante, no sería inadecuado hablar de *brahman* como Luz infinita, en cuyo caso el *rishi* lo que haría es descifrar la "información", los "códigos de la luz", gracias a su "visión espiritual". De cualquier modo, hay que tener en cuenta que estas dos metáforas serían adecuadas para expresar la comprensión tradicional que el hinduismo ha tenido de sus orígenes, pero como es sabido, muchos de los indólogos occidentales que se acercaron a los textos védicos no vieron en ellos más que mitos de pueblos primitivos, bárbaros, que no hacían más que fantasear sobre los fenómenos de la naturaleza, sin ninguna correspondencia con la realidad. No vamos a entrar ahora en las distintas interpretaciones de los mitos (naturalista, ritualista, psicologista, simbólico-esotérica, etcétera). Baste recordar que frente a la interpretación ilustrada-positivista que los desprestigia como producto de la ignorancia humana ante las fuerzas de la naturaleza y los enigmas de la existencia, cabe otra interpretación, según la cual, los mitos expresan verdades metafísicas, incluso procesos físicos ocurridos *in illo tempore*, en un tiempo primordial, si bien lo hacen en un lenguaje simbólico.

Pero debemos centrarnos ya en las *Upanishads* para preparar el entramado teórico de nuestra primera meditación. Las *Upanishads* son un conjunto de textos escritos a lo largo de varios siglos y cuya influencia en la tradición hindú ha sido enorme. Las primeras (*Brhadaranyaka, Chandogya*) se sitúan en los siglos VIII o VII a. de C. La mayor parte de las *Upanishads* más influyentes van componiéndose durante los cuatro o cinco siglos posteriores (aunque han seguido escribiéndose *Upanishads* hasta el siglo XIX). Las *Upanishads* forman parte de la "revelación védica" (la *sruti*). Se distinguen cuatro colecciones de himnos védicos (*Rig, Sama, Yajur, Atharva*) y cada una de ellas consta de cuatro partes, que se fueron desarollando paulatinamente (*Samhitas, Brahmanas, Aranyakas* y *Upanishads*).

Los himnos (los *Samhitas*) son cantos a los *devas* (término generalmente traducido por "dioses", pero que probablemente su "equivalente homeomórfico" más apropiado en la tradición judeo-cristiana sea el de "ángel", tal como propuso ya A.K. Coomaraswamy), invocaciones para hacerlos presentes y comunicarse con ellos, realizar ofrendas y llevar a cabo peticiones, tanto de tipo material (bienes, cosechas, ganado, salud, hijos, larga vida) como de orden espiritual (iluminación, comprensión, liberación).

El siguiente grupo de textos (los *Brahmanas*) ofrece interpretaciones y clarificaciones sobre el lenguaje empleado y sobre la manera de llevar a cabo los rituales, pues la "religión védica" es una religión ritualista, una religión sacrificial, en la cual el "sacrificio" desempeña un papel primordial. No solo, ni siquiera fundamentalmente, los sacrificios de animales, que no cabe duda se realizaban, sino sobre todo el "sacrificio" como símbolo del Sacrificio primordial del Purusha absoluto, el cual recibe, entre otras, la denominación de Prajapati ("el Señor de las criaturas").

El sacrificio de Prajapati es un mito de desmembración (similar al de Osiris en el Egipto antiguo) que simboliza el paso de la Unidad primordial (*brahman* inmanifiesto) a la Multiplicidad del mundo manifestado. El yoga será concebido como el proceso inverso de "reintegración" (una buena traducción libre de dicho término central, como iremos viendo), de recuperación de la Unidad perdida. Yoga como unión de todos los miembros del Ser absoluto. Yoga como "comunión" y "reunión" de los fragmentos dispersos. «Agni (*deva* del fuego) reconstrúyeme», dice en alguna ocasión Prajapati a este *deva* tan central en los himnos védicos. Agni es el ángel guardián del fuego, el espíritu que rige el elemento fuego en toda la naturaleza, y por extensión (y no a la inversa) el propio fuego físico, tan importante en los rituales sacrificiales del vedismo, pues las ofrendas (como el *ghee*, la mantequilla clarificada) se ofrecen a Agni, se arrojan al Fuego, mediador por excelencia, sacerdote arquetípico, que lleva las ofrendas a los dioses/*devas*/ángeles.

En realidad, preferiría explicar la noción de "*devas*" como conciencias luminosas o seres de luz pertenecientes a otra dimensión, pero en (posible) estrecha relación con los seres humanos. Los rituales serían, efectivamente, el intento de comunicar con estos seres de luz, suprahumanos, la petición de dones, el acto de agradecimiento.

Los *Aranyakas* son una especie de "tratados del bosque", porque están compuestos por aquellos buscadores del Sentido que se retiraban a los bosques, quizás llegada la tercera edad, como harán posteriormente los *vanaprashtas*, como con frecuencia han hecho los *sannyasins*, renunciantes que prescinden de los lazos sociales, y con ellos de sus derechos y deberes hacia la sociedad de la que se han apartado deliberadamente para mejor buscar lo Sagrado y dedicarse enteramente a ello. En estos textos hay ya lo que podríamos llamar "especulaciones filosóficas" (no en sentido peyorativo), algo que se desarrolla más ampliamente en las *Upanishads*.

Llegamos, pues, a los textos que nos tenían que ocupar ahora: las *Upanishads*. Si bien existen más de cien de ellas publicadas (la tradición hablaba del número simbólico 108, como las cuentas del *mala*, el "collar" o "rosario" con el que se cuentan los *mantras* que se van realizando), lo cierto es que desde la poderosa interpretación que en el siglo IX llevará a cabo Adi Shankaracharya, serán entre 12 y 14 las consideradas "principales *Upanishads*". Las *Upanishads* son consideradas "el fin del *Veda*" en un doble sentido: por una parte constituyen la última sección escrita de cada una de las cuatro colecciones, y, por otra parte, y esto es más importante, expresan el objetivo último, la meta, la esencia del *veda*. Eso es lo que significa el término *vedanta*. Pues bien, con Shankara (así suele simplificarse el nombre de la enorme figura místico-teológica tan influyente en parte del hinduismo posterior) tiende a imponerse la idea de que todas las *Upanishads* comparten un núcleo doctrinal que permite hablar de una unidad básica subyacente a todas ellas. Es más, según Shankara, no solo eso, sino que las *Upa-*

nishads coincidirían también con la *Bhagavad Gita*, ese otro texto, igualmente central, que ocupará nuestra próxima sesión, y con los *Brahma-sutras* (también llamados *Vedanta-sutras*), los cuales tratan de ser, en realidad, una síntesis apretada de las propias *Upanishads*.

Ese esforzado proceso de homogeneización de "la tradición hindú", esa defensa de una "unidad fundamental" en las enseñanzas del hinduismo, fue cobrando éxito a lo largo de la historia, y Shankara se convirtió en una especie de héroe nacional teológico, no en vano finalmente "divinizado". Esto no debe ocultarnos las duras críticas a que fue sometido posteriormente su "sistema teológico" por muchos de los pensadores y místicos que se reclamaban igualmente partícipes del Vedanta, pero que no compartían la interpretación que Shankara hacía de los textos mencionados.

Posteriormente tendremos ocasión de familiarizarnos con hipótesis de trabajo distintas de la shankariana, pero ahora, para nuestro propósito particular, compartamos, siquiera por unos momentos, la interpretación no-dualista radical que Shankara lleva a cabo de las *Upanishads*. Podríamos presentar de manera resumida y esquemática las tesis de Shankara (especialmente sobre las *Upanishads*, pero cuya validez puede verse como general para todo el pensamiento de este autor) del modo siguiente:

1. *Brahman*, la Realidad absoluta, inefable, inmanifiesta, es lo único verdaderamente real.

2. El mundo y su multiplicidad de cosas no son sino una "apariencia", fruto de la "Ignorancia" (*avidya*) humana, que nos lleva a tomar como real lo que no es sino una especie de "ilusión cósmica" (*maya*). El estatuto ontológico del mundo es declarado "inexplicable" (*anirvacaniya*), pues no es ni real ni totalmente irreal. Esa consideración del mundo como *maya*, ilusión, aunque no se trate de una ilusión en sentido subjetivo, es lo que llevó a algunos pensadores a denominar a esta lectura del Vedanta no-dualista (Vedanta Advaita) ilusionismo.

3. La pluralidad de almas o espíritus forma igualmente parte de la Ilusión y la Ignorancia. En realidad, para el iluminado, no hay más que un Espíritu (*brahman*) que se refleja en todas las cosas. La individualidad es un error cognitivo llamado a desaparecer con el descubrimiento de la identidad suprema.

4. Ishvara como Dios personal creador del mundo forma parte de *maya* y *avidya*, de la Ilusión producto de la Ignorancia.

5. El camino de realización, de descubrimiento de la Verdad, no puede ser sino un acto del conocimiento, un conocimiento salvífico, liberador, una gnosis (*jñana*) que consiste en abandonar toda ignorancia, toda ilusión, y des-velar la única realidad (no hay dos realidades distintas, solo "el uno-sin-segundo" –*ekam evadvitiyam*–). Realidad eterna, fuera del espacio y el tiempo. Absoluta, pues nada hay aparte de ella. Autoluminosa (*svayam-*

prakasha), Luz única infinita, incognoscible excepto por
Sí misma. Esta gnosis es un conocimiento por identidad:
lo conocemos porque lo somos. Gnosis no hay más que
de *brahman*, para quien todo conocimiento es Auto-
conocimiento.

Efectivamente, en las *Upanishads* hallamos afirmaciones contundentes acerca de esta identidad entre *atman* y *brahman*. En
la interpretación no-dualista que estamos considerando como
hipótesis de trabajo para nuestra meditación, *atman* es el nombre que damos al fondo de nuestro ser, cuando, al comienzo
del camino, creemos tener una individualidad propia inmortal.
Atman, en sánscrito, además de significar "el aliento", "la respiración", es un pronombre reflexivo, que significa "sí mismo",
"uno mismo"; equivale a la noción de "yo personal", por lo
que en muchas ocasiones se ha traducido y se traduce como
"alma". Por otra parte, podemos decir que *brahman* termina
significando lo Absoluto, la Realidad última, y con frecuencia
ha sido traducido como "Dios".

Pensemos en lo que están diciendo las *Upanishads* aunque
utilicemos estos dos términos con enormes connotaciones y
gran carga emotiva en nuestras tradiciones occidentales. Lo que
constituiría la "esencia" de las *Upanishads* es que cuando entramos en el fondo de nuestro "ser" (término también utilizable
para traducir la noción de *atman*), en el fondo del "alma", en
realidad descubrimos que no es "nuestro" ser, sino "el Ser", sin
límites, sin individualidad, no-nacido, no-perecedero, eterno,

atemporal. Dicho de otro modo –y he aquí la identificación que siempre ha sido fuertemente rechazada en las tradiciones dualistas, monoteístas–, cuando busco mi alma encuentro que no tiene fondo (como decía Heráclito en aforismo célebre), y ese desfondamiento, ese Ser sin fondo (*ab-grund* decía el maestro Eckhart), ese Fundamento sin fondo, sin fin (infinito), sin fronteras, sin límites, es Dios, lo Absoluto, la Divinidad (*Gottheit*). Con lo cual resulta que des-cubro que en mi fondo no hay "yo" sino "Dios". Claro que hay una idea de yo, una identidad psicológica, pero eso resulta secundario para el descubrimiento último, la revelación definitiva, la Verdad como desvelamiento (*a-letheia*), la identidad entre *atman* y *brahman*, entre el alma y Dios resulta no ser sino inexistencia del alma, inexistencia del yo (¡tesis central en el budismo, como veremos!), pues lo que creíamos ser "yo" es parte de la ilusión ignorante. Mi yo (que ya no es mío, ni es 'yo' en el sentido habitual) es Dios. Más exactamente: Dios/*brahman* es mi verdadero Yo, mi auténtico Ser.

El Ser de mi ser finito es lo Infinito. Frente a la realidad atemporal del *atman/brahman*, todo devenir temporal parece insignificante, un puro "juego" (*lila*) de lo Absoluto, algo contingente e in-consistente, pues la única Consistencia, lo único que In-siste en Ser, es la de *brahman*. Todo lo demás es in-sustancial. Con la paradoja de que esta única Sustancia no es "sustancia" en el sentido habitual. No es nada que pueda tocarse, ni verse, ni siquiera pensarse. El *atman*-que-es-*brahman* es intangible (*sparsha*), inconceptualizable (está mucho más allá de la mente, del intelecto y la razón, los trasciende, es la Trascendencia-en-la-inmanencia), no puede ser pensado, es inobjetivable, no puede convertirse en objeto, pues es el Sujeto último, Sujeto absoluto, la Conciencia en todos los seres conscientes, el Conocedor en todos los conocimientos, lo Atemporal de donde brota toda temporalidad, toda historicidad, lo Inespacial de donde surge todo espacio, lo Sin-forma que da lugar a todas las formas.

Descubrir el *atman* que somos, desde siempre y para siempre, es el objetivo de la meditación upanishádica en la que bucearemos dentro de poco.

Esa identidad radical entre *atman* y *brahman*, identidad que termina colapsando todo dualidad, es la clave de otras grandes afirmaciones upanishádicas, como cuando el padre de Shvetaketu le revela la esencia de todas las cosas, la esencia invisible que se oculta en el fondo de la semilla del fruto de la higuera que le pide llevar, esencia invisible que es el *atman,* y «Eso, oh, Shvetaketu, eres Tú». Eso (el *atman* oculto en el corazón de todas las criaturas) es tu verdadero Ser. Y esa "experiencia-sin-nada-que-experimentar" es tu único Ser. Y es que, fascinado por la eternidad, mirando desde ella, se impone el criterio a veces oculto de que solo lo eterno es real, solo lo atemporal Es. Solo ello es, pues todo lo otro deviene. Y el Devenir no Es. Por inmensos que sean los espacios (con sus miles de millones de galaxias), por extensos que sean los tiempos (siglos y siglos, eones y eones, encarnaciones y encarnaciones), lo que deviene carece de Ser inmutable. Extrañamente parmenídea, asombrosamente budista, esta comprensión nos aboca al Silencio radiante del *atman*-que-es-*brahman*.

* * *

Nos acercamos ya al comienzo de la meditación. Pero no quisiera comenzar de esta manera radical nuestra primera meditación, si bien dicha radicalidad subyace ya en todo el planteamiento. Para facilitar un poco el decurso de esta primera meditación traigamos a colación una de las *Upanishads*, la *Taittiriya Upanishad*. En ella se habla de cinco *koshas*, cinco velos o vestiduras que cubren y velan al *atman*-que-es-*brahman*. Los términos en sánscrito son significativos, así que los daremos antes de pasar a su interpretación, traducción, aplicación. El *atman* estaría envuelto, en su paseo por la manifestación, en cinco "vestidos":

1. *Anna-maya-kosha* es el "vestido de carne y huesos", es nuestro cuerpo físico-denso. *Anna* significa alimento, de modo que literalmente se trata del "cuerpo hecho de alimento". En este nivel atenderemos a todo nuestro "sensacional" mundo, el mundo de nuestras sensaciones físicas.
2. *Prana-maya-kosha* es la vestidura formada por *prana*, esto es "energía vital". El *prana* es, entre otras muchas cosas, aquello que da "vida" a nuestro cuerpo denso. Podemos hablar de un "cuerpo etérico". La respiración desempeñará aquí un papel importante.
3. *Mano-maya-kosha* es la vestidura hecha de *manas*, térmi-

no que suele traducirse como "mente", pero en un sentido amplio aquí. *Manas* es el sexto sentido, el que reúne y organiza la información ofrecida por los cinco sentidos físicos. Puede entenderse, para nuestro propósito meditativo, como el conjunto de nuestros fenómenos psíquicos; la mente como "psique", psiquismo tanto consciente como inconsciente. Tendríamos así tres elementos de nuestra personalidad más o menos conocidos, pero con los que deberemos familiarizarnos todavía más en nuestras meditaciones. Las dos vestiduras restantes son más sutiles y menos conocidas.

4. *Vijñana-maya-kosha* es la vestidura hecha de *vijñana*, que puede traducirse como "inteligencia", pero que con fines prácticos propondría entender como "conciencia", en el sentido de "conciencia pura", sustrato independiente y libre de todos los contenidos y procesos mentales que caracterizan al nivel anterior, relacionado con *manas*. Podría hablarse también, en terminología aurobindiana (en un próximo capítulo hablaremos de Sri Aurobindo), de "conciencia supramental".

5. *Ananda-maya-kosha* es la vestidura hecha de felicidad, de gozo, de dicha. Es la vestidura más sutil, más transparente, tras la cual late el *atman* inmortal que somos y queremos descubrir a través de la meditación.

Utilizando un lenguaje más actual, podría hablarse de cada una de estas *koshas* como de un "campo de conciencia-energía" (*cit-shakti*), de modo que cada uno de ellos se caracteriza por un tipo específico de conciencia que está estrechamente relacionado con una frecuencia vibratoria determinada. El *atman* sería el sujeto último de dicho conjunto de campos de conciencia-energía, que pueden entenderse a modo de holones dentro de holones más amplios, totalidades integradas en totalidades más amplias que las incluyen.

De cara a la meditación y simplificando el lenguaje, distinguiremos entre el cuerpo físico y sus sensaciones; la respiración, relacionada con la vitalidad; la mente y sus contenidos psíquicos; la conciencia pura; el gozo de ser, y el *atman*.

Al hablar de campos de conciencia-energía y de vibraciones, podemos insinuar ya que la meditación tiene que ver con la armonización de las frecuencias vibratorias de nuestros campos de conciencia-energía, de nuestros cuerpos sutiles, pues la falta de armonía es lo que produce interferencias que impiden el autorreconocimiento (*pratiyabhijña*), la transparencia al Ser, la integración de todos los componentes de nuestra personalidad multidimensional.

Vayamos a la práctica de esta meditación upanishádica:

Meditación

1. Adoptamos una postura cómoda, estable, que nos permita mantenernos en total quietud durante un tiempo. La columna vertebral conviene que esté recta, sin por ello crear tensiones

innecesarias. Los ojos están suavemente cerrados, para facilitar la interiorización. Realizamos una breve relajación, diri-
giendo la atención a las piernas y soltando cualquier tensión
innecesaria. Dirigimos la atención a los brazos y aflojamos
toda tensión. La zona del plexo solar la sentimos relajada.
Eliminamos toda tensión de los hombros. Los ojos van quedando en calma. La frente la sentimos despejada…

Tenemos ahora una percepción global del cuerpo físico. Permanecemos atentos, a la escucha de cualquier sensación corporal. Aflojamos cada vez que nos hagamos conscientes de alguna
tensión innecesaria. Quizás sentimos que nuestro cuerpo flota,
como si no tuviéramos cuerpo, como si hubiera desaparecido
por debajo del umbral de nuestra conciencia. Comienza una
percepción nueva de nuestro cuerpo. Se trata de estar atento a
cada sensación, no de imaginar los esquemas corporales a los
que estamos habituados cuando pensamos en nuestro cuerpo.

2. Pasamos ahora a prestar atención a la respiración. No
imponemos ningún ritmo particular, simplemente mantenemos
la atención centrada en la respiración.

La respiración consciente nos abre a un océano de energía
que nos envuelve y nos interpenetra. Es momento de practicar la concentración. Esta consiste en mantener la atención
en algún punto, algún objeto, algún proceso. En esta ocasión,
nuestro objeto de concentración es la respiración, el proceso de
la respiración. Naturalmente, la mente tiende a pensar en sus
cosas, lo cual, en este momento, supone una distracción que
dificulta la concentración. La mente puede estar concentrada o

dispersa. Generalmente descubrimos un vaivén entre la atención a la respiración y la dispersión, en el sentido de que perdemos la conciencia del proceso respiratorio y nos vamos con las imágenes o las ideas que estamos pensando, o más bien a través de las cuales estamos siendo pensados, pues no somos agentes que deliberadamente nos propongamos pensar en ello, sino que somos receptores pasivos de tales movimientos mentales, padeciendo la presencia indeseada de tales contenidos. Ya veremos que, desde otro enfoque, los contenidos mentales no nos molestarán, pero ahora estamos hablando desde una perspectiva determinada que enfatiza la capacidad de mantener la mente concentrada en un punto o un proceso, como en este caso la respiración.

Pues bien, tan solo nos mantenemos plenamente atentos a la respiración. Y disfrutamos respirando. Percibimos el movimiento del abdomen o del vientre al inspirar y al espirar. (Ni que decir tiene que el lector debe leer esto con atención plena, pero, además, lentamente, dejando los espacios de silencio que dejamos en meditación. En realidad, entre frase y frase dejamos momentos, más o menos largos, de atención silenciosa.)

Al respirar conscientemente nuestra mente se va calmando. Dejamos de prestarle atención. Solo la necesaria para descubrir cuándo abundan las distracciones y reconducir la atención hacia la respiración. Al respirar conscientemente sentimos cómo el *prana* nos revitaliza de un modo nuevo, percibimos un proceso de energetización, de revitalización, de expansión de nuestro campo de conciencia-energía vital, incluso de cierta potencia vital interior.

3. El cuerpo está relajado, la respiración sigue su ritmo, y este nos lleva a la armonía del corazón. Llevamos, pues, nuestra atención afinada a la altura del pecho y la fijamos en el "corazón". Como si respirásemos ahora desde el corazón. En realidad, no nos referimos al corazón como órgano corporal, sino al *chakra* del corazón, *anahata*, según el sistema de centros sutiles de energía. El caso es que podemos percibir como si una paz profunda se instalase en nuestro corazón y este se abriera, ampliando su espacio, sintiéndose impregnado de una serena felicidad, como gota sutil del *ananda* omnipresente.

Nuestra tercera vestidura abarca tanto el campo de la afectividad (emociones y sentimientos) como el campo mental (pensamientos e imágenes). Se trata ahora, en esta meditación, de armonizar nuestra mente para que sus interferencias no impidan la percepción de la presencia del *atman*. En el tercer capítulo ya insistiremos más sobre esta observación del campo mental. De momento basta con haber logrado una cierta armonización de la mente.

4. La cuarta vestidura vamos a entenderla como el estado de conciencia pura, la (auto)-percepción de la conciencia en su estado natural, básico, más allá de los contenidos mentales que antes habíamos estado observando. De modo que ahora dejan de interesarnos tales contenidos y centramos la atención en la lucidez del campo de la conciencia (con contenidos que cruzan por él de vez en cuando o sin contenidos). Permanecemos en esa lucidez silenciosa que es la naturaleza de la conciencia, de la mente (que no es sino la conciencia en movimiento, en un grado inferior de su vibración y su lucidez).

De vez en cuando, probablemente, aparecen en el campo de nuestra conciencia: sensaciones, emociones, pensamientos, pero no importa. Tales procesos psíquicos han sido, al menos ligeramente, armonizados y ahora brilla más el espacio luminoso de la conciencia pura que los contenidos que puedan atravesarla de vez en cuando.

5. La quinta y última de nuestras vestiduras es la que está hecha de felicidad, *ananda*. En realidad, el grado de integración que existe en estos niveles más sutiles es tal que a medida que se intensifica el brillo de la conciencia pura, de la inteligencia preconceptual y transconceptual, aumenta también la percepción de la serena felicidad e impregna constitutivamente a la conciencia pura. Es como si pudiéramos dirigir sutilmente nuestra atención para reparar ahora en la lucidez silenciosa, a continuación en la paz gozosa. El campo de conciencia gozosa se ha expandido, hasta el punto de que cualquier limitación se percibe como pensada o sentida, fruto del movimiento de la mente o de la conciencia corporal, pero inexistente en ese nuevo estado.

6. En realidad podría decirse que la meditación comienza ahora. Hasta aquí, el delineamiento sugerido es un proceso de concentración, un evitar la distracción y la dispersión, un armonizar las frecuencias vibratorias de cada una de las vestiduras, un integrar en una totalidad armónica los distintos campos de conciencia-energía que nos constituyen. Podemos distinguir entre una atención tubular, a modo de rayo láser, que caracteriza a la concentración y una atención esférica que es propia

del estado de meditación. La concentración es excluyente de los demás aspectos sobre los que no se esté concentrando uno. La meditación es incluyente de todo lo que ocurra en nuestra conciencia (y fuera de ella, aunque para nosotros todo lo que ocurre se da en nuestra conciencia, sin por ello negar la existencia de una realidad extra-mental).

Así pues, podemos decir que la meditación comienza ahora. Justo cuando ya no hay nada que hacer. Tan solo SER. Las cinco vestiduras aparecen ahora como de-gradaciones (grados reducidos) de la Conciencia gozosa en su estado puro. Conciencia gozosa que constituye la primera manifestación de esa Presencia pura que es el *atman*. Sobra ahora cualquier metáfora, cualquier imagen, cualquier símbolo del *atman*. Los símbolos han cumplido ya su función y nos han permitido, como soportes para la contemplación, saltar hacia lo simbolizado, hacia el *atman*, Presencia pura, inespacial, atemporal, no-engendrada, no-perecedera, inimaginable, inconceptualizable. Y ESO, oh Shvetaketu, eres Tú. Es tu YO. Eso es TU-YO. Cualquier palabra te aleja de él. Cualquier concepto es un velo. Es Plenitud.

Has vuelto a casa. Descansa. Ya no hay nada que hacer. Tan solo SER. Ser lo que eres, desde siempre y para siempre. *Atman-que-es-brahman*. Misterio irrepresentable. La lucidez silenciosa y el gozo de ser son sus puertas de entrada, sus nuncios, sus primeros rayos, sus primogénitos.

7. Bien, comenzamos el proceso de reintegración de nuestras vestiduras olvidadas. No pongamos en la mente la idea de que la meditación ha terminado o va a terminar. Nada esencial

ha terminado ni va a terminar. Simplemente, volvemos a ser conscientes de todo lo que ocurre en nuestro campo mental, sin identificarnos con ello. Prestamos atención a la respiración, una respiración que comunica a nuestro cuerpo el gozo de ser. Y volvemos a hacernos conscientes también del cuerpo físico, sintiéndonos muy presentes aquí y ahora. Y cuando queramos, buscando cada uno su ritmo, podemos abrir los ojos, si los manteníamos cerrados, y mover poco a poco nuestras manos y pies, integrando todo ello en la nueva conciencia alumbrada.

Diálogo sobre la meditación

Pregunta: Mentalmente me parece muy interesante lo que vas diciendo y me gustaría experimentarlo, pero mi mente sigue muy inquieta todo el rato y apenas me entero de otra cosa que no sea el rumor agitado de mis propios pensamientos.

Respuesta: Es totalmente normal y habitual que en las primeras meditaciones, y a veces durante mucho tiempo, no consigamos más que tomar conciencia de la agitación mental en la que vivimos y que parece desatarse incluso con más fuerza cuando intentamos meditar. No importa. Eso no significa que la meditación no haya servido para nada, o que uno no haya estado meditando. Generalmente, los efectos son más sutiles y pueden percibirse al acabar la meditación y en el tiempo postmeditación, a veces más que durante esta.

De momento, la práctica consiste en mantener la atención,

observando los pensamientos que atraviesan nuestra mente, pero intentando no identificarnos con ellos. Como si mi mente fuera una pantalla de cine por la que van apareciendo imágenes, pero cada vez me voy distanciando más de ellas, a medida que crece la sensación de ser el observador, el testigo de todo ello. Conseguir una cierta relajación corporal, una cierta paz emocional, una cierta calma mental, en ocasiones es ya un buen comienzo.

P.: A mí me ha parecido muy complicado todo el proceso, con demasiadas palabras y demasiadas cosas a tener en cuenta, como si eso hiciera que terminase perdiendo el sentido de la meditación.

R.: Tienes razón, el delineamiento de la meditación puede pasar a un primer plano y la preocupación por seguir lo que se está diciendo, impedir una mayor profundización en la experiencia. Pero no necesariamente tiene que ocurrir así. Quienes están acostumbrados a un tipo de meditación más centrada en el silencio total, como en la meditación Zen, por ejemplo, suelen sentir que sobran las palabras. Y en algún momento y para algunas personas, lo mejor es el silencio total. Sin embargo, en estas sesiones introductorias, y con mayor razón en la primera, creo que para muchos constituye una ayuda el que exista un cierto delineamiento.

En realidad, podría resumirse mucho el esquema de la meditación, y así lo haremos en otras sesiones. Veamos qué es lo esencial de cada uno de los pasos que hemos ido dando y explicando:

1. Relajación del cuerpo físico (*anna*)
2. Observación de la respiración (*prana*)
3. Paz en el corazón y calma en la mente (*manas*)
4. Percepción de la conciencia pura, sin contenidos, o más allá de ellos (*vijñana*).
5. Inmersión en un océano de gozo (*ananda*).
6. Presencia pura (*atman*).

Como vemos, bastaría una frase para cada paso. Y permanecer en él. Incluso sería suficiente con una sola palabra que corresponde a cada una de las cinco vestiduras y finalmente al *atman*.

P.: A mí me ha gustado mucho lo que ibas diciendo al final de la meditación, cuando hemos llegado a las últimas etapas, pero como estaba bastante metido en la meditación las oía como en semisueño. ¿Podrías resumir algunas de las ideas que has dicho entonces sobre el atman*?*

R.: Bien, demos un salto al último nivel al que pretendíamos llegar. Aunque en realidad no hay ningún salto que dar ni ningún sitio al que llegar, pues estamos ya siempre allí, no podríamos dejar de estarlo, pues es lo que somos, nuestro propio SER, el *atman*. Hay que tener muy claro que el sentido de las palabras dichas en este caso no es el de comunicar un significado que la mente habitual pueda comprender, sino servir de trampolín para lanzarnos a aquel no-lugar que escapa a toda conceptualización. Hay que ver con mucha claridad que ningún concepto, ninguna explicación puede sustituir a la experiencia de esa Presencia –como prefiero denominar a aquello que tratamos de evocar con la noción de *atman*.

Las propias *Upanishads* repiten esas ideas centrales que consisten en apuntar al carácter trascendental del *atman*. En el sentido de que está más allá de todo lo que pueda ser visto, de todo lo que pueda ser oído, de todo lo que pueda ser pensado, de todo lo que pueda ser imaginado. Es el sujeto que nunca puede convertirse en objeto, es el vidente de todo lo visto. Por eso es un error concebirlo como una cosa, como algo concreto. De ahí que la noción de Presencia (consciente y autoconsciente) me parece más indicada que cualquier otra. Esa Presencia que es el *atman* es consciente de todas las cosas (de las que somos conscientes) y simultáneamente es consciente de sí mismo (y consciente de sí mismo como siendo consciente). Y, en su caso, la Autoconciencia no depende de ningún contenido concreto. La Autoconciencia puede estar presente mientras hay objetos en la conciencia, pero puede también ser consciente-de-sí-misma en ausencia de cualquier contenido en la mente. El *atman* es la luz que ilumina todos los objetos vistos y que sigue brillando aunque nada haya para ser visto. Es la autoluminosidad del *atman*. *Svayamprakasha*.

El *atman* es Silencio. Música silenciosa. Armonía íntima del Ser.

P.: ¿Podrías darnos alguna bibliografía sobre las Upanishads, o más en general, sobre lo que has hablado hoy?

R.: Para las *Upanishads*, en castellano, recomendaría, en primer lugar la traducción –con el amplio estudio introductorio de unas setenta páginas– de Ilárraz y Pujol (2003). También se puede consultar la traducción de Agud y Rubio (2002). En ambos casos se trata de traducciones a cargo de algunos de los mejores sanscritistas españoles y que más han estado luchando por la introducción de los estudios de sánscrito en nuestro país. Está también la traducción de cuatro *Upanishads* a cargo de De Palma (1995). Aunque quizás esté agotado, hace tiempo que contábamos con la traducción de Tola (1973). Me temo que igualmente agotada esté la breve pero poética e inspiradora traducción de Mascaró (1973). Ahora bien, ninguno de ellos contiene las 12 o 13 *Upanishads* consideradas principales desde Shankara. Para ello hay que recurrir a ediciones en otras lenguas.

Así, en inglés, puede consultarse la obra de Radhakrishnan (1968), con una amplia introducción desde el enfoque neohindú-perennialista que caracteriza al autor, con abundantes referencias comparativas a místicos de distintas tradiciones, especialmente cristianos.

En catalán puede leerse una obrita sobre las *Upanishads* en la que Le Saux (2001), monje cristiano-hindú, traduce y comenta algunos fragmentos. En los círculos más académicos, parece imprescindible últimamente la lograda traducción de Olivelle (1996).

En francés, distintos especialistas de la importante escuela francesa de sanscritistas han publicado más de veinte libritos que contienen en cada caso una, dos o tres *Upanishads*. Por poner algunos ejemplos, pueden leerse con provecho las de Renou (1986), que contienen la *Isa,* la *Katha* y la *Kena Upanishads,* así como las de Renou, Silburn, Bousquet y Lesimple (1978), donde cada uno traduce una de ellas (*Kausitaki, Svetasvatara, Prasna y Taittiriya*, respectivamente). Como complemento clarificador puede leerse la obra de Nityabodhananda (1985), sabiendo que no se trata de una traducción, sino de comentarios explicativos de varias *Upanishads*. También hay un capítulo dedicado a las *Upanishads* en Merlo (2001).

Los comentarios de Shankara a las *Upanishads* pueden leerse en los dos volúmenes de Gambhirananda (1982). En castellano los comentarios de Shankara a las *Upanishads* se encuentran en Martín (1998 y 2001).

Por lo que respecta a los *Vedas*, habrá traducción al castellano en 2014 de la importante obra de Raimon Panikkar (1989), en la que no solo hay una amplia selección de textos de lo que Panikkar denomina, en un sentido amplio, "la experiencia védica", sino también una profunda y personal interpretación de estos, desde la perspectiva cosmoteándrica (*advaita* y trinitaria) por él presentada. La Parte VI (págs. 641-778) está dedicada a las *Upanishads* y merece leerse. Algunos de los conceptos empleados en el desarrollo de nuestra obra proceden de R. Panikkar, como el de "equivalentes homeomórficos", "diálogo dialogal", etcétera. Nos hemos referido también en el capítulo al mito de Prajapati, y un comentario sobre este puede verse en Panikkar (1983). Solo dos obras más destacaremos de él, las más directamente relacionadas con el hinduismo Panikkar (1997) y Panikkar (2005).

Dos obras que aúnan brevedad y amplitud, y que constituyen una presentación general del pensamiento hindú, son las de Ruiz Calderón 2008 y Merlo 2001.

2. La meditación como contemplación amorosa en la *Bhagavad Gita*

Seguramente estamos ante la obra más leída de todo el hinduismo. La *Bhagavad Gita* o *El canto del Señor* es un fragmento del *Mahabharata*, una de las dos grandes epopeyas de la India. La otra es, efectivamente, el *Ramayana*. En ambas asistimos al surgimiento de la noción de *avatar*, central desde entonces en la tradición hindú. Estamos entre los siglos II a. de C. y II d. de C. Será la *Gita* (como frecuentemente se denomina a la *Bhagavad Gita*) la que formule con mayor claridad la idea del *avatar* en cuanto "descenso" o "manifestación" ("encarnación" si se quiere) de lo Divino (simbolizado por Vishnu en este caso) a un cuerpo humano (el de aquel que recibe el nombre de Rama en el caso del Ramayana, el de quien lleva el nombre de Krishna en el caso que nos ocupa).

En ambos casos asistimos a una lucha, no solo humana, diríamos que cósmica, entre las fuerzas del Bien y las fuerzas del Mal, las potencias de la Luz y las de la Oscuridad, entre los *devas* y los *asuras*. Si la "guerra en los cielos" se libra entre Ángeles y Titanes, la guerra en la Tierra se sirve de aquellos cuya naturaleza, cuya personalidad, está más afinada con los unos o con los otros. Es así como el *Mahabharata*, y en particular la *Bhavagad Gita*, presenta el enfrentamiento entre los *kuravas* y los *pandavas*. Se trata de una guerra fratricida, entre primos, una lucha dinástica. En la historia está claro que los *kuravas* son egoístas, injustos, ambiciosos, hipócritas y crueles. Tratan de subir al poder por todos los medios, cuando en realidad les correspondía gobernar a los descendientes de Pandu, quienes son bondadosos, justos y pacíficos. Pero las cosas se ponen cada vez más feas, la corrupción e injusticia de los *kuravas* es cada vez más flagrante. Engañan, mienten, hacen trampas en los juegos de dados y terminan por exiliar a los *pandavas* durante 12 años al bosque. Y el decimotercer año, cuando vuelven, tienen que permanecer en la clandestinidad, sin manifestar quiénes son. Incluso pasado ese tiempo, la arrogancia de los *kuravas* les lleva a jurar que no les darían a sus rivales ni la tierra que cabe en la cabeza de un alfiler. Los legítimos herederos del reino no deben consentir tamaña injusticia y se ven moralmente obligados a combatir.

Entre las filas de los *pandavas* se halla Arjuna, uno de nuestros protagonistas. Guerrero, miembro de la casta de los *kshatriyas*, está destinado a combatir, pues es su *dharma* (su deber, su misión, su función social, su virtud, su puesto en el orden cósmico-ético), máxime en este caso en el que es un combate a favor de la justicia. Por ello Krishna se pone de su lado, del lado de los combatientes en las filas del bien, de la luz, de la justicia, del *Dharma*. Pero ¿quién es Krishna? Y ¿por qué nos interesa en esta aproximación a la *Bhagavad Gita* desde el punto de vista de la meditación en cuanto contemplación amorosa?

Al comienzo, Arjuna no sabe realmente quién es Krishna. Es un general al que acuden los dos ejércitos antes de comenzar la lucha en busca de ayuda. Los *kuravas* prefieren la cantidad (todos los guerreros al mando de Krishna) a la calidad (el propio Krishna al frente del bando que le elija) y Krishna se pone al lado de los *pandavas*. Es célebre la imagen del carro de combate, justo antes del comienzo de la contienda, en el que se hallan Krishna y Arjuna. Enfrentados los dos ejércitos, a punto de sonar las caracolas que indican el inicio del ataque, Arjuna, ante este general que hace las veces de maestro y consejero, se desmorona, padece una profunda crisis moral y arroja el arco negándose a matar a sus primos y a quienes habían sido sus instructores siendo niño. Exclama ante Krishna que prefiere morir a matar a sus propios familiares. Es el desaliento de Arjuna.

El resto de esta canción del Señor es el diálogo entre Krishna y Arjuna, a lo largo del cual se desarrollan las enseñanzas de Krishna que han llegado a verse como el corazón del hinduismo, e incluso de la llamada filosofía perenne. Si bien el marco exterior en el que tiene sentido la obra insiste en el deber (*dharma*) que tiene Arjuna de guerrear, como *kshatriya*, el pulso que late tras dicho escenario nos permite participar de las enseñanzas más sagradas de buena parte de la tradición hindú.

No es cuestión de desarrollar aquí los 18 capítulos de la *Gita*, ni de desplegar la riqueza de su contenido. Baste recordar que en dicha obra va cobrando forma el triple yoga, llamado a convertirse en una de las presentaciones más coherentes del camino yóguico. El triple yoga está formado por el *karma-yoga*, el *jñana-yoga* y el *bhakti-yoga*. *Karma* significa "acción" y el *karma-yoga* se centra en la "entrega" de nuestras acciones, y más allá de ello de la raíz de estas, que es nuestra voluntad, a la Voluntad divina. El *karma-yoga* consiste en actuar no siguiendo los dictados de nuestros sentidos, nuestras emociones y nuestras preferencias subjetivas, sino en actuar "por deber", siguiendo nuestro *dharma*, tratando de cumplir la voluntad de Dios (llámesele *brahman*, Brahma –el primero es neutro y hace referencia a lo Absoluto transpersonal, el segundo indica la forma gramatical masculina y hace referencia a la personificación del primero, al Dios personal– Ishvara, Vishnu, o cualquier otro de los nombres y símbolos de lo Absoluto innombrable), sin apegarse a los frutos de la acción, actuando desde un lugar que se halla más allá de las pasiones, esto es, con desapasionamiento, cual guerrero de la Luz. El *karma-yoga* "renuncia" a los frutos de la acción, no espera recompensa personal alguna, obra por deber/ *dharma*. Un deber que en una lectura tradicional puede reducirse al deber social implícito en el sistema de castas, pero que en una lectura más honda ha de entenderse como la obligación moral que brota de nuestra conciencia moral más auténtica, de nuestro corazón anímico identificado con lo Divino o entregado a Él.

El *jñana-yoga* es el yoga del conocimiento, el yoga de la sabiduría, el yoga de la gnosis (quizás la mejor traducción de *jñana*). Es el yoga que descubre nuestra verdadera identidad, el yoga que penetra las apariencias para descubrir el *atman*. El *atman* ni nace ni muere, no es engendrado ni perecedero, no puede matar ni morir, es invulnerable, inextinguible, inmortal, eterno. Efectivamente, la *Bhagavad Gita* (en adelante BG) asume la visión del *atman* que habían presentado ya las *Upanishads* y a ellas se remite abundantemente. Al menos la consideración del *atman* en el sentido indicado, sin pronunciarse de manera radical y tajante sobre la cuestión de la dualidad o no-dualidad entre el *atman* encarnado (el *jivatman*) y el *atman* supremo (el *paramatman*).

Ahora bien, muchos intérpretes de esta excelsa obra coinciden en pensar que la esencia de la BG se halla en el tercero de los yogas, es decir, en el *bhakti-yoga*. El *bhakti-yoga* es el yoga del amor y de la devoción al Supremo, es el yoga de la entrega absoluta en manos de Vishnu, es el yoga del corazón confiado que deposita toda su fe en el Divino a quien se adora y se alaba. En este sentido, el *bhakti-yoga* suele ir unido a una visión más bien dualista, o en todo caso a un no-dualismo particular, no tan radical como el que vimos en la interpretación que Shankara hizo de las *Upanishads*, pues el *bhakta*, el devoto, siente tal pasión amorosa-espiritual por su Amado que no desea desaparecer en la fusión, sino permanecer consciente de sí mismo durante la unión, durante la contemplación, durante el desbordamiento del corazón al estar en presencia del Amado. Pero la BG utiliza no tanto un lenguaje conceptual, unívoco, como un lenguaje simbólico, abierto a distintas interpretaciones. Y, en cualquier caso, no es eso lo que más nos importa ahora.

Decíamos antes que Arjuna no sabe desde el comienzo quién es realmente Krishna. Lo irá descubriendo a medida que transcurre el diálogo, ese diálogo fuera del tiempo, situado en el momento previo a la batalla, ese diálogo simbólico entre el buscador, el discípulo, el devoto que todos llevamos dentro y el maestro que puede instruirnos. Queda claro desde el principio que Krishna aparece ante Arjuna como un verdadero maestro (*guru*), no solo en cuestiones bélicas, sino también un maestro en cuestiones vitales, existenciales. Sin embargo, no será hasta bien avanzado el diálogo, exactamente en el capítulo XI, cuando Arjuna comienza a sospechar, a intuir, ante quién se halla. Las palabras de Krishna, la autoridad que descubre en ellas, la sabiduría que manifiestan, la radiación de su presencia, hacen que Arjuna comience a sentirse ante el Misterio supremo, ante lo Sagrado, ante lo Divino, por más que se halle encarnado en un cuerpo humano, el cuerpo de aquel a quien llamamos Krishna. Por eso, para salir de dudas, Arjuna le pide que se manifieste en su forma cósmica. Y Krishna le concede, durante un tiempo, la visión espiritual. De ese modo, el asombro de Arjuna al contemplar la magnificencia de la Forma universal de Krishna, al contemplar la Conciencia de Krishna, que en realidad es una con la Conciencia de Vishnu, uno de los nombres de lo Absoluto, el asombro de Arjuna –decíamos– no tiene fin. Asombro ante la luminosidad cegadora de su Presencia sutil, asombro ante ese *misterium magnum* que le está siendo concedido contemplar, asombro aterrorizado ante el *misterium tremens*, tremendo, terrible, que le hace temblar de pavor al contemplar también el aspecto destructivo de la totalidad de Vishnu (función destructiva en otros textos y en otras corrientes desempeñada por Shiva, por Kali, por Durga, o por cualquiera de los múltiples nombres de este rostro aterrador para la mente humana). En efecto, en la visión que Arjuna está teniendo del "interior" de Krishna, los ejércitos que están a punto de enfrentarse se ven lanzados hacia la boca con largos dientes afilados que devoran inmisericordemente a quienes están destinados a ser destruidos –tan solo sus cuerpos, obviamente– para restablecer el orden y la justicia.

En uno de los más célebres pasajes de la *Bhagavad Gita*, al que hacíamos referencia antes ya, Krishna –manifestación de Vishnu– declara a Arjuna que cada vez que la injusticia y el desorden (el *adharma*) reinan en el mundo, Él se manifiesta en un cuerpo humano para restaurar el orden y la justicia (el *dharma*). Es la formulación clásica de la doctrina del *avatar*. Y Arjuna acaba de ser consciente de hallarse en presencia del *avatar*, de la encarnación de lo Absoluto, manifestándose, sin verse limitado por ello en su Ser interno, a través de un cuerpo humano.

¿Qué sentimiento experimentaría Arjuna al estar conscientemente en presencia del *avatar*? Es ese sentimiento de asombro, de admiración, de veneración, de devoción, de entrega, de amor, de reconocimiento, de gratitud, a corazón abierto, el que propongo que cultivemos en la meditación que a continuación compartiremos. Una meditación que consiste en una contemplación amorosa de lo Divino.

Que nuestro corazón estalle al fundirse con el fuego purificador y consumidor de lo Divino, que nuestro amor se desborde al sentirse en contacto con el Amor divino, que nuestra devoción crezca al sentir la presencia invisible de lo Sagrado. Ahora bien, esta apertura del corazón no es fácil. Ni la contemplación (imaginaria, en este caso, al menos para empezar) de Krishna es símbolo que atraiga por igual a todos los lectores. Por eso sugiero que, quien lo desee, pueda cambiar de contexto, de símbolo, pues lo que nos importa no es tanto el contexto, el símbolo, el nombre, la imagen, sino la experiencia que lo anterior puede facilitar. El símbolo como soporte para la contemplación. En este caso contemplación amorosa, fusión de corazones, apertura a lo Sagrado. De ahí que, en esta prefiguración de lo que más adelante veremos como "guru-yoga", sugiero que cada cual busque, durante unos instantes –aunque en realidad es algo que suele ser instantáneo, pues no se trata de pensar en un símbolo que nos parezca adecuado, sino de ir adonde nuestro corazón nos lleve–, su símbolo favorito (algo similar a lo que el hinduismo denomina el *istha devata*, la deidad preferida, hacia la que experimentamos una mayor devoción), para que nuestro corazón se abra y experimente esa gama de sentimientos anímicos, de sentimientos espirituales, que antes insinuábamos.

En ese sentido, el cristiano ferviente probablemente elegirá la figura del Cristo (el de la pasión o el de la resurrección, según cada cual), el budista fiel preferirá la imagen del Buddha (Buddha Shakyamuni, Buddha Vairocana, Amitabha Buddha, poco importa), el amante de la Madre divina llamará a la Virgen María, a Kuan Yin, a la Mahashakti (Durga, Kali, Lakshmi, Saraswati, etcétera). Incluso, si alguien tuviera una relación fuerte con algún gurú (en el sentido técnico y positivo de este término, en el sentido de maestro espiritual suficientemente iluminado como para iluminar nuestro camino), es posible que prefiera invocar a este su gurú, con quien goza de una especial relación anímica.

Es más, aquí no estamos presuponiendo creencia religiosa alguna. Basta con lo que podríamos denominar una espiritualidad laica, y esto incluso en un sentido muy lato de la expresión, libre no solo de instituciones religiosas, sino también, es una posibilidad, de concepciones del mundo espiritualistas o idealistas. En ese caso, si bien el sentido sería distinto del que se supone en el contexto inicial, no hay inconveniente en que uno se abra a los sentimientos más profundos, más sublimes, del corazón humano. Podemos ampliar la noción de lo sagrado para entender por ello aquello que constituye el máximo valor, el valor supremo, o simplemente un valor muy importante para una persona. De este modo, incluso la persona atea, la persona agnóstica, los mal llamados no creyentes (¿no creyentes en qué?, ¿en lo mismo que usted?, ¿en *su* noción de Dios, lo Divino, lo Trascendente, lo Sagrado?) pueden participar de este tipo de meditación, evocando imágenes o situaciones que despierten el sentimiento de admiración, de asombro o de amor y abran su corazón. Quizás el rostro de un hijo amado, el abrazo amoroso con un ser profundamente querido, un amanecer, una flor, el canto de un pájaro, una noche estrellada, la cumbre de una montaña; todo ello sirve para abrir nuestro corazón y permitirnos experimentar algunas de sus posibilidades más bellas.

Así pues, pasemos a la meditación.

Meditación

Como siempre, buscamos la postura adecuada.

Aflojamos las tensiones innecesarias de todo el cuerpo.

Impregnamos todo el cuerpo de conciencia y de amor, percibiendo cómo hasta las células sienten esa conciencia y ese amor. Una conciencia y un amor que van siendo bombeados en todo el organismo a través de la respiración consciente.

Sostenemos esa atención plena a la respiración.

Atentos a posibles distracciones, si estas se producen, volvemos a llevar una y otra vez la atención al movimiento respiratorio.

Mientras tanto, nuestra mente ha ido quedando en calma. Y permanecemos en esa lucidez silenciosa que empieza a sernos familiar.

* * *

Dirigimos ahora la atención al pecho, a la zona del corazón.

Y allí descansamos, instalándose un estado de paz profunda. Y de serena felicidad (*ananda*).

Utilizando la imaginación creadora visualizamos nuestro corazón sutil como una flor de loto de doce pétalos. Una hermosa flor de loto (o una rosa, quien lo prefiera) de doce pétalos que se va abriendo lentamente.

Podemos percibir la fragancia de la flor de nuestro corazón. Un corazón que comienza a florecer.

Se intensifica ese gozo de ser que brota del espacio más profundo de nuestro corazón.

Sentimos que las puertas de nuestro corazón se han ido abriendo. La felicidad y el gozo se derraman en amor hacia todo lo que existe.

Levantando nuestra mirada interna contemplamos asombrados la presencia sonriente y amorosa de Krishna (o el símbolo de lo Sagrado que hayamos escogido).

Todo nuestro ser vibra de felicidad ante la presencia de Krishna (o la Madre Divina).

Internamente, no puedo dejar de repetir su bendito nombre: ¡Krishna, Krishna, Krishna! Su mirada hace que se fundan todos mis temores y se agudice mi contemplación amorosa.

¡Ahora entiendo, pues lo estoy experimentando, lo que es el sentimiento de devoción amorosa, de gratitud, de gozo espiritual! (hacia Krishna o hacia mi Maestro específico).

Mi corazón canta de alegría. El canto de una canción de encuentro amoroso divino.

Más allá de mi cuerpo y de mi mente, que han quedado fundidos en la luz amorosa que emana de ese Ser de Luz y de Amor sublimes, me siento profundamente amado por Krishna.

Creo que mi corazón va a estallar de gozo. Así sea. No es sino la pérdida de toda separación, de toda distancia entre la Conciencia de Krishna y mi propia conciencia.

Esta es la verdadera fusión amorosa, el verdadero yoga del Amor.

Somos dos-en-uno o uno-en-dos. Poco importa. Quizás ni dos ni uno. Solo océano de amor y gozo, felicidad más allá de todo límite. Hemos desaparecido tanto Krishna como yo en las oleadas de gozo azul. Y al perderme (en él) me he encontrado.

Este amor gozoso, esta devoción agradecida, se revela como el sentido de la existencia.

Te echaba de menos, Krishna. Escuchaba la dulce música de tu flauta, pero no te encontraba. Mi búsqueda parecía no tener fin. Ahora tu Presencia me embriaga, me llena y me permite vivir la Plenitud que tú eres. (Nuestro corazón le canta a Krishna, en una música que diríase la música del alma, la canción del alma.)

Ebrios con el néctar del Amor, percutido el corazón emocional con una alegría desconocida, poco a poco el oleaje de este océano de gozo se va calmando.

Y se va instalando la serena felicidad de nuestro ser esencial.

Nuestro corazón se ha convertido en el corazón de Krishna. Nuestro amor se ha inundado del Amor de Krishna.

En el silencio de mi mente rendida no queda más que una palabra: Krishna, Krishna, Krishna.

Una palabra mágica que se repite mántricamente: Krishna, Krishna, Krishna.

OM OM OM

Diálogo sobre la meditación

Pregunta: En la meditación anterior, siguiendo las Upanishads, *vimos una experiencia* advaita, *no-dualista, según la cual* atman *y* brahman *no eran dos, sino uno y lo mismo. En la* Bhagavad Gita *parece distinguirse entre el devoto y Krishna, a la manera dualista. Sin embargo, en la meditación hay un momento en el que la dualidad parece desaparecer.*

Respuesta: Efectivamente, cabe una lectura no-dualista de la BG, y una experiencia no-dualista del Amor, en la línea de la meditación que hemos realizado. La lectura no-dualista de la BG consiste en afirmar que más allá de la distinción entre Krishna y el devoto, en realidad Krishna es el símbolo de nuestro Ser interno, de nuestro Maestro interno. Si Arjuna es el símbolo de la personalidad que busca la realización, del *jivatman*, Krishna es el símbolo de la Conciencia no-dual, el Paramatman. O en la terminología antes utilizada: el *atman* del devoto no es sino el Paramatman aquí simbolizado por Krishna.

Es cierto también que, a nivel experiencial, en la meditación puede llegar un momento, y así lo insinuábamos, en el cual el sentimiento de amor es tal que la distinción entre Krishna y yo desaparece, no quedando más que ese puro océano de dicha en el que la mente ha quedado sumergida, inundada, y cualquier diferencia parece secundaria frente a la sensación de unidad gozosa, de identidad indiferenciada, la distinción entre Krishna y yo ha dejado de tener sentido.

P.: A mí me ha gustado mucho esta meditación y realmente he experimentado un amor y un gozo muy hermosos. Pero ¿no es esto un puro juego de la imaginación, de la fantasía?

R.: Bueno, empecemos por distinguir entre fantasía e imaginación. Sé que en muchas ocasiones utilizamos ambos términos como sinónimos, pero cabría diferenciar entre la fantasía, cuando es una actividad de la mente que se me impone, ante la cual soy pasivo, sin dirigir el proceso, y la imaginación, cuando es guiada deliberadamente, conscientemente. En cualquier caso, aparte de la distinción, lo importante es que estamos acostumbrados a pensar que si es imaginación, entonces ya no es real, sino solo fantasía (con el sentido peyorativo que en ocasiones tiene el término, como cuando se contrapone a "realidad"). Sin embargo, podemos pensar que la imaginación lo que hace es conectarnos con otro mundo más sutil, de modo que a través de ella construimos un camino para entrar en lo que Henry Corbin llamó *mundus imaginalis*, un mundo que no sería mera fantasía, sino realidad sutil. Así pues, si por una parte, a través de la imaginación, abrimos un camino hacia una realidad más sutil, en la cual podemos encontrar a seres igualmente más sutiles, sin cuerpos físicos densos como los que utilizamos nosotros ahora, por otra parte, en cuanto imaginación creadora, a través de la visualización estamos creando en esos mundos sutiles. Creando no solo emociones y sentimientos en nuestro corazón intrapsíquico, sino también creando realidad sutil, generando una energía con una específica frecuencia vibratoria que hace que a nivel "psíquico" lo vivido posea su propio grado de realidad. Esto no quiere decir que tan solo baste con imaginar que estamos en presencia de Krishna para que esto ocurra realmente. Tampoco descarto el que justamente el poder de la imaginación, al abrir camino hacia los mundos sutiles, constituya al mismo tiempo una especie de invocación sagrada que estimule un encuentro entre el Ser real al que llamamos Krishna y el alma del buscador sincero. Con no descartarlo, no estoy sugiriendo que tal evento ocurra con facilidad, ni que sea el objetivo que suceda aquí y ahora. Pero, si atendemos a la historia de la mística, veremos que no es algo inaudito, antes al contrario, el encuentro con sabios y santos, iluminados y seres de luz, a través de la invocación, la oración, la meditación, la visualización, etcétera. Tenemos testimonios de ello relacionados con el Cristo, con el Buddha, con Krishna, pero también con el Ángel Gabriel, el Ángel Metatrón, y con mayor frecuencia con los propios gurús, en remotas distancias o incluso desencarnados. Baste recordar los casos testimoniados entre Tsong Khapa y Manjushri o Atisha, entre Sri Yukteswar y Paramahamsa Yogananda, una vez muerto el primero, en relación con el mítico Babaji; en el caso de Sri Aurobindo (tanto en el "descenso de Krishna" en su caso, como en el de algunos discípulos, incluso algunos que no lo conocían en el momento del inesperado "encuentro"), en relación con Satya Sai Baba, y tantos otros. Hay muchos casos de encuentros en el *mundus imaginalis* (el propio Corbin se cuenta entre ellos), en los cuales la imaginación creadora quizás tuvo algo que ver.

Así pues, creo que tenemos que recuperar el sentido y el valor de la visualización en su doble significado: como apertura y receptividad a realidades y seres más sutiles, y como capacidad creadora en esos mismos mundos sutiles. En cuanto a lo que ahora nos atañe más directamente, en nuestra meditación, tan solo me gustaría añadir que si bien la generación de tales sentimientos es, indudablemente, una cuestión psicológica, una inducción sugeridora, lo que está en juego es la realidad y el valor de los sentimientos así estimulados. Una cosa es el modo de llegar a ellos, y otra, su realidad y su valor. No por el hecho de haber sido estimulados con palabras, con imágenes, dejan de ser reales, en su propio plano psíquico. Al contrario, lo que podemos ver aquí es que lo experimentado, independientemente del modo de producción de la experiencia, tiene un gran valor. El sentimiento de amor y de gozo, si realmente se ha experimentado, no podemos negar que sea real. Incluso si Krishna no existe en modo alguno. Esto nos lleva a ver que los estímulos externos pueden ser útiles para estimular determinadas sensaciones, emociones y sentimientos, pero también para caer en la cuenta de que la experiencia no es el estímulo, incluso que no depende necesaria y unívocamente de ellos. Que algo puede estimular mi sentimiento de felicidad, pero que la felicidad experimentada brota de mí, es la respuesta dada ante el estímulo. ¿Hasta qué punto es posible producir la respuesta de manera autónoma, sin depender del estímulo? Es la pregunta que podemos llevarnos hoy con nosotros, hacerla nuestra, morar en ella meditativamente.

P.: ¿Alguna recomendación bibliográfica especial para la Bhagavad Gita?

R.: Sí, claro. En las últimas décadas se han llevado a cabo bastantes traducciones al castellano de esta obra. Yo le tengo especial cariño a la traducción de Rivière (1980), quizás por ser la primera que leí, y porque ya entonces estaba no solo la traducción al castellano (revisada por el propio Rivière, que sabía bastante castellano), sino también el texto en sánscrito, transliterado (no en caracteres *devanagari*), con lo cual podía ver cuál era el término sánscrito en los momentos cruciales. Me gusta también la de Plá (1998), con sus comentarios nodualistas. Y, desde luego, para la lectura *advaita* (no-dualista) de Shankara, se puede ver la edición de Martín (1997).

La *Gita* ha recibido tantos comentarios que es imposible, y no es necesario, referirse a todos ellos. No obstante, no puedo dejar de mencionar algunos. Especialmente el extenso estudio de Sri Aurobindo (1972), que ha llegado a considerarse una de sus obras fundamentales, junto a las otras citadas en la bibliografía final. También resulta de interés el enfoque psicológico de Swami Rama (1988). Una interpretación especialmente original y llamativa, desde la perspectiva esotérica-antroposófica que le caracteriza, es la de R. Steiner (1988).

Dos buenas traducciones al inglés (con estudios introductorios) son las de Radhakrishnan (1994) y la de Zaehner (1969).

3. El éxtasis contemplativo en los *Yoga-sutras* de Patañjali

Vamos a entrar ahora en el texto fundacional del *raja-yoga*, el tercero de los yogas analizados. Comenzamos con el *jña-na-yoga*, o yoga de la gnosis, basándonos en las *Upanishads*, continuamos con el *bhakti-yoga* como corazón de la *Bhagavad Gita*, y ahora expondremos el *raja-yoga* guiados por Patañjali, en torno al siglo I de nuestra era, siglo antes, siglo después, pues seguimos con fechas debatidas.

Ni que decir tiene que hay otros muchos tipos de yoga o aspectos del Yoga. En Occidente, la visión más superficial se limita a identificar el yoga en su conjunto con el *hatha-yoga*, un conjunto de posturas (*asanas*) y de técnicas de respiración (*pranayama*), tal como fue presentado de manera sistemàtica, ya en el siglo XI, por el *Hatha-yoga-pradipika*, de Svatnarama, y siglos después por el *Gerandha Samhita*, muy posteriores, por tanto, al texto que aquí nos ocupa. No en vano, el primero de tales textos comienza reconociendo que el objetivo del *hatha* no es sino preparar el cuerpo y la vitalidad para lograr la meta del *raja-yoga*.

Poco a poco fue aplicándose el término yoga a otros muchos enfoques. Así, por ejemplo, en la *Katha Upanishad* se habla ya del *adhyatma-yoga*, el yoga del ser más íntimo, y Gaudapada en sus *karikas* (comentarios) a la *Mandukya Upanishad* habla del *asparsha-yoga*, yoga intangible, sin contacto –en su significado literal–, haciendo referencia a ese carácter del *atman* que no puede ser tocado, al que ningún contacto puede llegar. Más adelante, con la aparición, sobre todo en el siglo v y vi d. de C. de los *tantras*, como textos que ofrecen una concepción que, en ocasiones, se quiere distinta de la védica y vedántica, comenzará a utilizarse la noción de *tantra-yoga*. Y como en tales sistemas se desarrolla la idea de *kundalini* se habla también de *kundalini-yoga*. Se entiende *kundalini* como una poderosa energía (*shakti*), representada simbólicamente como una serpiente enroscada en la base de la columna, que al despertar puede activar los distintos centros de energía (*chakras*) que se hallan en una especie de "fisiología sutil", despertando de ese modo ciertas facultades dormidas y, en última instancia, ascendiendo de *chakra* en *chakra* hasta alcanzar la cima de la coronilla, el *sahasrara-chakra*, consumando el abrazo de Shakti (símbolo del principio femenino, de la energía creativa, el poder primordial, la Madre divina) y Shiva (símbolo del principio masculino, de la conciencia pura, el Ser absoluto) y logrando de ese modo la "unión" total (*yoga*) y la integración de todos los aspectos de nuestro ser.

Recordemos tan solo la importancia que tienen en el *tantra-yoga* los *mantras* (sonidos de poder, fórmulas mágicas, vibraciones sagradas), los *mandalas* (diagramas simbólicos) y los *mudras* (posturas y gestos, especialmente con las manos). De hecho, la importancia del *mantra* es tal, tanto en la tradición hindú como en la budista, que es habitual reconocer como uno de los yogas principales el yoga centrado en *japa*, la repetición de *mantras*, y se habla de un *mantra-yoga*. Veremos en su momento cómo en el desarrollo del budismo lo que finalmente se conocerá como el vehículo diamantino (*vajrayana*) comenzó denominándose el vehículo del mantra (*mantrayana*), por la importancia concedida a este.

Hay muchas más ramas de este frondoso árbol que es el Yoga. Podríamos hablar del *kriya-yoga*, término que veremos aparecer en los *Yoga-sutras*, como yoga de la acción que consta de aspiración ardiente, como podría traducirse el término *tapas*, de lectura de textos espirituales y estudio de uno mismo, como indica el término *svadhyaya* y de devoción a Ishvara (*isvara-pranidhana*), pero que en el siglo XX sería desarrollado de un modo particular y muy sistemático en las enseñanzas de Paramahamsa Yogananda, siguiendo los pasos de Sri Yukteswar, Lahiri Mahasaya y, quizás, en definitiva, de Baba-ji, el mítico yogui de los Himalayas.

Baste esta aproximación a distintos tipos de yoga, sin pretensión de exhaustividad, para dar algunos pasos en este yoga de ocho miembros (*asthanga-yoga*) que es el de Patañjali. Estos ocho pasos comienzan con reglas morales para una conducta ética, como preliminares imprescindibles y como criterios que hay que tener presentes durante nuestra vida. Los términos *yama* y *niyama* se refieren a ello. El tercer paso es el de buscar una postura estable (*asana*) que nos permita mantenernos concentrados. En los *Yoga-sutras* no hallamos series de posturas, sino que Patañjali se refiere a una sola postura, con el fin de entrar en un estado de meditación. En cuarto lugar habla del control de la respiración (*pranayama*), paso que tampoco desarrolla, como lo harán posteriormente los textos de *hatha-yoga*, sino que destaca la importancia de la conciencia de la respiración. Ahora bien, son los cuatro pasos siguientes los que caracterizan el yoga de Patañjali. Especialmente los tres últimos. El quinto se denomina *pratyahara* y consiste en la retracción de los sentidos; es decir, si concebimos los sentidos como puertas del cuerpo a través de las cuales se dispersa nuestra atención y nuestra energía, se trata de cerrar tales puertas, retirar la atención y la energía de los objetos de los sentidos y centrarla en nuestro interior. Con ello comenzaría la concentración, la meditación y la contemplación extática. Son estos tres términos posibles para traducir los tres últimos pasos del *asthanga-yoga*, los cuales vienen indicados en el sánscrito usado por Patañjali por los términos *dharana*, *dhyana*, *samadhi*. La unión de los tres últimos pasos se denomina *samyama* y «como resultado de *samyama* –leemos en una de las traducciones del aforismo III, 5– llega el resplandor de la luz».

Los aforismos del yoga de Patañjali tienen su fundamento teórico en uno de los seis sistemas "filósoficos" (*darshanas*) o puntos de vista "ortodoxos" de la tradición hindú: el Samkhya, expuesto en las *Samkhya-karikas* de Ishvarakrishna. Nos interesa, de momento, la distinción típica del *samkhya* entre *purusha* y *prakriti*. Todo lo que existe forma parte de alguna de estas dos categorías principales. Nos interesa entender lo que significa cada una, para su posterior aplicación a la meditación. *Prakriti* se traduce generalmente como "naturaleza" y *purusha* como "espíritu", pero hay que repensar estos términos, para ver lo que significan en su contexto original. *Purusha* es la conciencia que observa todo el movimiento de la mente. *Prakriti* es todo lo que puede ser observado por la conciencia. *Prakriti*, pues, no se refiere solo a la naturaleza física externa, los objetos del mundo natural, ni solo a nuestra naturaleza física, corporal, sino a todo lo que podríamos denominar "energía en movimiento". Por ello, nuestras emociones y nuestros pensamientos forman parte de *prakriti*. Es decir, que la mente, nuestra naturaleza mental, es parte de *prakriti* y no es el observador, sino un objeto más que puede ser observado por la conciencia observadora.

Si queremos relacionar esta terminología con la vista en el primer capítulo, a propósito de las *Upanishads*, podemos decir que las cinco vestiduras (sin duda las tres inferiores: el cuerpo, la vitalidad y la mente) forman parte de *prakriti*, mientras que el *atman* sería el equivalente del *purusha*. En este caso, decir que es "equivalente (homeomórfico)" no implica que signifiquen exactamente lo mismo, sino que desempeñan una función similar en los distintos sistemas (Vedanta, Samkhya y Yoga). Su función es la de observador consciente de todos los contenidos de la conciencia y de todos los objetos susceptibles de ser conocidos como tales. *Atman* y *purusha* son "sujetos", no "objetos".

Ahora bien, si en la presentación de las *Upanishads* nos centramos en la interpretación no-dualista en la línea ofrecida por Shankara, hay que decir que los *Yoga-sutras* de Patañjali son claramente dualistas. El dualismo nos resulta muy conocido por ser la concepción del mundo dominante en las tres religiones proféticas, abrahámicas (judaísmo, cristianismo e islam), así como en las filosofías griegas tan influyentes de los órficos, los pitagóricos y Platón y el platonismo. En pocas palabras, si el no-dualismo enfatiza el carácter adual de la realidad (*atman* y *Brahman* no son dos, mi *atman* y tu *atman* no son dos), el dualismo mantiene la diferencia esencial, la distinción real entre el sujeto finito individual (*purusha*) y el Sujeto absoluto, Dios (*ishvara*), así como entre los distintos sujetos o "almas individuales".

Los *Yoga-sutras* constan de cuatro libros o capítulos, bien breves cada uno de ellos. El significado del título de cada uno es muy elocuente. Veámoslo brevemente. El primer capítulo se titula «*Samadhi-pada*» (volvemos a la noción central de *samadhi*, que pronto se convertirá en nuestro hilo conductor y en término identificable con uno de los objetivos de la meditación de Patañjali). Se trata de establecer desde el comienzo la meta de la meditación: ese éxtasis (posible traducción de *samadhi*) que nos lleva a "salir de" nuestra personalidad prakrítica y a instalarnos en nuestro verdadero ser (el *purusha*); esa contemplación (también traducción posible de *samadhi*) que es contemplación de mi propio rostro interno (en cuanto *purusha*), una vez que he logrado des-identificarme de la mente y el cuerpo, del "ego" (término empleado en muchas ocasiones y que tendremos que recoger de manera un poco más detallada). Más adelante veremos que Patañjali habla de distintos tipos de *samadhi* (éxtasis, énstasis, contemplación).

El segundo capítulo se denomina «*Sadhana-pada*» y se refiere ya no tanto a la meta como al camino que hay que recorrer. El término *sadhana*, muy frecuente también en la tradición tántrica, ha terminado empleándose como el tipo de trabajo interno, de práctica, de disciplina que uno realiza. Es aquí donde se habla del *kriya-yoga* y donde se definen las ocho ramas del yoga y comienza la exposición de las dos primeras, para continuar con las siguientes en el capítulo tercero, titulado «*Vibhuti-pada*», y en el que se exponen los "poderes" (traducción del término *vibhuti*) que desarrolla el yogui a través de la práctica adecuada. Patañjali se encarga de avisar de los riesgos que entraña el apego a tales poderes (algunos de ellos equivalentes a los hoy llamados poderes paranormales o parapsicológicos, como la telepatía, la clarividencia, el recuerdo de vidas anteriores). Así, por ejemplo, en III.18 leemos: «Cuando se adquiere el poder de ver las imágenes mentales se pueden conocer las encarnaciones anteriores». Un interesante aforismo es el que parece referirse a la posibilidad de establecer contacto con maestros del yoga (*siddhas*), tal como se insinúa en alguna de las traducciones del aforismo III.32: «Enfocando la luz en la cabeza se puede ver a quienes han alcanzado el dominio de sí mismos y establecer contacto con ellos».

Aparte de esa ambigüedad que consiste en dedicar bastantes

aforismos a los distintos poderes psíquicos y, al mismo tiempo, quitarles importancia y poner sobre aviso del riesgo que entrañan, es en este tercer capítulo donde se desarrollan los tres últimos miembros del yoga de los ocho pasos: la concentración, la meditación y la contemplación extática. *Dharana* se define como fijar la mente en un objeto determinado; es la concentración, la dirección de la atención sostenida hacia cualquier objeto, interno o externo. *Dhyana*, la meditación, no es sino la profundización del acto de concentración, consiguiendo sostener esta durante un tiempo mayor de lo que es habitual en los esfuerzos iniciales, en los que hay frecuentes distracciones y la mente se dispersa a menudo. Y, finalmente, *samadhi*, puede comprenderse como un estado de gran concentración, hasta el punto de quedar el sujeto absorto en el objeto que contempla.

Ahora bien, resumiendo las insinuaciones que Patañjali realiza sobre el *samadhi*, puede decirse que establece una distinción fundamental entre *sabija samadhi* y *nirbija samadhi*. En el primero, "contemplación con simiente", la concentración tiene un objeto en el cual descansa, en el segundo no hay ya ningún objeto, ningún soporte para la contemplación, de modo que la mente queda en completa calma, en total silencio, todos sus movimientos se han detenido, y, sin embargo, y ahora con mayor brillo que nunca, «el *purusha* reposa en su estado natural» (I.3). Es el resultado del logro del más célebre de los aforismos, el I.2, en el que se nos dice, desde el comienzo mismo: *yogash citta vritti nirodha*, que podemos traducir como "el yoga es el control de las modificaciones de la mente". *Citta* es la mente, la psique, esa parte de *prakriti* que suele estar en movimiento, creando imágenes y pensamientos, y con la que nos identificamos habitualmente. *Vritti* hace referencia a los movimientos, las modificaciones, las fluctuaciones, los procesos psíquicos. Por su parte, *nirodha* destaca el cese, la detención, la inmovilidad de la mente, el control de los pensamientos. Sería en ese momento, con la trascendencia de los procesos psíquicos, cuando el *purusha* brilla en sí mismo y por sí mismo, en estado de *samadhi* y logrando esa liberación (de la identificación con *prakriti*) que en los aforismos recibe el nombre de *kaivalya*, justamente título del cuarto y último de los capítulos de nuestra obra. *Kaivalya*, que literalmente suele significar "aislamiento", se refiere en realidad al logro de la verdadera autonomía, la independencia total del espíritu individual (*purusha*) respecto de su naturaleza (*prakriti*) a la que hasta entonces se había hallado encadenado. *Kaivalya* es la realización de la libertad primera y última del *purusha*, el alma individual, el espíritu que ahora como nunca antes puede gozar no solo de su libertad espiritual, sino también de su unión (yoga) con Ishvara, el Espíritu absoluto con el que puede vivir en comunión constante, a quien puede entregarse y hacia quien puede experimentar la devoción plena, tal como el *kriya-yoga* presentado en el segundo capítulo insinuaba: «La austeridad (o aspiración ardiente), el auto-estudio (y estudio de las escrituras) y la entrega a Ishwara conforman el yoga de la acción (*kriya-yoga*)».

Meditación

Buscamos la postura adecuada (*asana*). La columna vertebral erguida. Los ojos en reposo. La musculatura distendida. Tenemos conciencia global de todo el cuerpo. Escuchamos con atención el lenguaje del cuerpo, cualquier sensación.

Llevamos la atención a la respiración (*pranayama*). Disfrutamos respirando, con el oleaje rítmico del movimiento de inspiración y espiración. Todo nuestro cuerpo respira.

Ahora retiramos todo interés de la información que podamos recibir a través de los sentidos (*pratyahara*). Esa retracción de los sentidos nos conduce a una percepción más aguda de nuestro mundo interno.

Ante el movimiento incesante de nuestra mente, buscamos un punto de concentración (*dharana*). Así pues, toda nuestra atención está centrada en la zona del corazón. Podemos imaginar el loto de doce pétalos de nuestro corazón. La atención está fija en esa imagen. Y cada vez que la mente se distrae y comienza su carrusel habitual de pensamientos, nos damos cuenta de lo que sucede y, teniendo claro que en este momento no nos interesa ninguno de los pensamientos que puedan surgir, volvemos a llevar la atención al centro del corazón (*anahata*).

Tomamos nota –mentalmente– de cualquier sensación, pero no nos entretenemos con ellas. Simplemente, observamos que se ha producido la distracción y volvemos a llevar la atención al punto adimensional que adivinamos en nuestro corazón.

Es muy normal que la mente pierda la concentración. No reaccionemos ante ello, generando otras emociones y pensamientos que aviven el fuego activo de nuestra mente («No me puedo concentrar», «qué fastidio», «no es mi día», «más valdría que hiciera algo de provecho en lugar de estar aquí sin hacer nada positivo», etcétera). Por tanto, con una paciencia infinita, nada más percatarme de la pérdida de la concentración en el punto elegido, una y otra vez retorno al punto de concentración.

Ahora dirigimos la atención, algo más estable ya, a nuestro campo mental, como si mirásemos por dentro la zona de la cabeza, donde solemos situar la mente. En este momento no hay un punto de concentración distinto de los propios pensamientos, sino que son estos los que constituyen la "diana" a la que apunta mi atención. Ahora bien, he de tener claro que no me interesa el contenido de los pensamientos (pues si es así me perderé en ellos, como suele ocurrir), sino el hecho de que aparezcan pensamientos.

Y, sobre todo, poco a poco, va llamándome la atención, más que los pensamientos, el espacio que existe entre una serie de pensamientos y otra. Entre un tren de pensamientos y otro hay un vacío, un silencio, en el que también puede centrarse la atención. Cuando esta atención consigue una cierta constancia, sin frecuentes distracciones, comienza la verdadera meditación (*dhyana*).

Cada vez, la cantidad de pensamientos es menor y la amplitud del espacio, de claridad, mayor. Voy instalándome en ese "espacio de claridad".

Trato de morar conscientemente en esa "lucidez silenciosa".

Noto que se me está revelando un nivel más profundo de mi mente, como si comenzase a intuir su naturaleza básica. Una mente en calma, serena, lúcida. Quizás sea mejor no denominarla ya "mente" (si entendemos esta como el carrusel de pensamientos, como el proceso de pensar e imaginar), sino más bien "conciencia".

Empiezo a vivenciar lo que es la "conciencia pura", sin contenidos, sin procesos, sin movimiento.

Descubro que dicha conciencia parece no estar en ningún lugar, no estar inmersa en la duración temporal. Lo percibo porque, a diferencia de la mente, que parece ocurrir en un "espacio psíquico" determinado –aunque tampoco sea localizable físicamente–, la conciencia no puede ser localizada. A diferencia de los procesos mentales, que transcurren en el tiempo y en los que cabe hablar de una sucesión, la conciencia pura no se descubre en tiempo alguno.

En el silencio lúcido, perdida toda noción de objeto alguno, moro en éxtasis contemplativo (*samadhi*), en un estado de plenitud.

Diálogo sobre la meditación

Pregunta: Mi mente sigue fabricando pensamientos, uno tras otro. Es verdad que poco a poco parecen disminuir, pero yo creo que nunca cesan. A lo sumo estaré quizás unos segundos sin que aparezcan pensamientos. ¿Quiere eso decir que no hago bien la meditación?

Respuesta: ¡De ningún modo! En el ejercicio mismo de observar los pensamientos estás ya practicando debidamente la meditación. Lo importante aquí es cultivar esta atención concentrada que es capaz de volver una y otra vez al objeto de concentración.

Muchas veces se concede demasiada importancia al ideal de una mente en completa quietud, en silencio total, sin ningún pensamiento. Es cierto que a eso apunta el segundo aforismo, antes analizado. Sin embargo, yo diría que lo importante no es tanto lograr que la mente calle por completo, sino que el testigo, la conciencia observadora, el yo, el *purusha*, no se identifique con los pensamientos que van surgiendo en la mente. ¿Detectas este proceso de desidentificación, de distanciamiento del sujeto consciente respecto de los movimientos de la mente? Es como si habitualmente estuviésemos del todo embotellados en la mente, y un día, de pronto, en la meditación, nos diésemos cuenta de ello. Y nos damos cuenta, justamente, porque por primera vez de una manera tan clara me percato de que hay más presencia, más realidad, más fuerza, más identidad en la conciencia que observa, en el testigo comtemplativo, que en los pensamientos que no cesan. Cultivar esa distancia entre el pensador y lo pensado constituye un momento esencial en la meditación.

P.: Ahora que dices eso, recuerdo que en otras ocasiones, algunos maestros hablan de no diferenciar entre el observador y lo observado. ¿Cómo conciliar ambos enfoques?

R.: Yo diría que son, más que dos enfoques –aunque también puede verse así–, dos momentos en el proceso de la meditación. En un primer momento es preciso cultivar esa distancia, esa sensación de separación, o más bien, distinción entre el observador y lo observado, entre el meditador y lo contemplado, pues de otro modo continúa la identificación con los pensamientos, la confusión de la conciencia con la mente, de *purusha* con *prakriti*, tal como sucede en la vida pre-meditativa. Solo cuando esta distancia contemplativa se ha cultivado suficientemente puede trascenderse de manera adecuada dicha dualidad entre el observador y lo observado.

De hecho, Patañjali distingue varios tipos de *samadhi*, y aunque aquí no vamos a detenernos en todos ellos podemos recoger lo que constituye su diferenciación más importante: por una parte habla de *samprajñata samadhi* y de *asamprajñata samadhi*, y por otra parte distingue entre *sabija samadhi* y *nirbija samadhi*. Permítaseme que los reduzca a una sola diferencia y los traduzca/interprete como "*samadhi* con objeto" y "*samadhi* sin objeto". En el primero, la concentración en el objeto elegido es tan intensa y tan focalizada que el sujeto parece desaparecer. En esta contemplación (*samadhi*) me hago uno con el objeto, hasta el punto de que mi conciencia parece haberse convertido en dicho objeto, ser una con él, desaparecer en su seno. El objeto (externo o interno) sobre el que concentro mi atención, sobre el que medito (sea en su forma, en sus cualidades internas o en su esencia íntima), sobre el que ejerzo mi contemplación, parece convertirse en la totalidad de lo que existe para mí en ese momento. Dicho objeto hace las veces de "semilla" (*bija*) que va creciendo al ser regada por el agua vivificante de mi atención.

En el otro tipo de *samadhi*, sin objeto, sin simiente, sin soporte, sin apoyo, lo que llega a desaparecer es todo objeto en mi conciencia, quedando tan solo "conciencia pura", el sujeto autoconsciente, el *purusha*, sin punto de referencia, sin objeto de concentración, atención esférica de la meditación contemplativa frente a la atención tubular de la meditación concentrativa. En el anterior *samadhi* desaparece la noción de sujeto y este se ha fundido en el objeto. En este *samadhi* desaparece todo objeto y brilla en su luminosidad primordial el *purusha* libre de toda identificación con cualquier objeto, con cualquier contenido de la conciencia.

En estos dos tipos de *samadhi*, pues, se cumple lo que tú insinuabas: cesa toda diferencia entre el observador y lo observado, se trasciende la dualidad sujeto-objeto, si bien por vías distintas, perfectamente complementarias.

P.: Tengo la impresión de que vas cambiando de términos, de conceptos, utilizando unas veces unos, otras veces otros, y a

veces llego a dudar de si significan lo mismo. ¿Podrías estable-
cer una terminología mínima, de los conceptos fundamentales,
y a ser posible sin referencia a los términos sánscritos, que en
ocasiones nos confunden un poco?

R.: Tienes razón. Vamos a intentarlo. Por una parte, es cierto que voy cambiando la terminología, utilizando sinónimos y
calificativos variados. Y lo hago deliberadamente para impedir
que nos aferremos a una terminología determinada como si el
hecho de manejarla conceptualmente supusiera haber penetrado en la profundidad de aquello que trata de describir. Por
otra parte, me parece muy oportuna la idea de simplificar y
sistematizar la terminología, con fines prácticos. Ahora bien,
insisto en la dificultad de una terminología pura, capaz de describir de manera directa, sin interpretaciones dudosas, cómo las
cosas son en sí mismas. Esta pretensión de una fenomenología
esencialista, por así llamarla, ha mostrado ser muy difícil y,
en ocasiones, hasta perjudicial, cuando cree haber apresado
conceptual y verbalmente la cambiante y fluida realidad po-
lifacética.

En cualquier caso, el esquema que presento a continuación
diría que tiene especial relación con este tipo de meditación,
para no generalizar indebidamente.

Pues bien, podríamos distinguir entre: a) los contenidos de
la conciencia; b) el campo de la conciencia, y c) el sujeto de
ese campo de la conciencia.

Los contenidos de la conciencia son todos aquellos objetos
o procesos psíquicos que aparecen en el campo de mi con-

ciencia. Podríamos distinguir entre: contenidos de la conciencia asociados a lo físico, lo que llamamos "sensaciones corporales", y contenidos de la conciencia asociados a lo afectivo, dentro de lo cual podríamos distinguir entre emociones y sentimientos, siendo las primeras más intensas y más breves que los segundos, y siendo los sentimientos menos intensos, pero más duraderos que aquellas. Distinción funcional, provisional y con el reconocimiento previo de que las fronteras no siempre están muy claras, si bien en los casos más cercanos a los extremos las diferencias son obvias. Así, por ejemplo, un ataque de ira que hace que me hierva la sangre, se acelere la respiración y tense mis músculos disponiéndose al ataque ante lo que percibo como una amenaza –física o psicológica, real o imaginaria– corresponde claramente a una emoción intensa, que rara vez durará más de unos minutos o unas horas. Por otra parte, el odio hacia una persona que hace años me hizo algo que considero grave e injusto y que no he podido olvidar ni perdonar puede considerarse que es un sentimiento que yace enquistado en el fondo de mi psique, que quizás no llegue a provocar reacciones fisiológicas (llanto, risa, tensión aguda, aceleración cardíaca), excepto en momentos concretos en que se agudice (por ejemplo, por su presencia) y se convierta en una emoción más intensa.

Un tercer tipo de contenidos de la conciencia sería, justamente, aquello que llamamos pensamientos, ideas, imágenes, etcétera.

Por otra parte, habría que distinguir toda esa riqueza de contenidos que vamos observando y el "campo de conciencia" en el cual suceden. La distinción fenomenológica parece clara a la observación meditativa, especialmente cuando los contenidos cesan y, sin embargo, sigo percibiendo el "campo" en el cual aparecen. De hecho, llega un momento en la meditación en el cual nos importa más la cualidad del campo que la existencia de los contenidos. El campo de conciencia puede estar más o menos "libre" de contenidos, el campo puede resultar más o menos "luminoso", puede ser más o menos "amplio", más o menos "intenso". Esa intensidad de conciencia es una característica importante que nos lleva a la experiencia de la "lucidez" de dicho campo. La mayor o menor libertad frente a los contenidos, y más concretamente, la escasez de contenidos, nos muestra el aspecto de "silencio" de la lucidez, dando lugar a esa "lucidez silenciosa" que tratamos de cultivar… o de descubrir.

Ahora bien, en nuestra investigación sobre la conciencia debemos preguntarnos, y recordemos que en este caso partimos de la hipótesis de trabajo propuesta por Patañjali, si más allá de los contenidos y del campo de la conciencia hay experiencia de algún elemento distinto de ellos, que quepa diferenciar experiencialmente. Yo diría que sí, que algo distinto de los contenidos y del campo es el sujeto del campo de conciencia y de los contenidos. Ese sujeto, que en la terminología de Patañjali, obviamente, correspondería al *purusha*, es el Yo en cuanto presencia autoconsciente. Es este el sujeto que no puede convertirse en objeto de nuestra conciencia, que no puede aparecer como un contenido más dentro del campo de nuestra conciencia, pues es el substrato subyacente que sujeta todos los contenidos y que contempla el propio campo de conciencia. El campo es algo impersonal, es una especie de "lugar psíquico", de "espacio interior". El sujeto es algo personal, con una clara sensación de identidad personal a la que llamo yo, caracterizado por poder ser consciente de sí mismo en el presente, incluso en ausencia de contenidos. Esa auto-consciencia pura, espontánea, sería una de sus características más claras. Y eso, querido meditador, eres Tú.

P.: Se está convirtiendo ya en una costumbre el que nos digas algo sobre la bibliografía. ¿Qué hay sobre los Yoga-sutras *de Patañjali?*

R.: Como estudios generales y amplios sobre dicha obra hay que citar a Taimni (1974) con una orientación teosófica, y a Dasgupta (1995), uno de los más célebres historiadores de la filosofía india. Una traducción reciente al inglés, peculiar y polémica, es la de Ranganathan (2008), con un interesante estudio introductorio de 67 páginas en el que trata de justificar por qué una nueva traducción en la que destaca la enorme importancia concedida a la dimensión moral implícita en la noción de *dharma*.

En castellano hay que destacar el esfuerzo realizado por Ballesteros (1993), pues incluye los comentarios de Vyasa y de Shankara a los *Yoga-sutras*, si bien se trata tan solo del primero de los cuatro capítulos que componen nuestra obra. Sin ser traducción, sino más bien estudio general, sigue siendo muy útil la obra de Eliade (1987). Un extenso estudio introductorio, previo a la traducción también incluida, lo encontramos en Tola y Dragonetti (2006). También recientemente gozamos de la traducción del renombrado *hatha yogui*, Iyengar (2003).

4. La tradición tántrica y el *Vijñana-Bhairava-Tantra*

Hasta ahora nos hemos centrado en algunas de las tradiciones más ortodoxas del hinduismo, básicamente lo que podríamos llamar la tradición védica-vedántica, aunque el Yoga de Patañjali pertenezca a esa corriente que enlaza el Samkhya y el Yoga.

Sin embargo, probablemente en el siglo VI d. de C. comienzan a aparecer unos textos que se presumen "revelados", una Revelación paralela a la védica y que se atribuye, generalmente, a Shiva o a Shakti. El fenómeno tántrico impregna desde ese momento tanto el mundo hindú como el mundo budista, asistiendo desde el siglo VIII hasta el XIII aproximadamente a un período de creciente influencia de lo que podemos llamar el tantrismo, hasta tal punto que –ciñéndonos ahora al Tantra hindú– la India se ve inmersa en un proceso de "tantrización" un tanto peculiar, ya que dado su carácter, en ocasiones transgresor, todo lo relacionado con el Tantra va a ser rechazado y reprimido de la conciencia hindú ortodoxa hasta hace muy poco, unas cuantas décadas, menos de un siglo, cuando el Tantra vuelve a estar de actualidad, tanto a través de presentaciones simplificadas, modernizadas y popularizadoras –en torno sobre todo a la concepción tántrica de la sexualidad–, como más recientemente entre los indólogos y especialistas en el mundo hindú.

Del mismo modo que veíamos un sesgo *advaita* en las presentaciones contemporáneas del hinduismo en general, podemos apreciar ahora esa misma tendencia a presentar el Tantra como no-dualista en su totalidad. Y esto no es así, como muestra toda la tradición del Shaivasiddhanta, decididamente dualista, justamente al estilo del Samkhya, de quien toma también sus principales categorías. Todo el Tantra podemos decir que es "hiper-ritualista" (A. Sanderson), algo que se pone de manifiesto con toda claridad en el Shaivasiddhanta. Dicho eso, es cierto que buena parte de las corrientes tántricas son no-dualistas, como veremos, a modo de ilustración, en los *Sutras* en los que nos centraremos.

También suele asociarse el Tantra al shivaísmo, y no sin razón, pues puede afirmarse que la mayoría de las corrientes lo son, así como buena parte de sus textos más destacados. No obstante, hay que tener presente que existe un Tantra vishnuita, como muestran los *samhitas* del *Pancaratra*, así como los textos tántricos que tienen como centro de la revelación a Surya (*Tantras saurya*) o a Ganesha (*Tantras ganapatya*, pues Ganesha recibe también el nombre de Ganapati).

Shivaítas son, pese a todo, los llamados *Shakti-tantras*, como los *Tantras* de Bhairava y Bhairavi (nombres de Shiva y de Shakti, respectivamente), así como toda la corriente del shivaísmo de Cachemira que parte de los *Shiva-sutras*, aparecidos en el siglo XI y atribuidos –por revelación– a Vasugupta, y continúa con las obras de Somananda y Utpaladeva en el siglo X y poco después con Kshemaraja y Abhinavagupta (975-1025). Este último ha pasado a la historia como uno de los mayores sistematizadores del Tantra, quizás la figura más destacada de todo el mundo tántrico, como puede verse a través de su magna obra, *Tantra-loka*.

Abhinavagupta, además de ser un gran "tantrika", nos ha legado una de las reflexiones más influyentes sobre la estética hindú, con su teoría de los *rasas* y especialmente con su tematización de un noveno *rasa* (sentimiento estético), el "sabor" principal del resto de los "valores estéticos", pues *shanta-rasa* nos remite a nuestra propia naturaleza átmica, no-dual, permitiéndonos saborear el *ananda* primordial a partir de la contemplación estética.

Abhinavagupta se enmarca en la tradición Kaula, dentro del tantrismo, y más concretamente en la corriente Trika, aunque su obra sea una obra de síntesis que integra otras corrientes como la Krama (centrada en Kali), la Kubjikamata (cuya "diosa" principal es Kubjika –la jorobada–) y la corriente del Sri Vidhya, en la que destaca el célebre Sri-Chakra mandala, correspondiente a la diosa Tripurasundari. En la corriente Trika, la Realidad no-dual (*paramashiva* o *parashakti*, pues en el nivel último no hay distinción entre ambos) se manifiesta en esos dos aspectos centrales: Shiva y Shakti. El primero es Conciencia y Luz primordial (*prakasha*), la segunda es Energía auto-consciente (*vimarsha*). La experiencia de la no-distinción entre ambos revela la Libertad absoluta (*svatantryavada*) que persigue, como meta última, el verdadero tantrika. La Shakti, la Energía creadora, el principio femenino, es concebida de manera central como Palabra (*vac*), Palabra creadora, Sonido primordial. Y a partir de ahí se desarrollará la importancia de la palabra, y más originariamente todavía del sonido mántrico, que desempeñará un papel clave en el Tantra. Efectivamente, los *mantras* están en el corazón mismo de las prácticas tántricas (A. Padoux). No por azar el *Tantra-shastra* recibió la denominación de *Mantra-shastra*, y la práctica y disciplina tántrica de *Mantra-sadhana*.

Si tuviéramos que destacar tres aspectos del universo del Tantra, podríamos hablar del yoga tántrico, y especialmente de la meditación tántrica, que es lo que nos ocupa ahora; de la sexualidad en el Tantra –el aspecto más polémico y que no nos interesa ahora de manera especial–; y de la palabra tántrica, recogiendo toda la importancia del *mantra* y pudiendo relacionarlo estrechamente con el yoga y la meditación tántrica, como una parte de ellos.

Como la preocupación por el enfoque tántrico de la sexualidad está a la orden del día, digamos unas palabras, brevemente, al respecto. Quizás la idea central sea la que muestra que el Tantra lo que hace es poner *kama* (el deseo y el placer, no solo sexuales, pero sobre todo estos) al servicio de *moksha* (la liberación). En el mundo védico ortodoxo y posteriormente en el vedántico habían predominado dos concepciones de la sexualidad. En una de ellas, según los *dharma-shastras* que configuran la visión socio-moral ortodoxa del mundo hindú, *kama*, como goce sexual, es un valor legítimo que tiene su puesto importante, aunque abundantemente regulado, en una etapa de la vida como es la del *grhasta*, el amo de casa y ciudadano comprometido con los valores y las normas sociales. El disfrute sexual regulado es aquí un valor en sí mismo Por otra parte encontramos la forma de vida del renunciante (*sannyasin*), que implica un voto de *brahmacharya*, generalmente entendido como celibato que supone abstinencia total de toda actividad sexual. Veremos que hay un rasgo común entre el *brahmacharya* y algunos aspectos de la sexualidad tántrica, en torno a esa preocupación por la pérdida de energía-poder-*shakti* que supone habitualmente la eyaculación y el orgasmo habitual (no olvidemos que, como la inmensa mayoría de tradiciones, el enfoque es androcéntrico y se está pensando muy especialmente, cuando no exclusivamente, en el varón, a pesar del puesto de honor teóricamente concedido a las "hijas de la Diosa").

Aunque lo más divulgado recientemente de la sexualidad tántrica es ese intento de alcanzar el orgasmo sin eyacular, pues la pérdida del semen se asocia a pérdida de fuerza, energía, poder, hay otros muchos aspectos menos conocidos. Es cierto que lo anterior suele presentarse dentro de un contexto en el que se habla de "sexualidad sagrada" y el eyacular o no, el llegar al orgasmo o no, no tiene por qué ser lo más importante. Que el cuidado mutuo, la ternura, incluso, en el mejor de los casos, la elevación del compañero sexual a símbolo de lo divino, Shiva o Shakti, digno de adoración y veneración, se tenga en cuenta ya constituye un aspecto positivo que hay que valorar. Ahora bien, la clave aquí estaría, y es donde más fácilmente puede producirse la distorsión, en que en ningún caso se trata de un "hedonismo" que utilice determinadas técnicas para maximizar el placer y su duración, sin más, sino que, como recordábamos antes, la intención es muy clara: poner *kama* (el deseo/placer) al servicio de *moksha* (la liberación) o al menos la experiencia de lo sagrado, la experiencia de no-dualidad.

Que el simbolismo sexual es omnipresente en los textos tántricos es indudable. Otra cosa es que se interpreten literalmente y se efectúen prácticas sexuales "reales". No es así ni en el Shaivasiddhanta ni en el Vishnuismo del Pancaratra. Sí que se da en las tradiciones Kaula. Ahora bien, lo que no suele recogerse y constituye uno de los aspectos centrales en las prácticas tántricas tradicionales es la ofrenda de las secreciones sexuales a la Diosa. Esa esencia sublime, poder concentrado, o bien se ofrece a la Diosa, sin más, o bien es consumida por el practicante, con la idea de que es fuente de fuerza y de perfeccionamiento. Las dos obras de D. Gordon White, *The Alchemical Body* (1996) y *Kiss of the Yogini* (2003), desarrollan abundamente estas prácticas.

Ya Abhinavagupta en su *Tantra-loka* describe también algunos ritos colectivos orgiásticos (no olvidemos el carácter ritual de la sexualidad tántrica), los *chakra-pujas* en los que se mantienen relaciones sexuales con alguna *dhuti* (mensajera), que puede ser la propia esposa, otra mujer cualquiera o incluso –y esto es central en algunas prácticas que se quieren especialmente transgresoras– con una prostituta o una mujer de casta muy baja o descastada.

Baste lo anterior para ofrecer una mínima aproximación a la sexualidad tántrica tradicional, y pasemos ya al yoga tántrico y especialmente a la meditación tántrica, que es lo que nos importa aquí en primer lugar. En cuanto al yoga, no siempre se tiene en cuenta la estrecha relación, en sus orígenes, entre el *hatha-yoga* y el Tantra, así como el desarrollo de la noción de *kundalini* tan de actualidad hoy, especialmente a través del auge del *kundalini-yoga*. Pero centrémonos en los elementos más característicos del Tantra por lo que respecta a la meditación, para ir preparando nuestra meditación posterior. Puede decirse que los dos elementos más característicos son el empleo del *mantra* y la utilización de la visualización. Es importante tener presente que el *mantra* es concebido como la forma sónica de las deidades a las que se está invocando o con las que se intenta algún tipo de comunicación o de unión (yoga). Por su parte, la visualización está estrechamente relacionada con los mandalas, esos diagramas simbólicos que representan el mundo de una divinidad determinada (sin olvidar que en sus orígenes simbolizan también el palacio de la realeza). El mandala es visto como la forma de la deidad en cuestión. Tenemos, pues, aquí esos dos aspectos *nama-rupa*, nombre y forma, que aplicados de este modo, resultan ser el *mantra* y el mandala, respectivamente, que constituyen los instrumentos mentales fundamentales de *dhyana*, la meditación tántrica que incluye la representación mental de una divinidad o de varias, formando un mandala colectivo. Por otra parte, la noción de *bhavana* ha de entenderse aquí como una meditación que a través de la visualización creativa busca la identificación con la entidad sobrenatural simbolizada. Repito su nombre, su *man-*

tra, y visualizo su forma, su mandala. Una buena ilustración de esto es la contemplación de Sri-Yantra, mandala de la diosa Tripurasundari (Srividhya), al mismo tiempo que se recita su *mantra*: HA, SA, KA, LA, HRIM.

En ocasiones, dicho proceso va acompañado de la realización de *mudras* (gestos con los manos y otras partes del cuerpo) que sellan (*mudra* puede traducirse como "sello") una palabra o un acto, y de la imposición ritual de un poder (*nyasa*), mediante la inscripción de *mantras* en el cuerpo («el cuerpo tántrico» del que habla G. Flood [2006]). No olvidemos este símbolo de la "divinización del cuerpo" como uno de los factores importantes en la concepción tántrica.

* * *

Presentado este marco general, veamos algunas ideas del texto seleccionado, para concretar lo dicho en un caso específico, como es el *Vijñana-Bhairava-Tantra* (que podría traducirse como *El discernimiento intuitivo de la realidad última*). Como es frecuente en los *Tantras*, presenciamos un diálogo entre Shakti, aquí Bhairavi, y Shiva, aquí Bhairava, la realidad última. La primera, la *shakti* de Bhairava, surgida de la no-dualidad primordial para que su diálogo ilumine a los seres, le formula una serie de preguntas metafísicas centrales, entre ellas: ¿Cuál es la naturaleza esencial de Bhairava? ¿Esa naturaleza reside en un *mantra* en particular o en las tres *shaktis* o en los *chakras*? Y Bhairava, encantado con tales preguntas, pues afirma que forman la quintaesencia de los

Tantras, le comunica que va a exponerle un saber secreto. Y comienzan las respuestas reveladoras. Por ejemplo: «El éxtasis místico no está sometido al pensamiento dual, está totalmente liberado de las nociones de lugar, de espacio y de tiempo. Esta verdad no puede ser alcanzada más que por la experiencia. Solo se puede llegar a ella cuando uno se libera totalmente de la dualidad, del ego, y se establece firmemente en la plenitud de la conciencia del *Atman*. Este estado de Bhairava está lleno de la pura felicidad de la no-diferenciación del practicante y del universo, él solo es la Shakti. [...] Solo esa condición de Bhairava reconocida como suprema es la Gran Diosa».

Vemos una clara expresión del no-dualismo característico de este *Tantra*. La misma claridad y contundencia que seguimos leyendo a continuación:

Y es que «aquel que accede a la Shakti capta la no-distinción entre la Conciencia y la Energía –Shiva y Shakti– y pasa la puerta de acceso a lo divino. Tal y como se reconoce el espacio iluminado por los rayos del sol, así se reconoce a Shiva gracias a la energía de Shakti que es la esencia del Sí-mismo».

* * *

A partir de aquí podemos pasar a la meditación, pues en esta ocasión los propios *Sutras* son una invitación a la meditación. Veámoslo mediante palabras que parafrasean el propio *Sutra*, en ocasiones libremente transformadas, resumidas, ampliadas, adaptadas:

Meditación

Estamos habituados ya a buscar una posición cómoda, con la columna vertebral recta, tomando conciencia del cuerpo y de la respiración, abriendo nuestro corazón y calmando nuestra mente. A partir de ahí, vamos a considerar la Shakti como una viva luminosidad que es llevada de centro en centro por nuestra visualización, comenzando por el *chakra* de la base de la columna (*muladhara*) y ascendiendo, de *chakra* en *chakra*, acompañada por la energía del aliento.

La respiración y la visualización son empleadas ahora como dos vehículos para el ascenso de *kundalini* (Devi kundalini es la Shakti, simbólicamente representada como enroscada y dormida en la base de nuestra columna).

Podemos añadir la pronunciación de los *mantras* correspondientes a cada uno de los siete *chakras*. Comenzando desde la base de la columna son: LAM, VAM, RAM, YAM, HAM, OM, OM. La idea es visualizar cada uno de los *chakras*, con su mandala particular, su símbolo específico, y utilizar la imaginación creativa para ver cómo una energía blanca, pura, radiante, va pasando de *chakra* en *chakra*, a medida que pronunciamos el *mantra* correspondiente: LAM, VAM, RAM, YAM, HAM, OM, OM.

LAM es el *bija-mantra* (la palabra-simiente) que corresponde al *muladhara*, el centro que se halla en la base de la columna vertebral, en el perineo o el cuello del útero, que rige los instintos y la supervivencia, asociado a las glándulas suprarrenales.

Vam es el *mantra* de *svadhisthana*, que se halla entre el sacro y el pubis, relacionado con la sexualidad, con la creatividad, con las relaciones en general y que se halla asociado a las gónadas, ovarios en la mujer y testículos en el varón. Ram corresponde a *manipura*, cerca del plexo solar, regente de nuestras emociones más egocentradas, correlacionando con el elemento fuego (tierra y agua eran los dos anteriores) y asociado al páncreas. *Anahata* es el *chakra* del corazón, cuyo *mantra* es yam, relacionado con los sentimientos, especialmente los sentimientos anímicos en su zona más profunda, y tiene como glándula endocrina asociada el timo. Ham es el *mantra* de *vishuddha*, situado en la zona de la garganta, que rige la comunicación y la expresión en general, relacionado con la glándula tiroides. El *chakra* del entrecejo, *ajña*, el tercer ojo, cuya apertura supone el despertar de la visión interna, corresponde a la hipófisis o pituitaria y su *mantra* es el om. Este mismo *mantra* sirve para el último de los siete *chakras*, *sahasrara*, el loto de los mil pétalos, relacionado con la epífisis o glándula pineal. Al llegar aquí se alcanza la Iluminación.

El *Vijñana-Bhairava-Tantra* lo dice así: «Como un relámpago, de *chakra* en *chakra*, poco a poco, surge hasta la cima de la cabeza ¡y ahí ocurre el gran Despertar!».

LAM, VAM, RAM, YAM, HAM, OM, OM

En *ajña-chakra* pronunciamos la o y la llevamos hasta *sahasrara-chakra*, donde se termina el proceso pronunciando la m.

«Concentra la atención en el entrecejo, mantén tu mente libre de todo pensamiento dualizante, deja que tu forma se llene con la energía del aliento hasta la cumbre de la cabeza y, allí, báñate en la espaciosidad luminosa».

Espaciosidad luminosa que nos baña. Océano de luz sin límites.

Y en ese océano suena un sutil sonido, una sagrada vibración, como las olas del océano. La espaciosidad luminosa está impregnada de la música callada del OM.

«Consigue el *brahman* supremo aquel que se sumerge en el sonido absoluto, puramente interno; sonido ininterrumpido, tumultuoso como un río».

Escuchamos con el corazón. Escuchamos el silencio vibrante cuya fuente resulta ilocalizable.

El sonido nos lleva al silencio y el silencio se abre a la Vacuidad.

«Si se canta OM o cualquier otra fórmula sagrada con presencia y lentitud, que se evoque el vacío que sigue al largo sonido final. Por la potencia eminente de ese vacío, oh Bhairavi, uno se abismará en la Vacuidad».

«Si se medita firmemente en el vacío de arriba, el vacío de abajo y el vacío en el corazón, liberándose así de todos los pensamientos, se experimenta todo como el Vacío».

Vacío al que se abre *sahasrara*, el *chakra* de la coronilla. Vacío en el que flota *muladhara*, el *chakra* de la base de la columna. Vacío en el que se amplía *anahata*, el *chakra* del corazón.

Vacío, Vacuidad, metáfora de la Conciencia pura que es Bhairava, Paramashiva.

«Si se contempla simultáneamente que todo el propio cuerpo o el mundo consiste en nada más que Conciencia, la mente se vuelve libre de todo pensamiento y acaece el despertar supremo».

La Conciencia, vacía de todo contenido mental, expandida y libre, es en sí misma gozo puro, intenso, inexplicable.

«Al experimentar la gran dicha (*ananda mahati*), o el gozo de ver a un amigo o familiar después de mucho tiempo, hay que meditar en el surgimiento de esa dicha, y al fundirse en ella, la mente se hará una con ella».

La mente se funde en la dicha, en la conciencia dichosa, sin ningún apoyo, sin flotador, en ese océano de luz consciente y gozo de ser que se revela como la verdadera identidad propia.

«Liberando la mente de todo apoyo, evítese todo pensamiento. Entonces se alcanzará el estado de Bhairava cuando el yo se haya fundido en el Yo absoluto».

«Dicho esto, la Diosa (Bhairavi), llena de gozo, abrazó a Shiva».

Diálogo sobre la meditación

Pregunta: He disfrutado mucho con esta meditación. Diría que he visto tres momentos principales: el momento de la recitación de los mantras *de cada* chakra, *el momento del sonido sutil, y el momento del vacío que es conciencia y gozo. Me ha dado la impresión de que en esta ocasión la meditación era más energizante, estando nosotros más activos.*

Respuesta: En efecto, no sé si estás pensando en ello directamente, pero verás que la Energía (decías que es más energizante) es la Shakti, Bhairavi, y en estos textos *shakta*, la Shakti-Energía desempeña un papel central. Ahora bien, la meditación para el despertar de *kundalini* no es un juego. Sin que se trate de un alto riesgo, sobre todo si no se trata de una práctica constante e intensa, es cierto que un despertar de *kundalini* prematuro puede ocasionar bastantes problemas, físicos y psíquicos. Se han descrito algunos casos de personas en quienes *kundalini* ha despertado de una manera brusca, y la verdad es que no se lo han pasado demasiado bien. El despertar puede ser espontáneo, como sucedió en Gopi Krishna, uno de los casos más conocidos, que él mismo ha contado en su obra, ya clásica, que lleva justamente ese título, *Kundalini*; o puede ser provocado por una práctica intensa y sostenida. El riesgo en este último caso es cuando no hay una suficiente purificación previa, física y psicológica, y cuando el proceso no está supervisado por un verdadero maestro que sepa ver con claridad en qué punto de su evolución está el discípulo y qué efectos puede producir el ascenso de *kundalini*. No hay que forzar el proceso. *Kundalini* despertará espontáneamente cuando nuestra vida se alinee con los propósitos de la Energía consciente universal, de la Shakti cósmica, Bhairavi.

Efectivamente, el uso del *mantra* y el uso de la visualización, y con mayor razón de esta visualización ascendente, hacen que la meditación sea más dinámica, más energizante.

En el segundo momento, como tú lo llamabas, la conciencia se centra en ese sonido sutil, esa vibración agradable que suena en nuestro interior, o, mejor dicho, en un espacio psíquico del que ya no tiene mucho sentido decir si es interior o exterior. En las llamadas *Upanishads del yoga* (claramente tántricas) se habla también de este sonido interno (*nada*) que puede oírse en el silencio de la mente. De hecho, se habla de todo un tipo de yoga que se denomina, justamente, *nada-yoga*. Puede oírse como si fuese un cable de alta tensión, un enjambre de abejas, el torrente de un río, etcétera. Se ha descrito de diversas maneras, que no son más que imágenes metafóricas que se superponen, según la experiencia del meditador, al fenómeno del sonido interior. Lo cierto es que una vez detectado ese sonido –¿lo escucháis todavía?, no por el hecho de haber "terminado" la meditación (formal) tiene que perderse el sonido, podemos permanecer conscientes de él, mientras hablamos, mientras escuchamos–, la mente puede centrarse en él, como si fuese la puerta de entrada a otras dimensiones, la invitación de la Shakti a percibir su presencia, un sonido armonizador que limpia la mente de pensamientos innecesarios.

El tercer momento, una vez la mente disuelta en el silencio, nos lleva a la experiencia del Vacío, la Vacuidad que es Conciencia pura y Dicha pura. Fundirse con Ello es el objetivo de esta meditación y de nuestra vida toda, pues no es sino nuestra realidad más profunda.

P.: ¿Podrías comentar algo más sobre el despertar de kundalini?

R.: Creo que lo mejor que puedo hacer es compartir las descripciones de tres despertares de *kundalini*, en tres personas que en las últimas décadas están impartiendo enseñanzas a multitud de personas. Comenzaremos por la descripción que hace Tom Heckel en *Baba Om. Una odisea mística* (2010):

«Terminaba la cuenta de mis respiraciones y había fijado mi mirada interna en el tercer ojo, anclando mi concentración mediante la repetición de "¿quién soy yo?" cuando, ¡bang! En un instante que solo podía medirse por un desplazamiento de la conciencia, una explosión de éxtasis y luz, semejante a una bomba atómica cósmica, explotó en la parte inferior de mi columna vertebral e inmediatamente empezaron a evaporarse apegos e identidades. Esta fuerza de aterradora magnitud ascendió en ondas por mi columna vertebral, barriendo toda huella del "yo" y amenazándome con una aniquilación instantánea en el mismo despertar de su impulso. Como un relámpago, se hallaba en mi corazón, arrastrando los últimos vestigios de apego a las personas, lugares y cosas y disolviéndolos en una llama que lo consumía todo [...]. La fuerza que en algún momento había sido detenida en su expansión ascendente por mi instante de duda, empezó a sacudirme violentamente, quemando los canales de energía de mi cuerpo en su feroz intento de liberarse. Mi cuerpo empezó a temblar cada vez más violentamente y, a continuación, a desplazarse a saltos por toda la habitación, rígidamente anclado en la posición de loto, mientras oleadas de energía que me sacudían me amenazaban con consumirme por dentro».

Por su parte, Claudio Naranjo (2008) ha hablado de su despertar de *kundalini* en *Entre meditación y psicoterapia*:

«Mi propio despertar kundalini ocurrió en una sesión de Gestalt con Jim Simkin y no incluyó la experiencia de ninguno de los *chakras* –aunque el prana fue una parte impresionante de él–. Jim indicó que yo necesitaba trabajar con mi respiración y me invitó a poner mi atención en ella, lo que condujo primero a una hiperventilación, luego a un nivel nuevo de aceptación de la experiencia que ocurría en el presente, y finalmente a un *satori* que duró un par de horas mientras yo conducía de vuelta a Berkeley desde Esalen. Sentí que esa experiencia había contenido un contagio sin palabras, y el contagio en general puede considerarse uno de los factores más importantes en el despertar de kundalini. Ese contagio puede ser una transmisión deliberada de una iniciación, un contagio espiritual de seres evolucionados espiritualmente o un contagio de grupo –particularmente en situaciones de grupos dirigidos por un maestro espiritual que inspire una disposición a la entrega».

La más célebre de las descripciones es la de Gopi Krishna (1999). En sus propias palabras:

«Mientras me sentaba con las piernas cruzadas sobre una frazada doblada que había colocado en el piso, repentinamente sentí una sensación extraña bajo la base de la espina dorsal, en el lugar que toca el asiento. La sensación era tan extraordinaria y placentera que mi atención se dirigió hacia ella a la fuerza. En el momento que mi atención desapareció inesperadamente del punto al que la había enfocado, la sensación cesó. Pensando que era un truco que me había jugado mi imaginación, fijé mi atención en el loto en la coronilla de mi cabeza y de nuevo la sensación ocurrió. Esta vez la sensación ascendió y fue muy intensa y extraordinaria… mi mente se dirigió hacia ella, y en ese mismo momento, de nuevo desapareció.

»La sensación llegó y se fue, hasta que con un "rugido como el de una cascada de agua", se vio "inmerso en un mar de luz".

»Los días que siguieron tenían la apariencia de una pesadilla prolongada… El deseo entusiasta de meditar, que siempre había estado presente durante los días anteriores, desapareció repentinamente y se sustituyó por un sentimiento de horror acerca de lo sobrenatural… No pude tolerar no tener una luz en mi habitación después de retirarme para dormir. En el momento que mi cabeza tocaba la almohada, una larga lengua de fuego corría a lo largo de la espina dorsal hasta el interior de mi cabeza. Parecía como si una corriente de luz viviente circulase continuamente a través de la espina dorsal hasta el cráneo ganando velocidad y volumen durante las horas de oscuridad. Cada vez que cerraba mis ojos, me encontraba mirando un círculo de luz muy peculiar, en el que las corrientes luminosas circulaban y fluían moviéndose rápidamente de lado a lado.

»La cabeza crecía a cada momento, causando un dolor insoportable que me hacía retorcerme y dar vueltas de lado a lado, mientras las corrientes de un sudor frío caían sobre mi cara y extremidades. Pero de todas formas, el calor aumentaba y pronto parecía como si innumerables alfilerazos ardiendo pincharan todo mi cuerpo, abrasando y ampollando los órganos y el tejido del cuerpo, como chispas voladoras. Sufriendo la tortura más horrorosa, apreté mis manos y labios para impedirme saltar fuera de la cama y llorar con toda mi fuerza. La carne y la sangre no pueden soportar tal tensión o agobio. Fue una perturbación espantosa en todos los órganos, cada una tan alarmante y dolorosa que me pregunté cómo pude retener mi control bajo ese ataque. El sistema delicado completo se quemó, marchitándose completamente bajo la explosión fiera de la carrera en su interior […].

»¿Será que he despertado la Kundalini a través del *pingala* o del nervio solar que regula el fluido del calor en el cuerpo y que está localizada en el lado derecho del *sushumna*? Si eso es así, estoy condenado al fracaso. Pensé desesperadamente, y como por dispensación divina, la idea surgió o explotó en mi cerebro para hacer un intento de último minuto de estimular *ida*, o el nervio lunar en el lado izquierdo, y así activarla, y por lo tanto neutralizar el efecto horrible de quemazón del fuego que devora en el interior. Con mi mente confusa y mis sentidos muertos con dolor, pero con todo el poder de mi voluntad dejado a mi control, traje mi atención hacia el lado izquierdo del asiento de la Kundalini y traté de forzar una corriente ascendente de frío imaginario a través del medio de la espina dorsal. En ese estado extraordinario, extendido y agonizante de consciencia, sentí claramente el lugar del nervio y trabajé duro mentalmente para re-direccionar su fluido al canal central. Entonces, como si estuviera esperando el momento destinado, sucedió un milagro. Hubo un sonido como de un filamento nervioso rompiéndose e instantáneamente una línea plateada pasó zigzagueando a través del cordón espinal o espina dorsal, exactamente como el movimiento sinuoso de una serpiente blanca en una huida rápida, vertiendo una lluvia o cascada radiante de energía vital en mi cerebro, llenando mi cabeza con una gloria de éxtasis en lugar de un fuego llameante que había sido un tormento para mí durante las últimas tres horas. Tomándome completamente por sorpresa la transformación repentina de esta corriente fiera cruzando todo mi sistema nervioso un momento antes, y disfrutando la cesación del dolor, permanecí absolutamente quieto y sin moverme por un tiempo, evaluando el éxtasis de liberación con una mente inundada de emoción e incapaz de creer que estaba realmente libre de ese horror. Torturado y fatigado hasta el punto del colapso por la agonía que había sufrido durante el terrible intervalo, caí dormido inmediatamente, bañado en la luz y, por primera vez después de muchas semanas de angustia, sentí el abrazo de un sueño tranquilo».

P.: ¿Qué bibliografía recomendarías aquí?

R.: Una traducción al inglés con comentarios del *Vijñana-Bhairava-Tantra* puede verse en Singh (1993), autor del que puede leerse también la traducción y comentarios de los *Spanda Karikas,* en Singh (1980). Sobre el shivaísmo de Cachemira, dos obras introductorias excelentes son la de Lakshman Jee (1991) y la de Chatterji (1987). Quizás la obra más recomendable para el texto que nos ha ocupado en la meditación sea, no obstante, la del propio Lakshman Joo (o Jee) (2003), reconocido maestro tántrico del shivaísmo de Cachemira, quien murió en 1991.

Lilian Silburn tradujo nuestra obra al francés en Silburn (1999).

Sobre el tantrismo en general están apareciendo en las últimas décadas importantes monografías que ofrecen introducciones y análisis académicamente valiosos. Son imprescindibles ya el de Padoux (2010), que quizás sería el primero que recomendaría como visión general del tantrismo hindú; en segundo lugar recomendaría el de Flood (2006), de quien ya teníamos traducida su obra general sobre hinduismo (Flood, 1998).

Algo más especializadas son las dos obras, con una mirada más antropológica, de White (1996 y 2003). Y para un análisis de las distintas presentaciones que se han hecho del Tantra en Occidente (Woodroffe, Eliade, Evola, Kaviraj, Crowley, Chögyam Trungpa, Osho, Muktananda, etcétera) se puede consultar Urban (2003).

Pero si hay un nombre unánimemente reconocido como el

estudioso número uno del tantrismo indio y de quien han bebido los demás es Alexis Sanderson. Más prolífico en artículos especializados que en libros divulgativos, baste citar Sanderson (1985 y 1988).

En cuanto al *hatha-yoga*, cuya relación con el Tantra hemos insinuado ya, gozamos en castellano de sus textos principales en Alicia Souto, 2009.

5. El *purna-yoga*, o yoga integral, de Sri Aurobindo

«El método de este yoga, el *purna-yoga,* es vedántico. Su objetivo es tántrico», decía Sri Aurobindo. Si en el Tantra veíamos que "el ascenso de *kundalini*" constituía su columna vertebral, en el yoga integral se trata más bien de "el descenso de lo supramental". La conciencia-energía supramental y su manifestación en la Tierra, transformando profundamente al ser humano, constituyen el próximo paso en la evolución.

Con Sri Aurobindo nos hallamos ya en el siglo xx. Nacido en 1872, entrará en *mahasamadhi* en 1950. Justamente el período de máxima lucha del nacionalismo indio contra el imperio británico, colonizador del país. No en vano el joven Aravinda Goshe se convertiría, en su etapa política, entre 1902 y 1910, en el líder del partido nacionalista revolucionario, que no se resignaba a ver a la India sometida bajo el yugo de este país que, si bien había despertado algunos aspectos del alma hindú y había aportado importantes avances, no podía consentirse que siguiera dominando políticamente el suelo indio.

Con la llegada del Occidente moderno (portugueses, holandeses, franceses y, finalmente, y sobre todo ingleses), la dormida alma de la India tuvo que despertar ante el reto que la modernidad le presentaba. De pronto oyen decir, muy en serio, que la India no tiene ni verdadera religión (siendo el cristianismo de los misioneros la única *vera religio*) ni auténtica filosofía (esta habla griego o alemán, pero no sánscrito ni hindi), pues nunca se habría alcanzado la autonomía –respecto del mito y la teología– que la filosofía occidental moderna había pasado a considerar *conditio sine qua non* para que pudiera hablarse de filosofía *sensu stricto*, ni organización política (no ha llegado ni siquiera a constituirse en Estado-nación al estilo de sus equivalentes occidentales), ni avances científico-técnicos capaces de transformar y mejorar su maltrecha sociedad, ni una mínima igualdad social, al aferrarse al sistema de castas.

Ante tal perspectiva, la *intelligentsia* india reaccionó de distintos modos. B. Parekh ha distinguido entre tradicionalistas y modernistas, y a su vez, cada uno de ellos en radicales y críticos. No nos interesa ahora el extremo del tradicionalismo radical, que se aferra a la propia tradición, rechazando en bloque todo lo que sea occidental y defendiendo que en los *Vedas* está todo lo que la India necesita, pues es la Revelación suprema que encierra el *sanatana dharma*. Tampoco el otro extremo, el del modernismo radical que rechaza la propia tradición y ante la debilidad del país considera que solo los valores occidentales modernos pueden salvar todavía la civilización india. Nos interesa ante todo ese neohinduismo que se mueve entre el tradicionalismo moderado y crítico y el modernismo igualmente moderado y crítico, ensayando diversas síntesis Oriente-Occidente.

Es el caso de Ram Mohun Roy, el padre de la India moderna, o de Keshab Chandra Sen, así como el de Debendranath Tagore, padre del famoso poeta y premio Nobel de Literatura, Rabindranath. Y por lo que respecta a los maestros espirituales de ese período, de entre los muchos de los que no vamos a hablar aquí, quizás destacan, de un modo especial, Sri Ramakrishna (y su discípulo *swami* Vivekananda, con su éxito en el Parlamento Mundial de las Religiones de Chicago en 1893), Sri Ramana Maharshi y Sri Aurobindo.

Sri Ramakrishna encarna el valor de la experiencia mística personal por encima de toda teoría, toda creencia y todo ritual. Representa la aceptación de la armonía de todas las religiones, de la validez de todas ellas, como distintos ríos que desembocan en el mismo océano. El *bhakta*, el *jñani* y el *tantrika* se unen de manera inseparable en Sri Ramakrishna. Kali, la Madre Divina, aparece en un primer plano en su vida. La devoción al aspecto femenino de lo Divino y la capacidad de entrar espontáneamente, con gran frecuencia, en *samadhi*, perdiendo en ocasiones la conciencia del cuerpo físico y del mundo exterior, caracterizan la vida de aquel que fue reconocido por muchos como un *avatar*, al igual que Rama y que Krishna, llamado ahora Ramakrishna.

Sri Ramana Maharshi supone la actualización de la experiencia *advaita* radical, en la línea del Vedanta ortodoxo de

Shankaracharya. Sin ser plenamente tradicionales, ni uno ni otro estuvieron fuertemente influidos por Occidente. Los dos relegaron a un segundo plano las escrituras y los rituales (ambos tan importantes en el hinduismo tradicional) y enfatizaron la importancia de la experiencia directa (*anubhava*, *samadhi*, *jñana*). Sri Ramana Maharshi, el sabio de Arunachala, en Tiruvanamalai, centró su método en el *vichara*, la investigación en torno a la verdadera identidad. ¿Quién soy yo? No para quedarse en una especulación metafísica ni en una introspección psicológica, sino para trascender toda limitación, toda identidad parcial y descubrir, gloriosamente, la identidad entre Atman y Brahman.

*|(*|(*|(

Ahora bien, hoy dedicaremos nuestra sesión al tercero de los maestros espirituales citados: Sri Aurobindo. No es cuestión de intentar exponer ahora toda la extensión y la profundidad del pensamiento del sabio de Pondicherry, pues estamos ante uno de los autores más prolíficos y creativos de la India del siglo xx. Bastará con esbozar algunos de sus conceptos fundamentales para plantear el tipo de "meditación integral" que podemos realizar posteriormente.

En primer lugar queremos destacar la importancia que la "evolución espiritual" tiene para nuestro autor. En segundo lugar, presentar su concepto fundamental, el de "conciencia-energía supramental", el próximo paso en la evolución. En tercer lugar, subrayar el puesto que desempeña la individualidad espiritual (el alma individual y el espíritu individual) en el sistema filosófico de Sri Aurobindo. Y, finalmente, y en relación con todo ello, el enfoque que presenta de la "transformación" necesaria para colaborar en el proceso evolutivo en el que nos hallamos inmersos.

Por lo que respecta al "evolucionismo espiritual" hay que diferenciarlo del "evolucionismo biológico", planteado medio siglo antes por Darwin, pero limitado a la evolución de las especies en su dimensión biológica. Sri Aurobindo se centra no tanto en la evolución de las formas (biológicas, corporales), como en la evolución de la conciencia, del alma, del ser anímico que guía el proceso de evolución espiritual de los seres humanos. Ni que decir tiene que, lejos de ser incompatibles, pueden verse como dos dimensiones complementarias de un solo proceso de evolución integral.

Sin negar la evolución del cosmos y de las especies, Sri Aurobindo muestra cómo dicha evolución solo cobra sentido y resulta verdaderamente inteligibible si aceptamos que previamente se ha llevado a cabo una Involución. Mediante ella, *brahman*, la Inteligencia infinita, se ha ocultado tras el velo de la Materia. Por ello, porque la Vida infinita está velada tras la Materia, puede, con el tiempo, surgir un tipo de "materia vitalizada", los organismos vivientes, ejemplares de la Vida, el segundo de los principios cosmológicos que aparece en la evolución del cosmos, al menos tal como nos da la impresión de que ha sucedido en nuestro planeta. Con el paso de otros tantos millones de años, el lento trabajo de la Naturaleza –secretamente guiada por el Espíritu absoluto que *brahman* es– logra el que algunos organismos biológicos integren en sí mismos un nuevo principio: la Mente. Y de este modo aparecen los seres mentales, seres racionales, seres humanos.

No son los detalles de esta evolución pasada lo que interesa a Sri Aurobindo, sino el siguiente paso que su visión profética, de *rishi* contemporáneo, le lleva a proclamar: la visión del posible surgimiento (emergencia o descenso, elíjase cualquiera de estas dos metáforas, en realidad complementarias) de un nuevo principio cósmico, la Supermente (*Supermind)* o Verdad-Conciencia supramental.

Este era nuestro segundo concepto central. Si podemos decir que todo es conciencia-energía, vibrando a diferentes frecuencias (de onda), los distintos planos, niveles o mundos del Cosmos multidimensional, tanto como las diferentes vestiduras que velan y al tiempo expresan la gloria del *atman*, no son sino campos de conciencia-energía de una frecuencia vibratoria distinta en cada uno de ellos, y de una cualidad específica en cada uno.

Pues bien, en el despliegue creativo de las potencialidades latentes en el *brahman* inmanifiesto, habría llegado el momento, al menos para nosotros habitantes de la Tierra, de que el Principio supramental se exprese a través de los seres humanos.

Este "descenso de la Luz supramental" implica un potente proceso de transformación. La idea de "transformación" se convierte, justamente, en una de las claves del yoga integral y supramental. Sri Aurobindo lo ha resumido en más de una ocasión hablando de una triple transformación: anímica, espiritual y supramental.

La transformación anímica comienza por el descubrimiento de nuestra verdadera identidad individual, nuestro verdadero ser central, el alma o ser anímico. Unimos así las dos últimas nociones que habíamos seleccionado para realizar esta presentación. El ser anímico, o alma individual, es una chispa de lo Divino que ha ido evolucionando hasta convertirse en una entidad anímica y en una personalidad anímica, en un ser anímico que constituye la esencia manifestada del ser humano, el yo profundo que atraviesa distintas vidas, el sujeto que entra en el ciclo de nacimientos y muertes, que nace, muere y renace, recogiendo de manera creativa el sentido fuerte de la idea de reencarnación, tan presente en todo el hinduismo, al menos desde las *Upanishads* y con plena fuerza en la *Bhagavad Gita*.

Con el descubrimiento del alma, con la presencia del alma en nuestras vidas, comprendemos que hasta entonces nos hemos estado identificando con nuestro cuerpo, con nuestra mente, con nuestra idea mental acerca de nosotros mismos, el "ego". Este no es nuestra verdadera identidad anímico-espiritual, sino un constructo de *prakriti*, una construcción psicológica, un conjunto de patrones cognitivos, afectivos y conductuales. Nuestra personalidad tiene un determinado perfil, herencia de muchas vidas anteriores, fruto de las semillas sembradas en existencias previas. Dicha personalidad está articulada en torno a ese "ego" que creemos ser, como podemos comprobar cuando nos detenemos y nos visualizamos, sentimos y pensamos como cuerpo pensante, como mente encarnada, como yo limitado y asociado a un manojo de hábitos, de condicionamientos, de recuerdos. Hasta ahora hemos creído que éramos eso. Y de pronto, ¡quizás a través de una meditación especialmente impactante!, o de cualquier otro modo que la sabia vida pone a nuestro alcance, tomamos conciencia de una Presencia que trasciende con mucho esa idea que nos habíamos hecho de nosotros mismos. La presencia del alma que se experimenta como paz, gozo, felicidad, amor, libertad, luminosidad, armonía. A partir de ese momento, poco a poco, cada vez más, nuestra vida va transformándose, pasando a ser dirigida no ya por nuestras motivaciones egocentradas (conscientes o inconscientes), sino por la voluntad del alma, de nuestro ser profundo.

Podríamos decir que la transformación anímica es el primer paso en el camino del yoga integral. Simultáneamente, la transformación espiritual va sucediendo. En esta ocasión, simbólicamente, el centro de la transformación no es *anahata*, el corazón sutil, relacionado con el alma y la transformación anímica, sino *sahasrara*, el centro coronario que, al comenzar a abrirse, nos permite elevarnos a estados de conciencia superiores y, a su vez, posibilita el descenso de tales estados de conciencia-energía, estados de ser, de modo que resultan profundamente transformadores por la calidad vibratoria que suponen. Se trata ahora de una ampliación del campo de nuestra conciencia y de una sutilización de nuestra mente, de modo que podemos hablar de una espiritualización de la mente, comenzando un funcionamiento nuevo de ella, despertando la intuición, abriéndose a nuevas iluminaciones, estructurando una sobremente (*overmind*) como antesala de la Supermente (*Supermind*).

Solo una vez avanzadas ambas transformaciones es posible que acaezca el comienzo de la transformación supramental. Sri Aurobindo no pretende aquí una innovación radical, antes bien expone su convicción de que los *rishis* védicos ya habían intuido, contemplado y disfrutado de la existencia de la Verdad-conciencia supramental (*rta-cit*) o *satyam-rtam-brhat*. Ahora bien, no lo habían podido realizar, pues ni ellos individualmente, ni sobre todo la humanidad que les rodeaba, estaban listos para el descenso transformador de esta potente energía divina. Ahora ha llegado *The Hour of God*, la hora de Dios, el tiempo de la manifestación de esta conciencia divina. Y es que, en realidad, la conciencia supramental es la conciencia divina, el Logos creador, Ishvara, la Mente de Dios, Sophia, la verdadera Sabiduría dinámica, pues la Conciencia (*Cit*) es siempre Conciencia-Energía (*cit-shakti*), poder creativo, Madre divina en tanto Shakti supramental, la Hacedora de los mundos, la Guía de todas las almas, el Alma del mundo.

Aunque no se trata de una ecuación matemática rígidamente determinada, puede hablarse de una "lógica de la evolución espiritual", que nos lleva a considerar que el descenso de lo supramental comienza de manera natural por el peldaño que se halla inmediatamente por debajo de ella, es decir, la mente, una mente suficientemente espiritualizada, intuitivizada, animizada, sobrementalizada. Después puede seguir el descenso hacia todo nuestro mundo afectivo y todo nuestro mundo vital, limpiando, purificando, fortaleciendo, transformando todo lo que impide el descenso y la integración de esta nueva energía consciente. Y solo tras todo ello, al menos después de que tales aspectos hayan sido suficientemente espiritualizados y supramentalizados, podrá comenzar "la supramentalización del cuerpo físico".

Y al mencionar la supramentalización del cuerpo físico es necesario introducir a Mirra Alfassa (conocida también como "Madre", *Mother*, *Mère*, por sus discípulos y seguidores), quien en realidad es la co-creadora del yoga integral y supramental, junto con Sri Aurobindo, como este mismo repitió en múltiples ocasiones. Mirra Alfassa, francesa de nacimiento, conoció a Sri Aurobindo en Pondicherry, y años después se quedó a vivir con él, como compañera espiritual, hasta el final de su larga vida.

Si habíamos dicho que Sri Aurobindo decidió conscientemente pasar a la otra parte del velo que separa lo que llamamos "vida" (y solo es vida física, biológica, encarnada) de lo que llamamos "muerte" (y no es sino la misma vida solo que sin su coraza material y su envoltura de carne), para poder trabajar más eficazmente desde allí, ya no en la liberación personal, hace tiempo consumada, sino en la transformación supramental de toda la humanidad, Mirra Alfassa continuaría el trabajo desde esta parte del velo durante 23 años más: desde 1950, fecha del *mahasamadhi* de Sri Aurobindo, hasta 1973, año en que Mirra Alfassa, con 93 años, abandona el cuerpo para seguir los pasos de Sri Aurobindo y continuar ayudando a la humanidad desde el mundo etérico supramentalizado.

En fin, queremos destacar ante todo, en este proceso de transformación, la importancia de la integración consciente de los distintos aspectos del ser humano. Integración de lo subconsciente y de lo supraconsciente, de lo prepersonal y de lo transpersonal, como dirían las actuales psicologías transpersonales, igualmente con voluntad de integración (psicología integral prefirió Ken Wilber para denominar su enfoque al cabo de cierto recorrido como teórico principal, él mismo, de la psicología transpersonal). Es cierto que el foco central de la integración, en el caso del yoga integral, se halla justamente en la integración de los altos estados de conciencia alcanzados en nuestra personalidad, en nuestro cuerpo, en nuestra vida cotidiana.

Uno de los sentidos, quizás el principal, acaso incluso el único, en el que Sri Aurobindo podía decir que el objetivo de su yoga era tántrico, consiste justamente en que –frente a lo que él denominó el Vedanta ascético-ilusionista de Shankara– el objetivo no era la liberación del mundo, sino la liberación-en-el-mundo, la meta no era la liberación del cuerpo (mundo y cuerpo concebidos como parte de *maya*, la ilusión cósmica y la ignorancia individual), sino la liberación-en-el-cuerpo. No se trata de una realización espiritual excluyente, sino de una realización integral omni-incluyente.

Con estas ideas en mente, podemos pasar a realizar una meditación que trate de representar este enfoque integral del yoga supramental de Sri Aurobindo y Mirra Alfassa.

Meditación

Buscamos una postura adecuada. La columna vertebral recta, sin crear tensiones.

Escuchamos cualquier sensación corporal, prestándole toda nuestra atención.

Llevamos ahora la atención a la respiración. Y respiramos conscientemente, de manera espontánea, amplia, tranquila.

Situando nuestra mirada interna a la altura del corazón, presenciamos la apertura de *anahata*, el centro del corazón. De ese modo nos instalamos en una profunda PAZ. Una paz que exhala el perfume del sutil gozo de ser (*ananda*).

Abierta la puerta que nos permite el contacto con nuestro ser profundo, nuestro ser anímico, percibimos su Presencia armonizadora y amorosa.

Nuestra mente ha ido quedando en calma. Dirigimos nuestra atención a nuestro campo mental, serena-mente, un campo iluminado, un estado de lucidez silenciosa.

Nuestra mente ha perdido sus límites habituales y se ha fundido en el campo de conciencia del grupo. Enfocamos la atención hacia lo alto y allá arriba vislumbramos la existencia de un sol grande, brillante, radiante. Un sol que irradia una preciosa luz dorada.

Y acompañándolo de nuestra visualización, presenciamos el descenso de esos rayos de luz dorada hacia la conciencia del grupo.

Podemos ver oleadas de luz dorada que descienden desde lo alto, bañando nuestra conciencia e intensificando su lucidez.

Nuestra mente se ha llenado de luz y reposa en su estado natural: pura luminosidad.

Seguimos visualizando cómo la luz dorada desciende hasta iluminar nuestros corazones. Corazones que sentimos llenos de un amor y un gozo transpersonales. Nos sentimos canales a través de los cuales se irradia ese amor y ese gozo en todas direcciones, como los rayos del sol.

Nuestro corazón se ha convertido en un sol radiante que emite esa luz dorada que sigue descendiendo hacia nosotros, inundándonos de luz amorosa.

Y esa luz dorada continúa su descenso limpiando, purificando todo cuanto halla a su paso. Nuestro ser vital se siente iluminado. Y la luz dorada llega hasta nuestro cuerpo físico.

Cada una de nuestras células bebe esa luz dorada, ese amor gozoso que inunda todo nuestro cuerpo. El amor de la Shakti supramental que se difunde por todo nuestro ser.

Visualizamos nuestro cuerpo iluminado. Nuestro cuerpo se ha convertido en un cuerpo de luz. Como si todas sus células, todos sus átomos, todas sus partículas vibrasen a una nueva frecuencia, la frecuencia de la luz supramental.

Descansamos en esa plenitud maciza, compacta.

Nuestra mente está tan llena de luz que cualquier pensamiento está de más, no tiene espacio para merodear. Nuestro corazón está tan lleno de amor que ningún deseo necesita estar presente. Nuestro cuerpo está tan lleno de una energía nueva, fresca, vibrante que siente una sanación integral profunda.

Desde la conciencia unificada del grupo, convertido en un centro magnético y radiante, vemos cómo la luz dorada se expande en todas direcciones, emitiéndola hacia toda la humanidad, hacia todos los seres vivientes, hacia todo el planeta.

Y permanecemos en ese baño de luz dorada. Con un sentimiento de gratitud profunda por compartir estos momentos sagrados.

OM OM OM

Diálogo sobre la meditación

Pregunta: Aunque me cuesta hablar después de esta meditación, me gustaría decir que la he sentido de un modo especial, como si la atmósfera de la sala estuviera más cargada de energía, como si hubiera una presencia más –no sé cómo expresarlo–, más densa, más compacta. ¿Puede ser o es una sensación mía?

Respuesta: Que es una sensación tuya no cabe duda, pues nos lo estás diciendo tú misma. Como descripción de tu vivencia no podemos sino acogerla y agradecer que la compartas. Ahora bien, supongo que tu pregunta trata de comprobar si tu experiencia subjetiva corresponde a algo "objetivo" o es solo una imaginación tuya. En ese sentido estaría bien que otros miembros del grupo se expresaran para ver hasta qué punto hay una experiencia compartida que puede hacernos pensar que indica la presencia de una atmósfera psíquica o espiritual, energética, que va más allá de tu impresión subjetiva. De momento, puedo decirte, por lo que a mí respecta, que también en mi caso hablaría de un descenso de energía particularmente intenso, de una atmósfera intersubjetiva especial, como compacta y luminosa, densa y sutil a un mismo tiempo. Como hemos comentado en otras ocasiones, quien dirige la meditación, en parte va conduciendo el proceso, pero en parte va siendo conducido por el mismo proceso, de manera que en unas ocasiones la palabra y la visualización creadora grupal producen unos efectos, pero en otras ocasiones lo que sucede más allá de lo dicho, lo pensado y lo visualizado, la energía de la sala, es la que conduce la experiencia y las palabras de quien guía en ese momento la meditación. Así pues, quizás sea no solo que las palabras dichas sugieren una experiencia (de luminosidad, de paz, de gozo, de amor), sino también que la realidad sutil que se va produciendo, como oleajes en el mar de conciencia-energía que se crea colectivamente, sugieren dichas palabras, porque se están sintiendo y corresponden, más o menos, a lo vivido. Por ello puede hablarse de campos de conciencia-energía intersubjetivos en los que participamos co-creativamente.

P.: Yo no me atrevo mucho a decirlo, pero es como si me diera la impresión de que no se trata solo de "energías" y "campos de conciencia", sino incluso de "presencias amorosas". ¿Es posible que haya algo de eso o, una vez más, no es más que mi imaginación?

R.: Recordad lo que hemos dicho siempre de la ineludibilidad de "interpretar" nuestras "experiencias" de una manera o de otra. No hay lenguaje neutro, no hay lenguaje inocente, no hay lenguaje que se limite a describir sin interpretar a partir de una concepción del mundo determinada, de unas creencias u otras. Y no es grave. Simplemente seamos conscientes de ello y veamos hasta qué punto nuestras palabras al menos tratan de ser fieles a una experiencia, a lo vivido, y nos dan la impresión de no dar un salto excesivo a interpretaciones muy especulativas, y cuándo estamos añadiendo posibilidades teóricas que quizás no necesitan ser añadidas a lo experimentado. Ahora bien, dicho eso, no tengo ninguna dificultad en aceptar que en meditaciones así, donde se invocan energías luminosas, donde el grupo genera un potente vórtice de aspiración sincera, la experiencia pueda expresarse en términos de "seres de luz", "presencias amorosas", "ángeles de alas doradas", "guías de otras dimensiones" etcétera. Ahora bien, sin descartarlo en lo más mínimo, es un lenguaje que a menos que sea compartido por todos los presentes, a algunos de ellos les suena extraño y quizás no sea imprescindible partir de él, aunque constituye una hermosa posibilidad que entra perfectamente dentro del esquema de lo que aquí venimos exponiendo.

P.: ¿Y podría decirse que este clima tan especial procede de la presencia de Sri Aurobindo y Madre, al haber sido invocados? ¿No son ellos, al fin y al cabo, el "avatar supramental" para esta era y pueden estar trabajando a través de cualquier persona o grupo que trate de sintonizar con ellos?

R.: Posibilidad no menos hermosa, sobre todo para aquellos que como, quizás tú, sienten una conexión especial con el mensaje de Sri Aurobindo y Mirra Alfassa. Pero, como parece obvio, nos vamos alejando cada vez más de la experiencia para plantear posibilidades teóricas. Y no me parece mal. Ni creo que haya que descartar la interpretación que haces, pues efectivamente es fácil aceptar que la invocación de determinados Seres o Maestros (y toda palabra es una especie de invocación y todo lenguaje es llamada al mismo tiempo que creación) pueda recibir una respuesta adecuada. No necesariamente que ellos, en cuerpo sutil (¡supramental o no!) estén realmente presentes aquí y ahora, en el campo de conciencia-energía asociado a esta sala, o mejor a este grupo, no solo en su dimensión física, sino sobre todo en su dimensión sutil, sino más bien algo de su *shakti*, de su energía, de su conciencia, puede ser "compartido" instantáneamente, pues en el mundo de la intención y del pensamiento, la distancia física no cuenta como lo hace en el mundo físico. Así que no descarto el que "allí donde dos o más estén en su nombre" él o ellos estén presentes, de una manera que puede resultar misteriosa, enigmática, pero no por ello menos real. En cualquier caso, gracias Sri Aurobindo, gracias Mirra Alfassa, por estar entre nosotros, de un modo u otro. Al menos en nuestra intención. Realmente puede sentirse que... nos habéis bendecido.

P.: Nos puedes indicar alguna bibliografía sobre Sri Aurobindo y el yoga integral.

R.: ¡Desde luego hay que empezar leyendo mi libro titulado *Las enseñanzas de Sri Aurobindo*! (Merlo 1998). La obra que probablemente ha introducido a más gente al yoga integral y a Sri Aurobindo es la de Satprem (1984). Y sigue siendo una buena introducción. Si alguien desea una biografía breve sobre nuestro autor, puede leer la de Heehs (1993), quien ha escrito una mucho más extensa (y polémica) hace poco. Igualmente extensa, muy extensa, pero más "ortodoxa", desde el punto de vista aurobindiano, es la de Iyengar (1985), que no hay que confundir con el célebre *hatha-yogui*. Otra clásica biografía es la de Purani (1964).

Pero, una vez se ha leído alguna introducción, o incluso sin ellas, hay que bucear en los propios textos de Sri Aurobindo, pues su escritura es una escritura mántrica, podría decirse, inspirada e inspiradora; por eso es conveniente ir directamente a la fuente. Dependiendo de los intereses y preferencias de cada uno se puede empezar por una obra u otra. Su obra magna es *La vida divina,* Aurobindo (1972); en sus más de mil páginas se halla su "filosofía", su concepción del mundo, su Vedanta, no-dualista pero integral, su concepción de la evolución espiritual y de la conciencia supramental. Su visión del "yoga integral" constituye otra de sus obras principales, *Síntesis del Yoga.* También sobre el yoga, pero ya con un carácter más íntimo y práctico, pues se trata de cartas en las que responde a preguntas formuladas por algunos discípulos del *ashram* de Pondicherry, resultan imprescindibles las *Letters on Yoga*, de las que hay traducidas un buen número en obras como *Guía del yoga integral,* o *El enigma de este mundo.* Su rosto poético puede verse en su magno poema *Savitri,* y su labor de crítico literario y al tiempo visionario de una nueva poesía en *The Future Poetry.* Su reconocimiento de la tradición hindú queda de manifiesto en *The Secret of the Veda*, con una interpretación original y sugerente, en *The Upanishads*, y en *Essays on the Gita*, como ha quedado insinuado ya en su momento.

En cuanto a su tarea como filósofo de la cultura, de la historia y de la política, ha de leerse *The Human Cycle* y *The Ideal of Human Unity.*

Por último, si se quiere leer una interesante obra, procedente de una de las tesis doctorales realizadas sobre el pensamiento de Sri Aurobindo, puede verse Phillips (1986).

Parte II:

Meditando con el budismo

6. Historia e ideas principales del budismo

Comenzamos a introducirnos ahora en la tradición budista. Nuestro hilo conductor sigue siendo la práctica de la meditación. Ahora bien, para contextualizar las meditaciones, seguiremos presentando algunas de las ideas principales del budismo, de sus valores, de su concepción del mundo, de su forma de vida.

Si ya en el hinduismo vimos que bajo tal término anidan una gran multitud de creencias, prácticas y enfoques distintos, quizás con mayor razón a la hora de acercarnos al budismo tenemos que dejar constancia de su riqueza y su creatividad, especialmente a través del contacto con otras culturas a las que ha ido adaptándose, en las que ha ido integrándose de manera extraordinariamente armónica y creativa. Si en el hinduismo son las invasiones de pueblos ajenos (arios, musulmanes, ingleses, etcétera) las que impusieron los cambios, en el budismo es más bien su propagación por otros países lo que ha llevado a diversas síntesis entre el budismo y las tradiciones que fue encontrando a su paso. Justamente, su salida forzosa de la India le llevó al Sudeste asiático (Corea, Birmania, Indochina), dando lugar a lo que se ha llamado el budismo del sur; a China y Japón, produciendo el budismo del este, y hacia el Tíbet y Nepal, generando el budismo del norte.[2]

a. Distintos períodos en la historia del budismo

Veamos esta propagación del budismo de la mano de una sencilla periodización propuesta por E. Conze. Él distinguió cuatro períodos principales. El primero de ellos se extendería desde sus orígenes en el siglo v a. de C. hasta comienzos de nuestra era. En esos cinco siglos asistimos a la vida del fundador Gotama, del clan de los Sakya, que se convertiría en un *buddha* al despertar de la ilusión en la que los seres humanos suelen encontrarse vida tras vida. Tras su muerte, en los siglos siguientes, la tradición habla de –al menos– 18 escuelas, de las cuales quizás cuatro sean las principales. Es el momento de la elaboración del Canon Pali, conjunto de escrituras aceptadas por todas las escuelas budistas.

El segundo período constaría de otros cinco siglos, desde comienzos de nuestra era, aproximadamente, hasta el siglo v. Destaca aquí el surgimiento de un conjunto de *Sutras* y de escuelas relacionadas con lo que se conocerá como un nuevo vehículo, autodenominado "el gran vehículo" (*maha-yana*), en

---

2. Rupert Gethin. *The Foundations of Buddhism*. Oxford: Oxford University Press, 1998.

contraposición al enfoque anterior, el cual pasará a ser tachado, un tanto despectivamente, de "vehículo pequeño" (*hina-yana*), considerado inferior, limitado, incompleto. Aparecen con fuerza una serie de *Sutras* (sermones, discursos) que hablan de una sabiduría perfecta o de la perfección de la sabiduría (*Sutras de la Prajña-paramita*), y otros muchos *Sutras* fundamentales desde entonces en el budismo Mahayana, así como dos escuelas "filosóficas" de una enorme importancia en el futuro del budismo. La escuela Madhyamika liderada por Nagarjuna, uno de los pensadores más brillantes y enigmáticos de todo el budismo (que vivió entre el siglo ı y el ıı), y la escuela Yogacara, con los importantes textos de Asanga y Vasubhandu. La primera recibe también el nombre de Shunyavada, o "doctrina de la vacuidad", por la importancia que cobra dicho concepto (*shunya*, vacío; *shunyata*, vacuidad). La segunda se denomina también Vijñanavada, destacando su idealismo (quizás más epistemológico que ontológico), interpretada a menudo como la escuela que afirma que "solo Mente" (*vijñana*) existe, siendo lo que consideramos realidad no más que representaciones mentales.

El tercer período señalado por Conze ocuparía también unos cinco siglos, desde el v hasta el x. Durante los dos primeros períodos, el budismo había sido casi exclusivamente indio, si bien se había instalado ya en Sri Lanka (Ceilán). A partir de ahora, el budismo comienza a llegar a China, Japón, el Tíbet y buena parte del sudeste asiático. En su encuentro con el taoísmo y el confucianismo en China, con el shinto en Japón y con el bön en el Tíbet, se irán gestando nuevos tipos de budismo, mediante síntesis creativas, que darán lugar a múltiples escuelas y enfoques novedosos, entre los que destacan el chan y el amidismo en China, el Zen (soto y rinzai) en Japón, y el Vajrayana (vehículo diamantino) en el Tíbet. Lo veremos con detenimiento más adelante.

El cuarto período llegaría desde el siglo x hasta mediados del xx, momento en que escribe Conze, quien insinúa la menor creatividad de este período, de doble extensión que los tres anteriores, pero quizás de menor intensidad creadora. Una especie de "persistencia sin renovación".[3]

Ahora bien, cabría añadir un quinto período desde mediados del siglo xx hasta nuestros días. Es el momento en que el *buddha-dharma* se introduce de manera notable en Occidente, comenzando a hablarse de un budismo occidental, a través de ese nuevo mestizaje que corresponde a los signos de los tiempos, a nuestra época de globalización o mundialización en todos los aspectos de la actividad humana, pero que tiene su rostro más visible en la difusión del budismo tibetano a raíz del genocidio perpetrado por China desde su invasión, justamente en 1950 (destrucción de unos seis mil monasterios y muerte de aproximadamente un millón de tibetanos).

Habrá ocasión de ir hablando de todo ello, a pesar de no tratarse de un recorrido histórico lo que realizaremos en estas páginas. Nos interesan más sus doctrinas y especialmente sus prácticas, sobre

---

3. Edward Conze. *Breve historia del budismo.* Madrid: Alianza, 1983. Véase también, del mismo Conze. *El budismo, su esencia y su desarrollo.* México: Fondo de Cultura Económica, 1978.

todo la meditación, que no en vano ha sido una práctica central en buena parte del budismo (aunque quizás no de manera tan generalizada como la impregnación de ciertos enfoques neo-budistas ha llevado a creer).

b. Las tres joyas y la toma de refugio

Antes de pasar a nuestra primera meditación budista, convendrá exponer algunos de sus conceptos principales. Y nada mejor para ello que comenzar por las llamadas "tres joyas", o los "tres tesoros" del budismo, en los que "toma refugio" quien verdaderamente quiere comprometerse con el camino budista. Esas tres joyas son: el Buddha, el Dharma y el Sangha. Veamos algunos de los significados que encierran estos tres conceptos (y al mismo tiempo símbolos) tan cruciales en la tradición budista.

Cuando se habla del Buddha, se está pensando en primer lugar en Siddharta Gautama, Sakyamuni, que se convertiría en "el que ha despertado" (*buddha*). No sabemos con certeza que su nombre fuese Siddharta, aunque así lo ha transmitido la tradición. Sí que sabemos que se llamaba Gotama o Gautama y llegó a ser conocido como "el sabio (del clan de los) sakya". *Muni* es el renunciante que practica *mouna*, silencio, como una forma de disciplina, de *tapas* (ardor ascético, concentración de energías y de la atención). Los sakya son uno de los clanes de la India del norte. En realidad, Lumbini, en Kapilavastu, donde se dice que nació Gautama, se encuentra en lo que hoy es el sur de Nepal, cerca de la frontera con la India, y a pesar de que la tradición ha querido ver en Gautama a un príncipe, hijo de un rey poderoso, en realidad hoy sabemos que no era así y que probablemente su padre era uno de los ancianos que formaba parte del consejo de ancianos de la pequeña república en la que nació el llamado a convertirse en "el iluminado". Poco importa todo ello, simbólicamente su infancia y juventud, vividas en condiciones económicas favorables, le permitieron disfrutar de una vida de lujos y placeres, como hijo de una familia acomodada. Este extremo "hedonista" servirá como uno de los polos poco fecundos, del mismo modo que su etapa ascética posterior le permitirá conocer el otro extremo, donde la privación y la carencia (aunque sean buscadas y deliberadas) predominan de modo riguroso. Tras su experiencia bajo el árbol *bodhi* (el árbol del despertar o de la iluminación) propondría un "camino medio" entre ambos extremos bien conocidos por él. No es necesario contar su vida, una biografía arquetípica, simbólica, en la mayoría de las ocasiones narrada de manera legendaria y en la que la biografía se convierte en hagiografía, donde la precisión histórica deja paso a la enseñanza simbólica.

Ahora bien, Siddharta Gautama no es el único *buddha*. Ya en los *Jataka*, narraciones de las vidas anteriores de Gautama, se habla del momento, hace muchas encarnaciones, en que aquel que conocemos como el Buddha Gautama tuvo la ocasión de ver a un *buddha* anterior, Dipankara, y la percepción de su majestuosidad espiritual lo llevó a tomar la firme decisión de convertirse él mismo, con el tiempo, en un *buddha*. Puede decirse que comenzó así "el camino del *bodhisattva*". Lo cierto es que *buddhas* y *bodhisattvas* van a poblar, muy especialmente con el surgimiento del Mahayana, el mundo budista. *Buddhas* y *bodhisattvas* terrestres unos, celestes otros, como veremos más adelante, por el destacado papel que llegarán a desempeñar nombres como Aksobhya, Samantabhadra, Amitabha, Avalokiteshvara y tantos otros que irán visitando nuestras páginas.

Todavía hay más. En realidad, y sobre todo en el enfoque que aquí vamos a adoptar, más que la infinita multiplicidad de *buddhas* y *bodhisattvas* que pueblan el inmenso cosmos budista, más que el mismo Buddha Sakyamuni, por importante que sea su figura, su ejemplo y sus enseñanzas, nos importa la "budeidad" o "naturaleza búdica", la "mente del Buddha", la "semilla del Buddha" (*tathagathagarbha)* –pues el Buddha es también denominado el Tathagata, aquel que ha cruzado a la otra orilla, que ha atravesado desde la orilla del *samsara*, del ciclo de nacimientos y muertes, regido por la ignorancia y el apego, a la orilla del *nirvana*, lo incondicionado, inefable, meta final del budismo, cuya naturaleza problemática habrá que abordar más adelante–. Es el misterio de esta mente búdica, esta naturaleza búdica, la budeidad, el *buddha* interior, el que nos interesa sondear a través de la meditación, de los distintos tipos de meditación en los que tendremos que bucear en busca de esa conciencia prístina, esa luz clara, esa vacuidad luminosa que quizás nos abra la puerta de la budeidad.

La segunda joya es el Dharma. También aquí hallamos varios significados. En una primera acepción, la primera que viene a la mente, se trata de la Enseñanza del Buddha, la "doctrina" impartida por él, las enseñanzas recogidas en el Canon Pali, así como los demás *Sutras* (Mahayana) para las escuelas que los consideran auténticos. La palabra *dharma* ha sido traducida también como "religión". Lo vimos en el hinduismo, tradicionalmente denominado por sus propios miembros *sanatana-dharma*. El budismo se ha denominado a sí mismo, a lo largo de los siglos, *buddha-dharma*, la Enseñanza del Buddha.

Ahora bien, el término sánscrito *dharma* (en pali, *dhamma*) es un término polisémico por excelencia. En la tradición hindú, tal noción recogió la idea védica de Rta, el orden cósmico-ético, la estructura última de la realidad, la verdad de las cosas. Al mismo tiempo, el *dharma* expresa un profundo significado ético. Digamos que encierra simultáneamente la idea de cómo son las cosas y la idea de cómo deben ser. Si las cosas se ajustan a lo que "debe ser", su funcionamiento es adecuado. Si las personas actúan como "deben", cumplen su *dharma*, su deber, actúan correctamente. El Dharma es la Ley, la Justicia universal, el Orden primordial. Por todo ello, puede decirse que el Dharma es la Verdad con mayúscula. Así pues, enseñanza, doctrina, religión, ley, deber, virtud, son algunos de los significados que posee el concepto de *dharma*. Se ha dicho, y con razón, que lo central en la concepción budista no es tanto el Buddha como el Dharma. En realidad, el valor del Buddha procede, sobre todo, de haber descubierto el Dharma (la Verdad, las cosas tal como son) y haberlo expuesto (su enseñanza, su doctrina). «Quien me ha visto a mí ha visto el Dharma y quien ha visto el Dharma me ha visto a mí».

Hay un tercer significado asociado al término *dharma* y que se encargó de tematizar el *Abhidharma-pitaka*, el cesto que contiene los textos más filosóficos, en los que se trata de sistematizar la enseñanza del Buddha, y donde la noción de *dharma* pasa a significar algo así como "constituyente último de la realidad". Los *dharmas* serían como átomos (físicos o psíquicos) que forman la verdadera realidad, tal como la descubre la mirada budista al profundizar más allá de las apariencias de las cosas. Son los sucesos (físicos y mentales) con los cuales se construye la realidad dinámica. Cada escuela realizó su propio recuento de *dharmas*. Así para la escuela Sarvastivada eran 75, algunas fuentes del Theravada los cifran en 82, y para los yogacarines son unos 100. A grandes rasgos podríamos decir que se dividen en "fenómenos físicos", "fenómenos mentales", la "conciencia" (todos ellos condicionados) y, finalmente, un único *dharma* incondicionado: *nirvana*.

La gran aportación de las corrientes mahayánicas será el haber mostrado que tampoco los *dharmas* poseen consistencia propia, tampoco ellos son sustanciales, sino que carecen de entidad propia, son totalmente dependientes de multitud de factores, de causas y condiciones que hacen que sean lo que son, nada de todo ello existe en sí mismo y por sí mismo, surgen siempre en estrecha dependencia de todas esas condiciones. Por eso puede decirse que son "vacíos" (de entidad propia, de consistencia intrínseca, de sustancialidad). Esa "vacuidad" (*shunyata*) no es una "cosa" más, sino la manera de expresar la ausencia de "coseidad" en las cosas. No hay cosas, sino procesos. No hay sustancias, sino estructuras dinámicas. Tendremos que volver a ello, pues se trata de una de las visiones centrales del budismo.

La tercera joya en la que se toma refugio es el Sangha, la comunidad budista. En un primer momento, el Buddha fundó una orden de monjes mendicantes. Al pasar el tiempo, y cuenta la leyenda que a petición de Ananda –quien no hacía sino transmitir el deseo de un buen grupo de mujeres que deseaban ardientemente seguir el camino budista–, no sin reparos, Sakyamuni consintió en fundar también una orden de monjas. Ahora bien, los laicos han sido siempre de gran importancia en la comunidad budista, pudiendo decirse que también ellos forman parte del Sangha. El *Vinaya pitaka*, el cesto del Canon Pali en el que se recogen las normas de las instituciones monásticas budistas, ha sido de gran importancia a lo largo de la historia del budismo. Pensemos que, a pesar de las aparentes diferencias radicales entre partidarios del Theravada y partidarios del Mahayana, en realidad la diferencia auténtica y lo que provocaba cismas y escisiones no era tanto el punto de vista defendido, o la importancia concedida a la compasión, al sendero del *bodhisattva*, o la diferencia entre el *arhat* y el *bodhisattva*, como la pertenencia a un *vinaya* u otro.

Meditación

Una primera meditación estará centrada en la atención a la respiración. Para ello utilizaremos un célebre *Sutra*, el 118, del *Majjhima Nikaya,* cuyo título es, justamente, «Sobre la atención al inspirar y al espirar» (*anapanasatisuttam*). Podemos hacer una lectura en "modo meditativo" de dicho *Sutra,* si bien me permitiré la libertad de ir modificando en algunos casos la traducción, con el fin de acercarla a un lenguaje que nos resulte menos extraño y nos permita "entrar en meditación" más fácilmente. Se tratará, pues, de una adaptación libre. Y una vez hayamos terminado la "libre interpretación" de este continuaremos la meditación recreando el *Sutra,* prolongándolo, por así decirlo, en su misma línea.

«Si se desarrolla y se hace crecer la atención al inspirar y al espirar se produce un gran fruto, se obtienen grandes ventajas». Y para desarrollar la atención al inspirar y al espirar no hay más que sentarse en una postura estable, con la espalda erguida y despierta la atención ante sí.

De ese modo, "se inspira con atención… se espira con atención".

Si inspiramos profundamente, comprendemos "inspiramos profundamente".

Si espiramos profundamente, comprendemos "espiramos profundamente".

Si inspiramos con aliento corto, comprendemos "inspiramos con aliento corto".

Si espiramos con aliento corto, comprendemos "espiramos con aliento corto".

Nos ejercitamos pensando: "inspiro sintiendo todo mi cuerpo".

Nos ejercitamos tomando conciencia de que "espiro con todo mi cuerpo".

Inspiro tranquilizando la actividad del cuerpo.
Espiro tranquilizando la actividad del cuerpo.

Inspiro experimentando dicha,
Espiro experimentando dicha.

Inspiro percibiendo la actividad del pensamiento.
Espiro percibiendo la actividad del pensamiento.

Inspiro tranquilizando la actividad del pensamiento.
Espiro tranquilizando la actividad del pensamiento.

Inspiro y espiro concentrando el pensamiento.
Inspiro y espiro liberando el pensamiento.
Inspiro y espiro contemplando la impermanencia.
Inspiro y espiro contemplando el desapego.
Inspiro y espiro contemplando la cesación.

Permanecemos conscientes de la respiración. Toda nuestra atención está centrada en ese agradable movimiento de inspirar y expulsar el aire.

Es todo nuestro cuerpo el que respira. Nos sentimos mecidos por esa ola de vida que nos atraviesa con su vaivén. No hay nada en que pensar, tan solo ser conscientes del movimiento de nuestra respiración. Y tomamos nota de cualquier sensación que percibimos.

OM OM OM

c. Las tres marcas de la existencia (o el triple sello del Dharma)

Al final de la meditación escuchábamos una de las frases, que dice: «Inspiro y espiro contemplando la impermanencia». Esta noción de "impermanencia" es una de las tres marcas de la existencia, una de las tres características centrales de todo lo condicionado (y recordemos que todo lo que existe es condicionado, excepto quizás *nirvana*). Todo es transitorio, pasajero, efímero. Todo nace y muere. Todo depende de unas causas y unas condiciones que lo producen y solo nuestra ceguera nos lleva a aferrarnos a algo perecedero, como si fuese a durar para siempre. *Anitya, anicca*, podría traducirse también como "insustancialidad". Todo es "inesencial", carece de esencia. Desde Platón al menos (ya antes con el Ser de Parménides), la esencia es aquello que no nace ni muere, aquello inmutable, permanente, siempre idéntico a sí mismo, sustancial. La sustancia es lo que subyace a los cambios, no cambiante. El sujeto es el que permanece idéntico a sí mismo a través de los cambios y modificaciones que le afectan. Es el soporte que sujeta cualquier cantidad de cambios, sin por ello cambiar él. De ahí que todos los cambios y todo lo que cambia sea, en última instancia, "accidental". Solo lo que no cambia, lo permanente, lo inmutable, es "esencial".

Pues bien, el reto budista (quizás también heraclíteo, pues que "todo fluye" –*panta rei*– nos enseñó también Heráclito, el oscuro, mediante sus aforismos, como el de que «nadie puede bañarse dos veces en el mismo río») consiste en negar la existencia de "esencias" (Ideas platónicas o formas aristotélicas), en negar la existencia de "sustancias" (realidades que no cambian, que permanecen idénticas a sí mismas), en negar la existencia de "sujetos" (almas platónicas o personas con una mismidad más allá de los cambios, en lo humano).

Frente a ello, lo que hay son –decíamos ya– "estructuras dinámicas" (por decirlo con X. Zubiri), "procesos energéticos", "corrientes mentales" (análogas al río de Heráclito). Y es que dicha "transitoriedad" afecta tanto a los sujetos como a las sustancias, a las personas como a las cosas. De ahí que el segundo de los rasgos de la existencia, la ausencia de un *atman*, un alma, un yo fuerte, un sujeto sustancial, no sea, en realidad, sino una aplicación al mundo de la subjetividad de la primera característica. También los sujetos (humanos o no) han de entenderse de modo procesual. Las personas (humanas o divinas, hombres o *devas*) no son sujetos inmutables tan solo levemente rozados por los cambios, sino conjuntos de agregados (*skhandas*) en

"permanente cambio". Lo único permanente, valga la paradoja, es el cambio. No hay nada que no cambie, constantemente,
instante a instante... como el río de Heráclito.

*Pregunta: ¿Pero entonces, quién es el que reencarna? Porque
el budismo parece que habla de la reencarnación, ¿no?*

Respuesta: Bueno, tu pregunta toca una de las cuestiones
centrales en el budismo. Es cierto que, como habíamos mencionado, ya en los *Jataka* se habla de las vidas anteriores del
Buddha, desde que emprendió el camino del *bodhisattva*, el sendero consciente y deliberado hacia la budeidad. Y son conocidas
también las referencias, sobre todo en el budismo tibetano, al
nacimiento de *tulkus*, entendidos como los re-nacimientos de
lamas con gran evolución espiritual y que vuelven a ayudar a
la humanidad, siendo reconocidos como la continuación de tal
o cual maestro. En realidad, toda la historia del budismo, no
menos que la del hinduismo, está plagada de referencias a las
series de vidas necesarias para lograr la budeidad, para convertirse en un *buddha* completamente iluminado.

La cuestión, efectivamente, es, por tanto, ¿cómo es posible
hablar de renacimientos si no existe un *atman*, un alma, un yo,
un sujeto sustancial que renazca?

Estamos en el corazón de la paradoja budista. Paradojas presentes en los mismos textos del Canon Pali tanto como en las
diversas reflexiones y comentarios a lo largo de la historia del
budismo. Como si la lógica del budismo fuese, inevitablemente, una lógica paradójica. Quizás porque en los textos no está

suficientemente claro, la polémica ha perdurado y las diversas respuestas han hallado cobijo en el Sangha budista.

El corazón de la paradoja queda crucificado entre el eternalismo y el aniquilacionismo. También aquí el budismo opta por un camino medio, no siempre resolutivo, como iremos viendo. Una buena ilustración de la paradoja irresuelta la hallamos en un texto del Canon Pali en el que Vacchagotta le pregunta a Gotama, el Buddha, si hay un yo. Ante lo cual, este queda en silencio. Uno de los casos en los que suena de manera atronadora "el silencio del Buddha". Ante tal silencio, Vacchagotta insiste: «Entonces, buen Gotama, ¿no hay yo?». Y por segunda vez la respuesta es el silencio. Ante lo cual el trashumante Vacchagotta se levantó y se fue. Extrañado ante el comportamiento de su maestro, el venerable Ananda le pregunta por qué no ha contestado a la duda formulada. Y la respuesta es la siguiente: «Si yo, Ananda, al ser preguntado por el trashumante Vacchagotta si había un yo, hubiera contestado que hay un yo, esto, Ananda, habría sido de la opinión de aquellos brahmanes que son eternalistas. Si yo, Ananda, hubiera contestado que no hay un yo, esto habría sido de la opinión de aquellos brahmanes que son aniquilacionistas».

Como vemos, claro distanciamiento de los dos extremos del dilema; ni eternalismo, como los vedánticos que defienden la existencia de un *atman* eterno, de un sujeto fuerte, sustancial; ni aniquilacionismo, como el de los *carvakas* y materialistas (como Ajita Kesambali, como Purana Kassapa) que aniquilan cualquier tipo de yo, negando que exista, en ningún sentido.

Pero el diálogo entre Gotama y Ananda continúa, y el primero exclama: «Si yo, Ananda, al ser preguntado por el tras-humante Vacchagotta, si hay un yo, hubiera contestado que hay un yo, ¿hubiera concordado esto con mi conocimiento de que "todas las cosas son no-yo"?».

Hay que leer este planteamiento como un rechazo del *atman* en sentido fuerte, del yo en cuanto sujeto sustancial permanente e inmutable, del eternalismo, en suma. Y se establece el rasgo de la existencia que estamos analizando y que lleva a la doc-trina que niega la existencia del yo-sustancial: «todas las cosas son no-yo» (*an-atman, an-atta*).

¿No es esto puro aniquilacionismo, podemos preguntarnos? Y Gotama, como leyendo tal pensamiento en la mente de Anan-da, le responde: «Si yo, Ananda, al ser preguntado por el trashu-mante Vacchagotta si es que no hay un yo, hubiera contestado que no hay yo, el trashumante Vacchagotta, ya desconcertado, se habría desconcertado mucho más, y habría pensado: "¿no había un yo anteriormente para mí? Ahora no hay ninguno"».

¿Cómo interpretar este texto? Ciertamente, puede leerse como una velada negación de todo yo y una recaída en el ani-quilacionismo nihilista, nihilizante, que declara la muerte del sujeto, mucho antes de que por estas latitudes se pusiera de moda recientemente. ¿Pero iba a cometerse tan flagrante con-tradicción, cuando acababa de declararse explícitamente contra el aniquilacionismo? Quizás la interpretación más frecuente y más acertada de este texto consista en afirmar que se está negando el *atman* eterno, pero se está negando también que no haya nada de nada, que no haya ningún tipo de realidad en aquello a lo que llamamos yo. Ahora bien, la vía media que permitiría al budismo evitar ambos extremos sería la que habla de un sujeto procesual, en lugar de un sujeto sustancial.

¿En qué consistiría un "sujeto procesual", si es que pensamos que esta es la respuesta más propiamente budista al problema del yo? Esto nos lleva a la concepción del ser humano como un compuesto de cinco agregados (*skhandas*), que podemos traducir como: forma (corporal), sensación, concepción, volición y conciencia (*rupa, vedana, samjña, samskara, vijñana*). Dicho de otro modo, la fenomenología budista de la conciencia hallaría en su observación una serie de sensaciones asociadas al cuerpo físico, una serie de percepciones y pensamientos que nos llevan a postular la existencia de una mente, un conjunto de voliciones, cuando tomamos decisiones, deseamos y queremos, y, el término que más nos interesa ahora, *vijñana*, traducido generalmente como "conciencia".

En ocasiones, al escuchar el término "conciencia", con tantos usos distintos hoy, se da el salto metafísico para concluir que es "la conciencia" lo que renace. Y en cierto sentido así es, solo que trasladamos el problema del yo a la noción de conciencia. Y la clave budista estaría en afirmar que, fruto de la observación analítica, desde una mente en calma (*samatha*) y desarrollada la intuición más fina (*vipassana*), lo que se descubre es que aquello a lo que llamamos "conciencia" (*vijñana*) no es una realidad sustancial, inmutable, no es un yo, sino una "corriente mental" (como el río de Heráclito, solo que en una octava superior, como río psíquico). Y esta corriente mental posee una continuidad ante nuestra percepción, lo cual hace que tenga sentido hablar de "yo", solo que re-interpretado de este modo, que se quiere más fiel a como las cosas son en realidad. Y a esa corriente mental le ocurren muchas cosas, incluso podemos hablar de una propiedad emergente en tal corriente psíquica que sería la capacidad de realizar acciones más o menos libres, de elegir, en cierta medida, el curso de la acción, como el curso del pensamiento. De ahí que haya una cierta responsabilidad (moral) en cómo conducimos el curso del pensamiento (nuestro discurso) y cómo dirigimos el curso de nuestra acción (nuestro comportamiento), pues sabemos que lo que hagamos influirá en el futuro de esta corriente de conciencia con la que nos identificamos (aunque la categoricemos mal, creyendo erróneamente que se trata de un yo sustancial).

Y no solo la conceptualizamos erróneamente (error cognitivo), sino que nos aferramos afectivamente a dicha identidad (tomada como entidad y no como proceso), cometiendo el error afectivo que nos lleva al "apego", tomando así el camino seguro del sufrimiento (*dukkha*).

P.: Tengo entendido que el sufrimiento es la primera revelación que hace el Buddha después de iluminarse, que afirma que todo es sufrimiento. ¿Es así?

R.: Efectivamente, cuando se levanta del árbol *bodhi*, bajo el cual se produce el Despertar, y comienza a caminar (quizás tras una semana de disfrutar su profundo *samadhi* y tras vencer las tentaciones que Mara le presenta, entre ellas la inutilidad de intentar enseñar a los ignorantes mortales tan sublime verdad como la recién descubierta por él, acaso que no hay yo, que todo en este mundo es un producto de causas y condiciones, que todo se origina de manera co-dependiente, que todo está relacionado con todo y todo es relativo, que solo el inefable *nirvana* escapa de esta cadena causal de condicionamientos), tras tal comprensión que le alza a la cima de la omnisciencia, Gotama se dirige hacia Kotigama y allí, tras deslumbrar con su presencia luminosa a sus antiguos compañeros de ascetismo radical, pronuncia el célebre sermón de Benarés, en el que, curiosamente, no habla del no-yo, como podría esperarse si es que es este su mayor descubrimiento, anti-upanishádico, sino de las Cuatro Nobles Verdades (o verdades para los nobles) articuladas en torno a *dukkha*.

«Y cuáles son esas Cuatro Nobles Verdades» –podemos leer en el *Maha-parinibbana suttanta*, del *Digha-Nikaya*, esto es *El libro de la gran extinción de Gotama el Buddha*–. La noble verdad acerca del sufrimiento (*dukkha*); la noble verdad acerca de la causa de esta insatisfactoriedad (*dukkha-samudaya*); la noble verdad acerca de la cesación de esta angustia existencial (*dukkha-nirodha*); y la noble verdad acerca del sendero que conduce a la cesación de esta profunda sensación de carencia (*dukkha-nirodha-gamini-patipada*). [...] Y cuando se penetran y entienden estas nobles verdades se desarraiga todo anhelo de vida futura; aquello que conduce a la renovada existencia se destruye, y no existe más el renacimiento».

Me he permitido traducir *dukkha* en cada una de las cuatro

ocasiones que aparece en el texto de un modo distinto, tratando de recoger distintas posibles traducciones y de aclarar su significado enfocando el problema desde distintos ángulos. Efectivamente, la traducción más literal y más frecuente de *dukkha* es la de "sufrimiento", o incluso "dolor", pero ambos términos suelen tener un sentido más restringido, quizás demasiado limitado para lo que en su contexto significa. Puede hablar de esa sensación de que todo resulta en última instancia insatisfactorio. "Insatisfactoriedad" que puede traducir también nuestro término. Insatisfactoriedad profunda que puede entenderse como una especie de "angustia existencial" que nos mantiene inquietos y a la busca de algo realmente satisfactorio. De ahí ese sentimiento de honda "carencia", como un hueco en el ser, que parecería imposible de llenar, un vacío no fértil, sino estéril.

Y esa experiencia profunda de "carencia" activa toda la dinámica del "deseo". Casi lacanianamente podríamos decir que estamos ante el Deseo (deseo de Ser). Deseo ontológico insaciable, que busca bajo diversas formas una satisfacción auténtica. Sin embargo, en el análisis budista, ningún deseo (satisfecho) puede colmar nuestro Deseo. El agujero en el ser no puede taparse con nada. El problema (y solo al detectarlo se puede vislumbrar la solución) es que los deseos que no son el Deseo no hacen sino confundirnos y surge el "apego". Cualquier deseo, pero sobre todo el deseo ansioso, el deseo compulsivo, el deseo neurótico, nos aleja de nuestro Deseo. Y un elemento más de la paradoja budista estaría en el diagnóstico: solo la muerte (de los deseos), solo la extinción de esa malsana sed (*tanha, trishna*) de desear, puede aportar la satisfacción impensable, inimaginable, in-deseable. Solo cuando el fuego de las ansias de llenar el vacío que experimentamos se extingue, podemos dejar de desear y de apegarnos a los objetos del deseo.[4]

Ignorancia (de cómo las cosas son en realidad, llevados por las apariencias) y apego (a los objetos de nuestros deseos) constituyen las raíces de nuestro sufrimiento. Hay un camino que nos devuelve a nuestro no-origen. El camino del Dharma que el Buddha re-descubrió y mostró: el Buddha-Dharma.

Solo lo no-originado, lo no-devenido, no-pensado (por impensable), lo no-condicionado, posibilita la aceptación de la Vacuidad fértil, vacía todos nuestros deseos y abandona el deseo de algo que colme todos nuestros deseos. Y es que «hay, oh buscadores, algo no-nacido, no-devenido, no-hecho, no-compuesto. Si no hubiera esto no-nacido, no-devenido, no-compuesto, no habría escapatoria alguna de lo que es nacido, devenido, hecho y compuesto. Pero, ya que hay esto no-nacido, se conoce una escapatoria a lo que es nacido, devenido, hecho y compuesto» (*Udana*, VIII, 3).

Solo entonces cesa la carencia sufriente, la impermanencia y la insustancialidad.

---

4. Un profundo e interesante análisis de los deseos y de este Deseo esencial puede verse en Javier Melloni. *El deseo esencial*. Salamanca: Sal Terrae, 2009. Otras obras del autor, Melloni 2007 y 2011.

Meditación

En el *sutra* 25 *del Majjhima Nikaya* (*Nivapassutam*) tenemos una clara distinción entre ocho etapas de la meditación. Una lectura meditativa de este, adaptada a nuestros propósitos y con libertad interpretativa, puede servirnos de punto de partida para esta nueva meditación.

Comenzamos apartando nuestra atención de los objetos de los sentidos y de los estados más toscos de la mente, de tal modo que podemos entrar y permanecer en la primera meditación (*jhana, dhyana*) que va acompañada de un pensamiento sostenido y aplicado, que está impregnado de una alegría placentera.

Apaciguando el pensamiento anterior, con la mente tranquila y fija en un punto, entramos en la segunda etapa de la meditación, con una alegría más intensa, nacida de la concentración.

Entramos en la tercera etapa de la meditación, cuando desaparece la alegría superficial anterior y permanecemos ecuánimes, atentos y plenamente conscientes.

Hemos trascendido ya, paulatinamente, todo placer y todo dolor, toda alegría y toda tristeza, y nos introducimos en la cuarta etapa de la meditación, en la que no hay ni sufrimiento ni alegría, tan solo perfecta ecuanimidad y atención pura.

Pasamos ahora más allá de la percepción de toda forma, desaparece toda percepción de diversidad, y nos hacemos conscientes del "espacio infinito". Y permanecemos en el espacio infinito. Hemos entrado en el quinto *jhana*, la quinta etapa de la meditación.

Con nuestra atención firme y ecuánime, más allá de toda sensación y toda emoción, el espacio infinito se revela como "conciencia infinita." Y moramos en esa conciencia infinita. Es la sexta etapa de la meditación.

Seguimos con nuestra afilada atención y vamos más allá del plano de la conciencia infinita, conscientes de que "no hay nada". Moramos en esa "nada". Nada de lo conocido, nada que percibir, nada que pensar. *No-thing*. Hemos alcanzado la séptima etapa de la meditación.

Hay más. Más allá de esa (aparente) nada, entramos allí donde no hay "ni-percepción-ni-no-percepción". Es la octava etapa.

Todavía puede trascenderse esa última etapa y entrar en la «cesación de toda percepción, toda sensación, todo sentimiento», y mediante la sabiduría intuitiva (*prajña*) destruimos todos los obstáculos, todas las intoxicaciones, todos los venenos, toda mancha. Y así cruzamos más allá del apego a todo este mundo.

«Así habló el Bienaventurado. Los discípulos, complacidos, se regocijaron con las palabras del Bendito».

Diálogo sobre la meditación

Pregunta: Las primeras etapas pueden entenderse más o menos, pero las últimas, sobre todo por el lenguaje empleado, producen un desconcierto que me llevan a no saber qué pensar.

Respuesta: Bueno, en primer lugar, ya está bien que no sepas qué pensar, sobre todo porque no se trata de "pensar", sino de trascender el pensamiento y entrar en campos de conciencia más sutiles. Pero, en parte, llevas razón. Hay que tener en cuenta que en esta meditación con ocho etapas podemos distinguir entre los cuatro primeros niveles, en los que todavía hay "formas" y "percepción" de formas o de contenidos de la conciencia, y los cuatro últimos niveles que son "amorfos", sin forma, al haber trascendido toda forma concreta. Es en estos últimos donde la mente se siente perdida, sobre todo al querer comprender conceptualmente, cuando se trata de estados transconceptuales. En los primeros hay todavía pensamientos y emociones, cada vez más sutiles, cada vez menos ruidosos, siendo la calma y la serenidad cada vez mayores. Hay que tener en cuenta que cada etapa es un logro importante. Ya en la tercera etapa se instala en el meditador una notable ecuanimidad, más allá de los movimientos emocionales y mentales. Una ecuanimidad que al mismo tiempo destaca por su lucidez.

Podría decirse que al pasar el cuarto *jhana* trascendemos el campo de lo psíquico y entramos en lo que podríamos denominar realidad espiritual, sin-forma (*a-rupa*), campos de luz intensa, desconocidos para la mente habitual, ilimitados, pues solo la forma puesta por la mente limita lo infinito. Por eso, el elevado quinto *jhana* es el que permite experimentar la infinitud del espacio. Un espacio interior, un espacio psíquico (sin contenidos ni procesos, por tanto, quizás pueda considerarse un espacio espiritual). La sexta etapa intensifica la lucidez de la conciencia y el espacio se revela todo él consciente, el espacio infinito es el espacio de la conciencia (in-espacial, in-finita).

El desconcierto mayor de la mente surge probablemente cuando oye, al entrar a la séptima etapa, hablar de "la nada". La percepción se ha sutilizado tanto que ya no se percibe nada. Ni espacio, ni lo que hasta entonces concebíamos como conciencia.

Pero esa profunda nada, ese gran vacío, que la mente interpreta en sentido negativo, ni es meramente negatividad ni es el final del trayecto. La octava etapa se describe como "ni percepción ni no-percepción". Ciertamente paradójico. Ciertamente desconcertante. Ni ser ni no-ser, más allá del ser y del no-ser. Indecible. Impensable. Inefable.

Todavía sigue el desconcierto con la continuación de un no-estado que se halla más allá de las ocho etapas y que se describe como el cese, la cesación (*nirodha*, el término empleado en la Tercera Noble Verdad y el mismo que emplea Patañjali al comienzo de los *Yoga-sutras*) de toda percepción, algo así como la visión desde la sabiduría (*prajña*) que permite la liberación y el desapego de todo lo mundano. Quizás identificable con el *nirvana*. ¿Fue algo así el proceso experimentado por Sakyamuni bajo el árbol *bodhi*?

P.: Ahora que mencionas el nirvana, *me gustaría saber cómo se entiende esta palabra tan importante en el budismo y si todos la entienden igual.*

R.: Volvemos al corazón de la paradoja budista, en esta ocasión de la mano del término *nirvana* (*nibbana* en pali). En efecto, estamos ante el valor supremo, la meta última, el sentido final del camino budista y de la enseñanza del Buddha. Etimológicamente, el término significa algo así como "extinguirse", utilizado en expresiones como "el extinguirse de una llama". Esto ha llevado a interpretaciones nihilistas que insistían en que el Buddha no había afirmado nada positivo del *nirvana*. Pero no es así. Ya en el Canon Pali encontramos multitud de referencias al *nirvana* que son claramente positivas. Así, por ejemplo, se dice de él que es "el estado supremo de sublime paz". No solo eso. Si "paz" se ve como ausencia de conflicto o de guerra (en este caso interna, psíquica), hay que decir que también es descrito como "la dicha más elevada" (*paramam sukham*). Paz y gozo suponen la cesación de todo sufrimiento. Así es descrito en muchas ocasiones: *nirvana* es ante todo el fin de toda sensación de carencia, de toda insatisfacción, de toda angustia, de todo sufrimiento. *Nirvana* es lo único Incondicionado, Inmortal, Trascendente (*bikkhu bodhi*).

Es cierto que algunos de los primeros orientalistas occidentales, algunos budólogos, especialmente a finales del siglo xix y comienzos del xx, se empeñaron en acentuar la impresión que algunos textos ofrecen del *nirvana* como extinción de todo lo conocido, sobre todo teniendo presente que la persona se descomponía en los cinco agregados que la constituían. Todavía algunos eruditos mantienen dicha interpretación, pero creo que puede afirmarse que no es la más frecuente ni la más autorizada. Y esto ya en el mismo Canon Pali.

Siempre he pensado que el absurdo que implica creer que el *nirvana*, meta última del esfuerzo de los millones de budistas que en la historia han sido, no es sino extinción del sufrimiento, es tan notable que solo esa consideración sería suficiente para inclinarse hacia una interpretación más positiva del *nirvana*. Pero, además, lo encontramos en los textos mismos, tal como se ha citado ya: paz sublime, dicha suprema, incondicionado, inmortal.

Lo que sucede es que Sakyamuni no estaba interesado en la especulación metafísica, sino en la liberación del sufrimiento. Incluso si queremos pensar que su verdadera sabiduría perfecta podía llevarle no a especular sobre las verdades últimas, sino a describirlas por experiencia personal, directa, probablemente tendríamos que acordar que la descripción de lo totalmente distinto de todo lo conocido no es nada fácil, quizás ni siquiera sea posible de manera significativa. *Nirvana* sería realmente inefable, inexpresable. E incluso si pudiera describirse o explicarse de manera perfectamente comprensible para el oyente igualmente iluminado, es fácil aceptar que para quien no ha logrado la experiencia definitiva (que está más allá de toda experiencia, que no es una experiencia más, sino la fuente oculta de toda experiencia, el fundamento abismal de todo fenómeno cognoscible) con toda probabilidad tal descripción-explicación no tendría mucho sentido. No solo por inteligible, sino por poco práctica.

Se ha hablado mucho del "pragmatismo espiritual" del Buddha y el budismo. Esto puede hacerse en un doble sentido. Por una parte sería la muestra del interés soteriológico, salvífico, emancipador, práctico, muy por encima del interés teórico, metafísico, filosófico. Y en ese sentido, todo lo que no sea útil, práctico, eficaz, para la superación del sufrimiento, es algo secundario. Esto lo ilustran muy bien dos de las parábolas más repetidas en el budismo. La primera es la del individuo que ha recibido un flechazo (no amoroso, por supuesto) y está sufriendo intensamente. Al llegar el médico y disponerse a arrancarle la flecha, el sujeto en cuestión le dice que antes quiere saber cuál es el material de la flecha y qué tipo de veneno llevaba en su punta, y quiere saber a qué casta pertenecía quien la lanzó, y quiere conocer los motivos profundos de que eso haya llegado a ocurrir…

El buscador excesivamente teórico es como dicho paciente, el cual ante el médico (el Buddha como médico del alma) se muestra más interesado en conocer cuestiones que verdaderamente son secundarias para su salvación, para evitar su sufrimiento y liberarse de él, que en dejar de sufrir… quizás porque arrancar la flecha también duele.

Esta parábola permite comprender mejor "el silencio del Buddha" ante las cuestiones metafísicas, que no harían sino entretener y retardar la liberación buscada.

La segunda parábola, igualmente célebre, y que ha sido interpretada como muestra del pragmatismo fuerte que veremos luego, narra la situación de una persona que tiene que atravesar un río y no puede hacerlo sin una barca. Construye la barca, o la encuentra al buscarla con interés, y atraviesa a la otra orilla. Pero, una vez cruzado el río, sigue cargando con la barca, con el impedimiento que supone llevarla a cuestas, ahora que ya no la necesita, pues ha cruzado a la otra orilla.

La primera orilla es la del *samsara*, el mundo fenoménico, condicionado, el ciclo de nacimiento-muerte-renacimiento. La segunda orilla es el *nirvana*, lo incondicionado, el ámbito de lo no-nacido, no-devenido, no-hecho. La barca es la doctrina, el marco teórico, la concepción del mundo, el sistema de creencias. Incluida, obviamente, la doctrina budista. Cargar con ella, una vez se ha cruzado a la otra orilla, no es una ventaja, sino un impedimento.

Esto podría interpretarse como que la doctrina budista tiene un valor meramente pragmático, no un valor ontológico ni epistemológico. Funciona para liberarse del sufrimiento, es una buena terapia y poco importa su adecuación a la realidad. Ni siquiera habría que afirmar que las cosas son tal como las dice el budismo. No importaría.

Pero no parece que sea esta la interpretación más correcta. El budismo, a mi entender, no es un "pragmatismo" en el sentido fuerte de negar toda verdad objetiva o reducirla e identificarla con aquello que resulta conveniente y práctico en un momento determinado. En este sentido hay que decir que el budismo está lejos de ser un subjetivismo o un relativismo que niegue la existencia de unas verdades objetivas, con clara superioridad epistemológica frente a otras. De no ser así, no tendría sentido hablar de la omnisciencia del Buddha, ni el ver las cosas tal como realmente son, característica central de la realización budista. El Buddha-Dharma no es una doctrina o una enseñanza más entre otras, cuyo valor no sería mayor que las de sus rivales, sino que hay una clara pretensión de verdad.

Ahora bien, la clave de la parábola de la barca y los límites del pragmatismo implicado se hallaría en la actitud de "apego" hacia las creencias, las ideas, las doctrinas, incluso las budistas. No se trata de que no sea cierto, sino de que el aferrarse a ello no deja de ser una modalidad del "apego" que obstaculiza la liberación. No tener que cargar con la barca significaría, pues, que no hay que apegarse a tales ideas. Esto puede verse con claridad en la manera de "defender" las propias ideas. Sin duda, uno puede, y en ocasiones hasta debe, mostrar sus ideas y sus creencias, explicarlas, formularlas, y hasta defenderlas asertivamente, pero donde la barca estaría de más sería cuando el diálogo se convierte en debate acalorado y el budista se aferra a sus ideas y al "deseo" de mostrar que son más ciertas que las del oponente. Aferrarse a las propias ideas es un síntoma del apego a la idea de yo. Un yo que quiere tener razón, mostrar que tiene razón, vencer en el debate, etcétera. Una mente serena, en calma, que ha cultivado el desapego y la renuncia, renuncia también al deseo ansioso de demostrar que tiene la razón, que se halla en posesión de la verdad. Sabe cuándo conviene hablar y cuándo callar, cuándo es útil la palabra y cuándo el silencio atronador (como el de Vimalakirti).

P.: ¿Hay bastantes libros introductorios sobre el budismo, no? ¿Podrías seleccionar algunos?

R.: A lo largo del capítulo he citado varios de ellos. Si tuviera que elegir solo uno, en primer lugar elegiría quizás el de P. Williams (2002), budista y profesor de budismo durante 20 años. Igualmente logrado, como introducción general, desde una tendencia más próxima al Theravada es el de R. Gethin (1998). Los de E. Conze (1978, 1983) son siempre recomendables. Conze fue durante mucho tiempo uno de los máximos especialistas en el budismo y sus obras –aunque su enfoque no siempre sea compartido– siguen siendo útiles y correctas.

Dos de las introducciones más generales al budismo, relativamente recientes, ambas traducidas al castellano, son la de P. Harvey (1998) y la de D. López (2009). La lectura que llevó a cabo R. Panikkar (1970) del budismo sigue siendo de gran interés y bastante completa.

Ahora bien, para quien se toma en serio la lectura directa de los *Sutras* del Canon Pali, si bien hay presentaciones parciales en castellano, merece la pena consultar las obras en inglés de Walshe (1995), Ñanamoli y Bodhi (2009) y Bodhi (2000; 2003) que recogen las grandes colecciones del *Sutta-Pitaka* del Canon Pali.

Hay dos obras de pensadores católicos, que a pesar de su sesgo cristiano, me parecen interesantes estudios sobre el budismo, especialmente para quienes se acercan a él con la mirada cristiana y con las preocupaciones características de esta tradición religiosa. Una es la de I. Quiles (1997), la otra la de H. Dumoulin (1993).

Una primera aproximación interesante es la de C. Humphreys (1977), quien ofrece una notable selección de textos, de las más diversas subtradiciones dentro del budismo, con algunos comentarios personales.

7. El Mahayana, el *bodhisattva* y la compasión. Los *Sutras de la Prajña-paramita*

Han transcurrido ya unos cinco siglos desde la aparición de Siddharta Gautama, Sakyamuni, el Buddha. Su mensaje, su Dharma, ha cuajado en la India. Las instituciones monásticas budistas han transmitido con fidelidad el Canon Pali, los discursos del bienaventurado, las reglas monásticas, las reflexiones filosóficas que sistematizan su pensamiento. Eso no ha impedido el surgimiento espontáneo de diversas escuelas, a veces en pugna en algunos puntos, sea doctrinales, sea en cuanto a la manera de interpretar y aplicar las reglas de conducta, el código monástico. Actualmente hay una tendencia a identificar el budismo primitivo con la escuela Theravada, que corresponde al sánscrito *sthaviravada* (la doctrina de los ancianos), pero sabemos que no es la única escuela ni el único *vinaya* (código monástico). No menos importante fue la escuela Sarvastivada (la doctrina de que todo existe), con su propio *vinaya*. De hecho, los tibetanos siguen mayoritariamente el *vinaya* del Sarvastivada, cuya escuela recibía también el nombre de Vaibhasika (seguidores del *Mahavhibhasa*, importante "comentario" del siglo II d. de C.). Destacan también los sautrantikas, quienes –aunque sin ordenación propia, por tanto sin código monástico distintivo, lo que hace que generalmente pertenecieran al Sarvastiva-da– no aceptan el *Abhidharma* ni los tratados posteriores al Buddha con la misma autoridad que los *Sutras*. Y opinan que solo existen los *dharmas* presentes, no los pasados y los futuros, como creían los sarvastivadines.

No puede olvidarse la importante presencia del Pudga-lavada, la doctrina que afirma la existencia del *pudgala*, lo más próximo al *atman* del Vedanta, lo cual les valió duras críticas. La "persona" (*pudgala*) existe realmente, como sustrato permanente, como agente moral, como individuo en la ignorancia que puede lograr la liberación y la sabiduría. Los pudgalavadines, al parecer, llegaron a constituir una proporción importante –se ha hablado de unos dos tercios– del budismo indio durante varios siglos.

Finalmente, como posibles precursores del Mahayana (gran vehículo), hay que mencionar a los mahasamghikas, quienes hablaban de la naturaleza supramundana del Buddha y de una correspondiente doctrina supramundana (Lokotta-ravada). Quizás aquí comienza a tematizarse la idea, posteriormente desarrollada por el Mahayana, de que todos los *dharmas*, todas las cosas existentes, carecen de existencia intrínseca. Ello nos conduce a la doctrina de la vacuidad de todas las cosas.

Lo cierto es que alrededor de comienzos de "nuestra" era, poco antes o poco después del siglo ɪ, comienzan a aparecer unos *Sutras* que se atribuyen al propio Buddha. Entre ellos destacan los *Sutras de la Prajña-paramita*, "discursos sobre la perfección de la sabiduría" (o sabiduría perfecta). Conservamos varias versiones, de distinta extensión, de las cuales quizás la más antigua sea la denominada por el número de sus líneas, que eran 8.000. Más tarde disfrutó de distintas ampliaciones, así como de síntesis apretadas que lograron enorme fama y se cuentan hoy entre los textos budistas más leídos y comentados, especialmente el *Sutra del diamante* (*Vajraccedika-sutra*) y el *Sutra del corazón* (*Hrdaya-sutra*).

Si bien probablemente el original era el de 8.000 líneas, hay versiones de 18.000, de 25.000 y hasta de 100.000 líneas.[5]

Cuatro ideas podemos destacar aquí del Mahayana: la vacuidad, la figura del *bodhisattva*, las seis virtudes perfectas, y la compasión como rasgo decisivo del *bodhisattva*.

Si bien la idea de vacuidad (*shunyata*) alcanzará su plena sistematización poco después, con Nagarjuna, ya en los *Sutras* de la perfección de la sabiduría constituye uno de los hilos conductores. Así leemos en la traducción del *Large Sutra de la Prajña-paramita* realizada por Conze: «Todos los *dharmas* son inexpresables. La inexpresabilidad de todos los *dharmas* es su vacuidad. Y la vacuidad no puede expresarse en palabras" (Conze, 1984: 410).

---

5. Está bien explicado en el «Prefacio» de Conze, 1984.

Como insinuábamos anteriormente, vacuidad significa aquí que los *dharmas* no existen en sí mismos ni por sí mismos, no son realidades sustanciales, sino que dependen para su surgimiento de multitud de factores que los constituyen de manera esencial. Su esencia es no tener esencia propia, su entidad consiste en no tener entidad propia. Las cosas no son sustancias sino procesos. Nudos específicos en la red de relaciones que las constituyen. Y esto, como sabemos, incluye al presunto yo, vocablo útil para referirnos a un ser autoconsciente en un momento determinado, pero que ya no significa sujeto sustancial, sino corriente de conciencia, fluir de contenidos mentales, extraño río consciente de sí mismo en su transcurso.

Lo que podríamos llamar la tendencia apofática del budismo, siempre presente, como hemos visto, desde la actitud silenciosa del propio Buddha, se radicaliza en los *Sutras* de la sabiduría perfecta. Lo Real –si es que cabe hablar así– es inexpresable, inefable. No solo eso. Es también y sobre todo "impensable". En ello insiste el *Sutra*: «Porque ese pensamiento es un no-pensamiento, ya que en su naturaleza original esencial es transparentemente luminoso. ¿Qué es entonces este estado de ausencia de pensamiento? Es sin modificación ni discriminación. Es la verdadera naturaleza de todos los *dharmas*. Esto se llama lo Impensable. Y así como eso Impensable es sin modificación ni discriminación, del mismo modo también la forma, y todos los *dharmas* hasta la Iluminación, son sin modificación ni discriminación» (Conze, 1984: 97).

¡Qué lejos queda de la tradición filosófico-científica occidental (no así de la mística, claro está) esta posibilidad de una realidad impensable! Además, vemos la alta valoración de ese "estado de ausencia de pensamiento", que no es "la noche en la que todos los gatos son pardos" –como creía el gran "pensador" que fue Hegel–, sino la "luz clara" más allá de toda "modificación" (los *vrittis* de Patañjali) y de toda "discriminación" (en el sentido de diferenciación, producto del análisis mental). Luz clara de la budeidad, luz clara de la conciencia prístina, que solo una "mente diamantina" puede alcanzar. La mente diamantina es una característica del *bodhisattva*, como expresará el mismo *Sutra* más adelante.

El *bodhisattva* es concebido como un "gran ser" (*mahasattva*) y como "salvador de muchos". En él se ha activado la *bodhi-citta*, la mente del despertar, el anhelo por la liberación (*mumuksutva* decía Shankara en el vedanta advaita), pero no ya solo la propia liberación, sino siempre y al mismo tiempo el anhelo de ayudar a que todos los seres sufrientes se liberen también. La compasión (*karuna*) es la virtud que pasa a un primer plano en el *bodhisattva*. En el budismo dominante en la India, antes de la aparición de esa "motivación superior" que sería la propia del *bodhisattva* del Mahayana, la figura del sabio iluminado es la del *arhat*, aquel que ha despertado, que ha logrado la iluminación, que no tendrá que volver a encarnar en este mundo humano. Después de la figura de quien "ha entrado en la corriente, en el camino", y de quien "solo tendrá que renacer una vez más", el *arhat* es aquel que ya no tendrá que volver más, pues ha alcanzado la preciada liberación.

Frente a esta liberación individual –quizás exageradamente tachada por el Mahayana de egoísta, casi podríamos decir de narcisismo espiritual–, el Mahayana destaca la importancia de la compasión hacia todos los que sufren y eleva a ideal supremo la figura del *bodhisattva*, el cual ya no persigue la iluminación solo para sí, sino al mismo tiempo para todos los demás. Y se compromete, a través del bello "voto del *bodhisattva*" (bello y moralmente sublime), a permanecer en la Tierra, a encarnar una y otra vez, para ayudar a todos los seres sufrientes –reino animal incluido– a liberarse del sufrimiento, a trascender el *samsara*, a recorrer el camino del Buddha (*buddha-yana*), concebido ahora como camino del *bodhisattva* (*bodhisattva-yana*). Y como insistirá el *Sutra del loto*, en realidad, más allá de la diferenciación de vehículos (*sravakayana*, *pratyekabuddhayana*, *hinayana*, *bodhisattvayana*), se trata del vehículo único del Buddha (*ekayana*).

La "generosidad" del *bodhisattva* (generosidad es la primera de las seis perfecciones, como veremos), su magnanimidad, la capacidad de entrega y sacrificio quedan puestas de manifiesto en el siguiente texto del *Sutra* extenso de la perfección de la sabiduría: «Un *bodhisattva* debería producir un pensamiento de este tipo: "por el bien de cada simple ser experimentaré durante cientos de miles de niyutas de kotis de eones los dolores de los infiernos, del mundo animal, del mundo de *Yama*, hasta que estos seres hayan obtenido el Nirvana en el ámbito del Nirvana que no deja nada detrás, que no deja residuo"» (Conze, 1984: 124).

La expresión hiperbólica del texto ("miles de niyutas de kotis de eones" hacen volar la imaginación a un tiempo sin fin, a una duración inimaginable de miles de millones de años, con los correspondientes renacimientos) no debe velar la altura moral de la decisión del *bodhisattva*, dispuesto a sacrificarse por los demás, amigos y enemigos, para "salvarlos" de la ignorancia, de la ilusión y del sufrimiento. Por otra parte, el texto contiene una referencia implícita también a la amplitud del espacio, a la "cosmología multidimensional" propia del budismo. Efectivamente, en la cosmología budista se habla de 32 estados de existencia, clasificables en tres grandes ámbitos: el de la esfera material-sensorial (con 11 planos diferenciados), el ámbito material-sutil (con 16 planos), y el ámbito inmaterial (con 4 planos). Ahora bien, la referencia más frecuente, y a la que se alude aquí, es la que habla de seis reinos de la existencia, que pertenecen al primero de los ámbitos indicados. En el texto citado se mencionan tres de estos reinos: los infiernos, el mundo animal y el reino de *Yama*. Estos tres, junto al reino de los *asuras* (titanes) forman los cuatro destinos peores, donde se experimenta la carencia, la privación, de manera más intensa. Los dos mejores destinos, dentro de estos seis reinos, son el mundo humano y los planos celestiales, donde moran los *devas*.

No olvidemos que el término *deva* se presta a confusión,

pues al inconsciente occidental, profundamente monoteísta, le cuesta pensar en la noción de "Dios" (y como "dios" se suele traducir el término *deva*) sin asociarlo con Ser supremo, perfecto, infinito, único, mientras que los *devas* (en la India, tanto para el budismo como para el hinduismo) no son ni infinitos ni perfectos ni seres supremos; podríamos decir que son entidades suprahumanas, conciencias de gran amplitud y poder, seres luminosos, pero que –especialmente en el budismo– no están liberados ni su conocimiento es total y perfecto. Es más, están sometidos todavía a la rueda samsárica, y más pronto o más tarde volverán a verse encerrados en cuerpos y en ámbitos no tan libres y luminosos como aquellos en los que se encuentran en su etapa dévica. De ahí que el budismo afirme que el Buddha es superior a los *devas*.

Justamente en el Mahayana veremos desarrollarse abundantemente esta cosmología multidimensional y grandiosa, con miles de mundos, con *buddhas* y *bodhisattvas* en algunos de ellos, *buddhas* y *bodhisattvas* celestiales que se convertirán en importantes focos de la devoción popular.

Así pues, con el surgimiento de los *Sutras* Mahayana, vemos desarrollarse la idea de la vacuidad, del *bodhisattva* y de la compasión. Pero todo ello resulta sistematizado mediante la noción del largo "camino del *bodhisattva*" (se supone que durante muchas vidas, muchos eones, desde el despertar inicial de la *bodhicitta* hasta el logro de la budeidad completa y perfecta, más allá de la liberación –ahora revelada como parcial– del *arhat*, el *bodhisattva* ha de esforzarse en el cultivo de las virtudes, hasta perfeccionar cada una de ellas). Las etapas del camino del *bodhisattva* se hacen corresponder a veces con las seis perfecciones (*paramitas*) y cada una de ellas merece un tratamiento detallado, lleno de ilustraciones, tanto de las vidas anteriores del Buddha, narradas en los *Jatakas*, como de la imaginación creativa y simbólica de los comentaristas budistas. Esto sucede de manera destacada en dos de los grandes textos, tremendamente influyentes en la historia del budismo, y especialmente de la meditación budista, como son el *Abhidharmakosha* de Vasubandhu (siglo v d. de C.) y el *Bodhicaryavatara* de Shantideva (siglo viii d. de C.).

No obstante, ya en los *Sutras de la Prajña-paramita*, las seis *paramitas* (perfecciones) desempeñan un puesto destacado. Las traducciones varían según los traductores. Daremos el término sánscrito y algunas de las traducciones más frecuentes:

1. La primera virtud perfecta es *dana*, la generosidad, la capacidad de dar. Esto abarca desde la "caridad" como virtud inicial, por ejemplo, las donaciones que los laicos pueden realizar a los monjes errantes o a la comunidad monástica, hasta la magnánima generosidad del *bodhisattva*, que está dispuesto a sacrificar su *nirvana* para ayudar a los demás, movido por la compasión. En los *Jatakas* encontramos abundantes ilustraciones de esta virtud en

quien se convertiría en el Buddha Sakyamuni, llegando al extremo de ofrecer su cuerpo a una tigresa hambrienta, escuálida, que no podía dar de comer a sus pequeñas criaturas –como veremos en el *Sutra de la sublime luz dorada*–. Ni qué decir tiene que la práctica sincera de las virtudes se supone que genera buen *karma*.

2. La segunda virtud del *bodhisattva* es la perfección de la moralidad (*shila*). Hemos visto que el Óctuple Sendero se podía organizar en tres aspectos y el primero de ellos era, justamente, *shila*, la moralidad, que en ese caso incluye la "recta palabra", la "acción correcta" y la "correcta forma de vida". La vida disciplinada del monje cabe en esta virtud, desgajable en diversos comportamientos, minuciosamente recogidos en las abundantes reglas destinadas a los monjes y las monjas (todavía más en ellas que en ellos), así como, sin ser tan estrictos, las destinadas a los laicos budistas.

3. La tercera perfección es *kshanti*, la "paciencia", la "perseverancia", la "constancia". Sin ella, no es posible llegar muy lejos en el sendero del *bodhisattva*. La búsqueda es larga y, una vez iniciado el camino, no es posible dar marcha atrás. Hay pruebas que soportar, a veces más allá de nuestra comprensión, y sin paciencia y constancia sería imposible alcanzar la meta.

4. La cuarta perfección es *virya*, el coraje, el vigor y la "energía". El *bodhisattva* tiene mucho también de guerrero pacífico, y sin coraje es difícil afrontar muchas de

las situaciones que se presentan. Por ello, el correcto uso de la energía (incluyendo en ello la actitud ante la sexualidad, fuente importante de energía interior) es imprescindible.

5. La quinta virtud budista que el *bodhisattva* tiene que perfeccionar es *samadhi*, la "concentración", la práctica de la "meditación", como medio privilegiado para cultivar la serenidad y como herramienta útil para cultivar la sabiduría. Corresponde a tres aspectos del Sendero Óctuplo: el "recto esfuerzo", la "recta atención" (*samma-sati*) y la "recta concentración o meditación" (*samma-samadhi*). Más tarde tendremos que matizar los distintos tipos de prácticas meditativas en el budismo y dedicarnos a ellos.

6. La sexta y última virtud perfecta, clave de bóveda de la comprensión budista es *prajña,* la "sabiduría". En el sendero de ocho aspectos abarca la "visión correcta", una "concepción de las cosas" adecuada y el "pensamiento correcto". La visión correcta se sobrentiende que es la visión budista. Esto significa que antes de la iluminación propia y antes de alcanzar la sabiduría perfecta, la omnisciencia de un *buddha* completamente iluminado, habrá de comenzar el sendero y sus prácticas con un correcto esquema de las cosas, un sistema de creencias, al menos como hipótesis de partida, propiamente budista, una "fe" (*sraddha)*, que si bien no debe ser ciega ni llamada a perpetuarse indefinidamente, desempeña su papel en el camino budista. Veremos que en ciertas corrientes, como

el amidismo, la fe pasa a un primer lugar, por ejemplo la fe en Amitabha Buddha, el *buddha* de la luz infinita, del cual Avalokiteshvara será *boddhisatva* de la compasión, perteneciendo a la misma familia.

Las seis virtudes perfeccionadas, enfatizadas por el Mahayana, no pretenden ser innovaciones de esta escuela, sino justamente el perfeccionamiento de las virtudes bien conocidas ya en las etapas anteriores del budismo.[6] Lo que sucede es que ahora se trata de llevarlas a su consumación. Podríamos decir –utilizando una terminología y una concepción kantiana que puede aplicarse aquí– que al comienzo la virtud cuesta un esfuerzo, incluso va en contra de algunas partes de nuestra naturaleza, pero es ese esfuerzo y el logro de lo propuesto lo que hacen que la persona que así actúa merezca el nombre de "virtuoso". Ahora bien, llega un momento en que el hábito virtuoso se convierte en una segunda naturaleza, hasta el punto de que la transformación acaecida en la persona lleva a un comportamiento correcto de manera espontánea. Ya no hay que luchar contra nuestra "naturaleza inferior", sino que gracias al proceso de purificación y de disciplina la virtud brota espontáneamente, sin esfuerzo. En este caso, cuando ya no hay contradicción entre el deseo y la voluntad, cuando ya no hay lucha por hacer lo correcto, se ha perfeccionado la virtud, se ha logrado la

---

6.   Se ha ocupado en detalle, no solo de las virtudes, sino en general de la ética budista, Harvey, 2000. Véase especialmente capítulos 3 y 4.

"santidad" (en sentido kantiano), uno se ha armonizado con el *dharma*, fluye con el *dharma*. En otro lenguaje podríamos decir que ya no es el ego el que actúa, sino la voluntad transpersonal a través de nosotros (expresión que recuerda inevitablemente la suprema entrega crística del «hágase, Padre, tu voluntad, no la mía», o aquella otra vivencia paulina de sentir que no soy yo, sino Cristo, quien vive en mí. Pero estos "equivalentes homeomórficos" no deben tomarse como fáciles identificaciones inter-culturales).

La importancia de la *bodhicitta*, la mente del despertar, la profunda intención de alcanzar la iluminación completa, no solo para sí mismo, sino igualmente para todos los seres sintientes, tiene una de sus presentaciones más bellas en la mencionada obra de Shantideva, *Bodhisattvacaryavatara*. A ello se dedica el primer capítulo de esta tan influyente obra. Con sincera humildad comienza Shantideva confesando que nada nuevo podría decir, pues todo lo fundamental ha sido dicho ya en las escrituras budistas, y que en realidad escribe solo para cultivar la *bodhicitta* en su propio interior. Y a partir de ahí comienza un encendido elogio de la "mente del despertar", relacionándola con las seis virtudes perfectas, que constituyen el otro gran tema de dicha obra. Así afirma: «Los poderosos munis que han practicado la contemplación durante muchos eones han visto que esta (la *bodhicitta*) es beneficiosa porque posibilita el que incontables seres alcancen la dicha suprema fácilmente» [8]. Tal es su poder que «una vez ha nacido, en ese mismo instante, incluso aquellos que se hallaban prisioneros en el *samsara* serán llamados "hijos de los *sugatas*", y serán reverenciados por todo el mundo, incluyendo los dioses y los seres humanos» [9]. Y es que la *bodhicitta* «es la especie suprema de elixir alquímico, pues transforma este impuro cuerpo que hemos adoptado en la inapreciable joya del cuerpo del Victorioso. Así pues, abraza firmemente este elixir llamado *bodhicitta*» [10].

Su elogio de la *bodhicitta* no tiene límites, hasta el punto de que «aunque haya cometido las acciones negativas más insoportables, confiándome a la *bodhicitta* seré instantáneamente liberado» [13]. Y señala dos aspectos de la *bodhicitta*, que serán ampliamente tematizados en la posterior tradición budista. Pues una cosa es, ciertamente, el despertar inicial, la intención de partida, la motivación que nos lleva a formular el noble propósito que caracteriza al *bodhisattva*, y otra muy distinta, ya no puntual sino con exigencia de constancia y perseverancia, es el cotidiano ejercitar dicha mente del despertar, sin olvidar el propósito, sin bajar la guardia, sin concesiones al egoísmo, burdo o sutil, que acecha hasta bien avanzado el camino de la iluminación. Por ello, Shantideva distingue entre "*bodhicitta* de aspiración" y "*bodhicitta* de aplicación". «En pocas palabras, debería comprenderse que esta *bodhicitta* tiene dos aspectos: la mente que aspira a la iluminación, y la mente que entra en la conducta de la iluminación» [15]. En cualquier caso, cuando nos referimos a la *bodhicitta* en su totalidad, abarcando ambos aspectos, estamos ante "el tesoro más sublime de la mente", a saber "la intención de beneficiar a todos los seres". Una vez ha nacido en nuestra mente, constituye el asombro más maravilloso, ya que «es la fuente de felicidad de todos los seres, la panacea para el sufrimiento de todos los seres» [26].

Este constante reconocimiento de la mente del despertar, la mente firmemente decidida a la iluminación, propia y ajena, llega a su consumación al terminar el capítulo: «Me inclino respetuosamente ante el cuerpo de aquellos en quienes esta preciosa y sagrada mente ha nacido y que se comprometen a llevar la felicidad incluso a aquellos por quienes han sido dañados. En esa fuente de felicidad me refugio» [36].[7]

En fin, terminemos esta exposición, antes de pasar a la meditación, con algunos textos más del [*Large*] *Sutra de la Prajñaparamita*, textos que comienzan a tener el sabor del Zen, quizás el único sabor común al budismo, y en cualquier caso que nos devuelve, una vez más, al corazón de la paradoja budista. En uno de ellos, leemos la siguiente relación entre la Iluminación, el Sendero y el Buddha: «La iluminación no se alcanza ni a través de un sendero ni a través de un no-sendero. Simplemente la iluminación es el sendero, el sendero es la Iluminación». Y es que, en consonancia con ello: «El Buddha no alcanzó la iluminación, el Buddha es la iluminación, la iluminación es el Buddha» (Conze, 1984: 617).

Inspiradoras palabras, a modo de *koan*, aunque parezca que

---

7. A. Kretschmar (comp. y trad,), Amtzis, J.S. y Deweese, J. (eds.) (2003), *Drops of Nectar: Shantideva's Bodhisattva-caryāvatāra —according to the tradition of Paltrül Rimpoche, with the Commentary by Khenpo Kunpal and with oral explanations by Dzogchen Khenpo Chöga*, págs. 145-155.

estamos escuchando al maestro del soto Zen japonés, Dogen. De golpe, el sendero no lleva a ninguna parte, pues no hay ninguna parte adonde ir. Pero no se trata tampoco, ni mucho menos, de no ponerse en marcha, no cultivar las virtudes y permanecer en una inercia sin-sendero, sin caminar. Eso no lleva sino al estancamiento y la perpetuación del sufrimiento. La meta no está al final del sendero. Está en todas partes y en ninguna. Como aquella esfera (divina, infinita, omnipresente) cuyo centro está en todas partes y la circunferencia en ninguna. Y nuevo *flash* iluminador: «el Buddha no alcanzó la iluminación». No hay nada que alcanzar. Para llegar a lo no-hecho, nada puede hacerse. Para llegar al no-lugar no puede recorrerse ningún camino. El Buddha es la Iluminación. No hay nadie iluminado ni que pueda iluminarse. La Iluminación es lo único que Es. El resto tan solo se mueve en el Devenir. Y el Devenir nunca puede llegar a Ser.

La Iluminación es el Buddha. No hay dos, el Buddha y la Iluminación. No es el Buddha, ser finito, alguien que se ilumina. Solo cuando el Buddha deja de ser, ES.

Meditación

¿Cómo pretender "hacer meditación" después de las palabras leídas? ¿Qué camino pretendemos recorrer? ¿Acaso no consiste la "meditación" en abandonar toda pretensión, en dejar de hacer y dejar ser al SER? ¿Cómo mantener la pretensión de iluminarnos? Solo el ego puede pretender iluminarse. Y el ego no es susceptible de Iluminación. Por su propia naturaleza. El Buddha es la Iluminación. El ego es la no-iluminación.

(Silencio)

El pensamiento diamantino, de la mente diamantina del *bodhisattva*, es un pensamiento "transparentemente luminoso". Piensa ese pensamiento que no es un pensamiento, sino la ausencia de pensamiento. Por eso es transparentemente luminoso.

(Silencio)

El no-pensamiento de la transparencia luminosa es tu mente búdica. Pura serenidad. Calma luminosa. *Samatha*.

(Silencio)

Cultivo de la serenidad. Planta que brota sola, sin jardinero. Mantente atento a su crecimiento. Nada que crecer. Nada que cultivar. Presencia el brillo de tu naturaleza búdica.

(Silencio)

Asiste al despertar de tu *bodhicitta*. En la claridad de tu conciencia en calma, quizás emerja la semilla de la compasión.

(*Silencio*)

Toma conciencia de tu natural egoísmo. Abre tu corazón y siente que es preciso poner fin a semejante egoísmo.

(*Silencio*)

Contempla la planta que ha ido creciendo en tu corazón. Es la compasión. Hacia todo el que sufre. Humano o no. Amigo o no. Conocido o no.

(*Silencio*)

Tu pena, identificándote emocionalmente con el que sufre, no es compasión. Es la ventana empañada que da a la luminosidad radiante de la compasión. No puedes hundirte con él. Así no lo sacarás del río. Os hundiréis los dos.

(*Silencio*)

Generosidad Paciencia Coraje

(*Silencio*)

Saborea la fragancia de la compasión que exhala tu corazón.

(*Silencio*)

Eres compasión en acción.

OM OM OM

Diálogo sobre la meditación

Pregunta: Antes has mencionado dos Sutras *famosos que eran resúmenes del extenso* Sutra de la Prajña-paramita.*¿Podrías decirnos algo de ellos?*
    Respuesta: Sí. Supongo que te refieres al *Sutra del corazón* y al *Sutra del diamante*. El primero, el *Hridaya Prajña Paramita-sutra* es tan breve y constituye una síntesis tan atractiva que podemos leerlo casi en su totalidad, con alguna pequeña eliminación de las repeticiones tan típicas de los *Sutras* budistas. En realidad, no ocupa más de una o dos páginas. Fundamentalmente dice así:

«Mediante la práctica del profundo *Prajña-paramita*, el *bodhisattva* Avalokiteshvara percibió que los cinco agregados eran inexistentes, asegurándose así la liberación de todo sufrimiento.

Sariputra –dijo–, la forma no difiere del vacío, ni este de aquella. La forma es idéntica al vacío; el vacío es idéntico a la forma. Vacías son también la percepción, la concepción, el pensamiento y la conciencia.

Sariputra, el vacío de todas las cosas no es creado ni aniquilado, no es impuro ni puro, no crece ni decrece […] no existen "las

Cuatro Nobles Verdades" como tampoco existen la sabiduría ni el logro. Porque gracias al desapego, los *bodhisattvas* que se apoyan en el *Prajña-paramita* carecen de obstáculos en sus corazones; en consecuencia, no temen, se hallan liberados de los antagonismos y las ilusiones, y alcanzan el *nirvana*.

Todos los *buddhas* del pasado, del presente y del futuro han obtenido la visión completa y la Iluminación perfecta apoyándose en el *Prajña-paramita*, que contiene la fórmula original, la gran luz jamás igualada, la que verdaderamente puede borrar todo el sufrimiento de esta orilla.

He aquí la fórmula: "*Gate, gate, paragate, parasamgate, Bodhi, Svaha*"».[8]

La pregunta que da pie al *sutra* la formula Sariputra, maestro de la sabiduría Hinayana y uno de los discípulos más célebres del Buddha. La pregunta es, justamente, cómo se practica la perfección de la sabiduría. La respuesta corre a cargo de Avalokiteshvara, el *bodhisattva* celeste más conocido, símbolo de la compasión perfecta, cuyo nombre significa "el que mira hacia abajo (compasivamente)". En muchos *sutras* se emplea esta modalidad, el Buddha "empodera" a alguno de los *bodhisattvas* o discípulos avanzados y es como si hablase a través de ellos.

La afirmación central, y al tiempo la más polémica y difícil de interpretar, por más que se repita una y otra vez, es la que

---

8. He utilizado la traducción de Samuel Wolpin. *El sutra del corazón*. Buenos Aires: Hastinapura, 1984.

identifica "vacuidad" y "forma". "Forma" se refiere al primero de los agregados (la forma corporal, física, material), pero
luego se aplica lo que se dice de la forma a los demás "agregados". El problema, obviamente, se halla en el significado de
"vacuidad" (*shunyata*).

La interpretación más frecuente consiste en mostrar que
"vacuidad" no es una cosa, un fenómeno, una realidad positiva, sino un concepto que expresa la carencia de entidad propia,
de autosuficiencia, de sustancialidad, de autonomía. Este anti-
esencialismo implícito en la noción de vacuidad nos lleva a la
identificación de vacuidad con "originación dependiente" (*pratityasamutpada*), poniendo de manifiesto que decir que algo es
"vacío" equivale a decir que depende de causas y condiciones,
sin las cuales no podría ser lo que es, de ahí su dependencia
(de otras cosas igualmente dependientes), su contingencia. Es
decir que "vacuidad" no es un *dharma*, un fenómeno, sino la
ausencia de esencia, de permanencia, de continuidad, de cualquier "forma", de cualquier *dharma*, de cualquier fenómeno.

Esta interpretación se opone a cualquier absolutización de
la "vacuidad", algo que no es tan infrecuente, y que ve en ella
el equivalente de lo Absoluto, siendo en este caso la diferencia con el Vedanta hindú meramente terminológica. Como vimos, algunos textos, ya en el Canon Pali, que hablaban de lo
Incondicionado, lo Inmortal, etcétera. podrían venir en apoyo
de esta tesis. La influyente presentación que D.T. Suzuki hizo
del budismo, especialmente del Zen, participa de esta lectura
que podemos llamar absolutista o positiva de la Vacuidad o

del *nirvana*. También los autores del neohinduismo (Sri Aurobindo, S. Radhakrishnan) y los representantes de la "filosofía
perenne" tienden a apoyar esta tesis. Puede verse en la célebre
obra de A.K. Coomaraswamy, *Hinduism and Buddhism*, y más
brevemente en el siguiente texto de W. Stoddart:

> «Mientras que la mayoría de las religiones hacen hincapié en el
> aspecto "trascendente" de la Realidad fundamental, a saber, el Ser
> supremo o Dios, el budismo, de modo característico, hace hincapié
> en el aspecto "inmanente", a saber, el Estado supremo o Nirvana.
> Sin embargo, el budismo, en su amplitud total, contiene ambos
> aspectos, el inmanente y el trascendente, y reconoce la Realidad
> fundamental a la vez como un Estado supremo (Nirvana) y como un
> Ser supremo (Dharmakaya). En ambos casos, la naturaleza esencial
> de la Realidad fundamental es la misma: absoluta, infinita, perfecta».[9]

Se puede replicar que una cosa es *shunyata* y otra *nirvana*, y que
es aceptable la absolutización del segundo, pero no del primero
–y esta es justamente la distinción que suscribimos y que nos
parece fundamental–, si bien suelen asociarse de modo que la
absolutización de uno suele acompañar a la del otro.

Semejante matización la hallamos de manera muy clara en
un autor como A.H. Almaas, quien ha tematizado cuidadosamente la noción de "vacuidad",[10] al mismo tiempo que la dis-

9. William Stoddart. *El budismo*. Palma de Mallorca: Olañeta, 2011, pág. 15.
10. A.H. Almaas. *The Void: Inner Spaciousness and Ego Structure*. Berkeley: Diamond
    Books, 1996.

tingue de lo que él denomina "la esencia". Bastará el siguiente texto para ofrecer una muestra de su lectura del budismo a partir de su propia experiencia y su propia conceptualización, tal como podemos ver en su abundante obra:

«Los maestros budistas avanzados entienden que el vacío es una transición necesaria hacia la vida de la esencia, del ser. Por eso en el budismo existe el término *Shunya* o *Shunyata* para el vacío, pero hay también otros términos, como la naturaleza búdica, *bodhicitta*, *dharmakaya*, y muchos otros que se refieren a la experiencia de la esencia, y no al vacío. La naturaleza del Buddha se considera nuestra verdadera naturaleza, y no se afirma que sea *Shunyata*. *Bodhicitta* significa la naturaleza o la esencia de la mente. *Dharmakaya* significa ser, el ser absoluto, el ser-en-tanto-tal. Y lo que nosotros llamamos *esencia* es nuestro ser, nuestra seidad».[11]

Postura no por polémica, en el interior del budismo, menos atractiva y sugerente, pues constituye una de las respuestas posibles a la paradoja budista que venimos señalando. Por ello, Almaas, como cabía esperar ya desde el texto anterior, se inclina por una interpretación del budismo según la cual la negación del *atman*, ser o esencia, es una negación metodológica pero no ontológica, podríamos decir. En sus propias palabras:

---

11. A.H. Almaas. *Essence (with The Elixir of Enlightenment)*. York Beach: Samuel Wiser, 1998, pág. 49.

«Generalmente se atribuye al budismo que la creencia en la no-existencia del yo, el vacío, es la naturaleza más profunda de la realidad. La presencia y la existencia de la esencia son negadas por la mayoría de los estudiantes budistas. Pero, como hemos dicho, se trata de una cuestión metodológica, y el budismo no niega la presencia de la esencia o el ser verdadero» [Almaas, 1998: 50].

Un detallado análisis del *Sutra del corazón*, rechazando la absolutización de *shunyata*, puede hallarse en la obra de Donald S. López,[12] quien pasa revista a nueve de los comentarios realizados al *Sutra*, siete por monjes budistas indios (Vimalamitra, Jñanamitra, Vajrapani, Prashastasena, Kamalashila, Atisha y Mahajana), algunos de ellos introductores del budismo en el Tíbet, y dos por monjes tibetanos (Larampa y Gungh-Tang en el siglo XVIII). Podríamos resumir el enfoque de López afirmando que, en su opinión, queda descartada toda posibilidad de absolutización de la vacuidad, queda descartada toda ontologización de la vacuidad. Es una palabra, un concepto, no una realidad. Así, cuando se dice que la naturaleza última de la forma es la vacuidad, esto no significa el carácter de realidad última, absoluta, de la vacuidad. Si se quiere, podría decirse que es la verdad última, en sentido epistemológico, pues desvela que las formas/ fenómenos/*dharmas* son procesos en constante transformación e interdependencia; pero no que es la realidad

---

12. Donald S. López. *The Hearth Sutra Explained*. Delhi: Sri Satguru Publications, 1990.

última, en sentido ontológico, cual absoluto subyacente a todas las formas, Absoluto esencial, permanente, inmutable, respecto del cual toda forma fenoménica no sería sino mera apariencia.

El *Sutra* tiene un final extraordinario, con esa "fórmula mágica", ese *dharani*, ese *mantra*, probablemente el más utilizado en el mundo budista después del *Om mani padme hum*. Difícil de traducir, *Gate, gate, paragate, parasamgate, Bodhi, Svaha*, Wolpin lo hace del siguiente modo: «La sabiduría ida, ida, ida a la otra orilla, ida más allá de ella, Svaha». Y recuerda que *svaha* es una palabra que se emplea al final de una ofrenda, similar al *om*, amén o así sea. Se emplea al final de muchos *mantras* en la India. López lo traduce al inglés así: «*Gone, gone, gone beyond, gone completely beyond, enligthenment*».

Entre los comentaristas se ha debatido abundantemente el sentido de la inclusión de este *mantra* en un *Sutra*, cuando los *mantras* son más propios de los *Tantras*. Por ello, en ocasiones se clasifica el *Sutra del corazón* tanto entre los *Sutras* como entre los *Tantras*.

P.: ¿Y el Sutra del diamante *es tan breve como el del corazón? ¿Su contenido es el mismo?*

R.: No, el *Vajracchedika Prajña Paramita-sutra* no es tan breve, aunque sin comentarios bastarían unas 20 paginitas para exponerlo. En esta ocasión, el interlocutor principal es el venerable Subhuti, quien pregunta al Tathagata, el Buddha, cómo deben vivir y cómo tienen que controlar sus pensamientos los *bodhisattvas* que buscan la Iluminación incomparable. Y pronto comienza la expresión paradójica relativa a la Liberación, diciendo: «Aunque un vasto, incontable, inconmensurable número de seres se han liberado, en verdad nadie lo ha sido. Porque ningún *bodhisattva* que se precie de tal fomenta la falsa idea de un ego (*atmagraha*), una personalidad, una entidad o una individualidad separada».

Muchos seres se han liberado y, sin embargo, nadie lo ha sido. ¿Cómo es esto posible? ¿No se trata de una visible contradicción? No. La diferencia entre la contradicción y la paradoja es que la primera no tiene solución lógica y lo que se afirma es necesariamente erróneo (o "muchos se han liberado" o "nadie se ha liberado", pero afirmar ambas cosas sería insostenible, incoherente), mientras que la paradoja tiene una apariencia de contradicción, pero puede cobrar sentido cuando se explican adecuadamente sus términos (muchas "personas sin-yo" –*selfless persons*– se han liberado, en el sentido de que las corrientes de conciencia que se aferraban a la idea de yo han dejado de hacerlo, descubriendo la naturaleza búdica transindividual que moraba en ellos desde siempre y para siempre, por tanto, "nadie" se ha liberado significa que no hay yoes sustanciales que lo hayan hecho).

El propio Sakyamuni se pone como ejemplo de dicha paradoja. Y le pregunta: «¿Qué piensas, Subhuti, el Tathagata ha conseguido la Iluminación incomparable? ¿Tiene una doctrina para enunciar?». Y Subhuti, como inspirado por la presencia del maestro responde: «Según entiendo el significado de la Enseñanza del Buddha, no existe una Verdad formulada que pueda llamarse Iluminación incomparable. Es más, el Tathagata no tiene una doctrina formulada para enunciar. Porque el Tathagata ha dicho que la Verdad es inapresable e inexpresable. Ni es ni no-es. Este principio informulado es el fundamento de los diferentes sistemas de todos los sabios».

La Verdad (*nirvana*, *dharmakaya*, Buddha Vairocana, la budeidad) es inapresable e inexpresable. ¿Cómo iba a poder apresarse la Verdad, realidad infinita y eterna, más allá de toda condición y toda limitación? ¿Acaso alguna realidad finita, temporal y condicionada podría albergar en su seno lo Infinito, si no lo fuese ya en el fondo de su ser? ¿Puede un pensamiento, un concepto, incluso un sistema completo de ellos, captar lo Impensable? ¿Puede una mente, una razón, una inteligencia, en su obvia finitud aprehender aquello que la trasciende de manera tan inconmensurable? ¿Cómo iba a poder expresarse mediante el lenguaje fragmentario la Totalidad que late en el corazón de todas las criaturas, el *tathagatagarbha*? ¿No resulta reveladoramente evidente la incapacidad de todo juego lingüístico para expresar lo Inefable?

Solo la visión plena de tal incapacidad puede posibilitar la rendición del ego que aspira a comprender con su mente, y de ese modo provocar la apertura necesaria para que, en el claro del bosque, se revele la luz que ilumina toda visión, el silencio que sostiene todo sonido, la vacuidad en la que se desarrolla todo proceso.

Solo más allá de todo pensamiento la mente se halla en puerto seguro: «La mente debe mantenerse libre de cualquier pensamiento que nazca en ella. Si la mente depende de algo, carece de puerto seguro». El puerto solo es seguro cuando las olas han cesado. De otro modo, el barco zozobra constantemente.

El *Sutra* recoge el momento, cientos de eones atrás, en que el Buddha Dipankara, anterior al Buddha Sakyamuni, pronostica que este último –entonces ni *buddha* ni Sakyamuni– se convertirá en un *buddha*.

¿Y qué es lo que ha adquirido un *buddha* al convertirse en *buddha*? ¿En qué consiste lo logrado? ¿Qué añade a su haber, o incluso a su ser? Subhuti, cerca de su propia iluminación, iluminada su lucidez por el ya Iluminado, ha afinado su intuición y pregunta, ya retóricamente: «¿Honrado por el Mundo, a través de la Iluminación incomparable, el Buddha no adquirió absolutamente nada?». Y la respuesta estaba implícita en la sabia pregunta de quien ya había comprendido: «Exacto, Subhuti; no he adquirido ni la menor cosa mediante la Iluminación incomparable. Por eso se llama Iluminación incomparable».

La Perfección no puede conseguir nada más. La Luz infinita (Amitabha Buddha) no necesita ser iluminada. La Verdad se desvela, no se construye. Todo paso hacia lo Impensable nos aleja de Ello. Solo deconstruyendo los constructos mentales, las proyecciones de la mente que intenta comprender, sin comprender que lo Sublime no puede ser comprendido, pues estamos comprendidos en Ello, puede des-velarse lo Sin-nombre y Sin-forma.

«El Tathagata no viene de ningún lado y no va a lado alguno. Por eso es llamado Tathagata». El movimiento –decía Aristóteles– es signo de imperfección. El movimiento es el paso de la potencia (algo que todavía no es algo, pero puede llegar a ser ese algo) al acto. Por eso el *Theós* es Acto puro, igual que es Forma pura (sin Materia, puro Espíritu). Veremos dentro de poco, en el *Sutra del loto*, la propuesta, no muy ortodoxa, pero quizás adecuada, de traducir Tathagata como "el así-siempre-presente", pues más que "ido" o "venido", no viene de ningún lado ni va a lado alguno. Ni movimiento ni quietud tienen que ver con él. Ni ser ni no-ser. Ni es ni no-es, hemos visto poco antes en el mismo *Diamante*. No "es" ninguna cosa, no es nada (*no-thing*) de lo conocido, de lo manifestado, de lo condicionado, del mundo del *samsara*. Pero todavía más erróneo es decir que no-es (en sentido absoluto), como si tuvieran razón los aniquilacionistas y el budismo fuese realmente, pretensión descabellada, un mero "nihilismo" en el peor de los sentidos, con toda la carga negativa con que generalmente se utiliza tal término, sea con un alcance axiológico o con un alcance ontológico, se refiera a los valores o al ser-real. Lo inmutable ni viene ni va. Lo absoluto ni viene de ningún lado ni va a ningún lado. Al menos lo Absoluto-absoluto. Quizás sí lo Absoluto-relativo.

Pero siguen siendo intentos de decir lo indecible, de expresar lo inefable: «Subhuti, las palabras no pueden explicar la naturaleza real del mundo. Solo la gente común, encadenada al deseo, hace uso de este arbitrario método». La insuficiencia del lenguaje hablado es radical. No solo no alcanza a expresar lo Absoluto, el *nirvana*, el *dharmakaya*, sino que tampoco puede explicar la naturaleza real del mundo, de lo condicionado, del *samsara*.

El final del *Sutra* es justamente célebre y múltiples veces citado. Es frecuente la excelsa autovaloración que cada *Su-*

tra hace de sí mismo. Lo veremos llevado a su extremo en el *Loto*, pero ya, aquí, las últimas palabras del Buddha son las siguientes: «Subhuti, alguien puede llenar innumerables mundos con los siete tesoros y entregarlos como limosnas; pero si cualquier hombre bueno o cualquier mujer buena en quien despierta la idea de la Iluminación toma tan solo cuatro líneas de esta Enseñanza, recibiéndolas, reteniéndolas, recitándolas, usándolas y explicándolas para beneficio de otros, esto sería más meritorio».

Grandes méritos se atribuyen a la recitación de los *Sutras*, a su escritura, a su canto, a su transmisión. Pero ¿cómo explicar la Enseñanza a los demás. La respuesta cierra el *Sutra*, con el regocijo de los monjes y monjas que lo escuchan, así como con el gozo de los seres de todos los reinos, que acuden siempre a escuchar las enseñanzas del Tathagata. ¿Cómo explicar el sentido de esta joya, de este *diamante*, a quienes no han tenido todavía acceso a él: «Deberá hacerlo desapegado de las apariencias, apoyado en la Verdad Real» (*bhutathata*, "la inmutabilidad de lo Absoluto", llegó a traducir Ha Shan). Por eso te digo:

«Así habéis de concebir todo este efímero mundo:
Una estrella al amanecer, una burbuja en un torrente,
Un relámpago en una nube estival,
Una vacilante llama, un fantasma, un sueño».[13]

13. Samuel Wolpin. *El sutra del diamante*. Buenos Aires: Hastinapura, 1985.

8. *El Sutra del Loto*, el camino único y la Presencia del Buddha

Entre los *Sutras* Mahayana, aparte de los *Sutras de la perfección de la sabiduría*, en cuyas aguas hemos buceado, destacan algunos cuya importancia no puede exagerarse, pues es enorme. Uno de ellos es el *Sutra del loto* (*Saddharma Pundarika-sutra*). Fue compuesto también entre el siglo I a. de C. y el I d. de C. Sabemos que ya en el siglo III había sido traducido al chino, y al llegar a Japón pronto se convirtió, para muchas escuelas, en la palabra definitiva del Buddha.

Decíamos antes lo frecuentemente que un *Sutra* se ensalza a sí mismo como lo supremo. En el *loto* lo vemos con toda claridad: «A ti te lo digo, soberano de la floración de estrellas: al igual que, por ejemplo, el océano primordial entre el conjunto de las aguas, los ríos y las riberas, así es, igualmente este *Sutra del loto*, que es lo más profundo y lo más grande de las Escrituras predicadas por los buddhas». Y los autoelogios siguen sin límite: «es lo más eminente de los textos sagrados»; es «lo más luminoso entre millones de millones de textos y enseñanzas»; es «el más venerable de los textos sagrados»; es «el rey entre los textos sagrados» (cap. 22).

Como en otras muchas ocasiones, el Buddha se hallaba predicando en el monte del Pico del Águila, rodeado de 12.000 *arhats*, 2.000 discípulos, varios *bodhisattvas*, Indra, Brahma, y multitud de seres de todas las esferas. Había predicado ya un *Sutra* importante del Mahayana, *Los sentidos innumerables*. Y al concluir, se sentó en *padmasana*, entró en *samadhi* profundo y en ese momento «llovieron flores desde el cielo». En ese instante, desde el centro del entrecejo irradió un rayo de luz que iluminó 18.000 mundos en dirección a Oriente. Maitreya, *bodhisattva* llamado a ser el próximo *buddha* en la Tierra, se preguntó cuál era la razón de tal irradiación. Y Manjushri, *bodhisattva* que simboliza la sabiduría perfecta y con su espada corta la oscuridad para que penetre la luz, contestó que creía que se debía a que iba a comenzar a exponer la gran enseñanza, iba a hacer sonar la concha de la gran enseñanza, iba a hacer resonar el tambor de la gran enseñanza, iba a mostrar su sentido profundo.

Uno de los aspectos destacados de este *Sutra* es la insistencia en la noción de los medios hábiles (*upaya-kausalya*). Se trata de la capacidad que tienen los *buddhas* para adaptar su enseñanza al nivel de los oyentes en cada caso. De ahí la diversidad de formulaciones realizadas por el Buddha, de ahí las aparentes contradicciones entre sus distintos discursos. De ahí la necesidad posterior, en la escolástica budista, de distinguir entre la verdad convencional y la verdad absoluta, entre textos que hay que interpretar y textos que sirven de criterio para la interpretación de los demás.

Antes de comenzar su discurso, el Buddha elogia abundantemente «este Dharma, profundo y sublime, difícil de entender». Tanto, que se resiste a predicarlo. Pero Sariputra le insiste, hasta tres veces (como Ananda para que funde la orden de monjas), ante lo cual el Bienaventurado no puede ya negarse y comienzan a fluir sus palabras: «Resulta que yo he expuesto todas las enseñanzas con ayuda de innumerables recursos y parábolas, según era oportuno y apropiado en cada caso». Vemos aquí su referencia a los medios salvíficos de los que los *buddhas* son maestros. En realidad, «este Dharma no se comprende mediante la reflexión discriminadora. Solo los *buddhas* llegan a conocerlo».[14]

Con el Mahayana, como hemos visto, y estamos en uno de los *Sutras* del Mahayana tempranos y más influyentes, se enfatiza el sendero del *bodhisattva*, contraponiéndolo a los senderos budistas anteriores, que son considerados ahora "inferiores" (*hinayana*). Y se distingue entre el *sravakayana*, el *pratyeka-buddhayana* y el *bodhisattvayana*, que sería muy superior a los otros dos, pero que no habría sido predicado al comienzo porque los oyentes no estaban suficientemente preparados.

Una de las originalidades del *Loto* consiste en rechazar la idea de los tres vehículos y enfatizar la del vehículo único del Buddha (*eka-buddha-yana*). «Sariputra, el Tathagata (el Así-Siempre-Presente) predica el Dharma para bien de los seres con

---

14. Sigo la traducción al castellano de Juan Masiá Clavel (trad.). *El Sutra del Loto.* Salamanca: Sígueme, 2009, pág. 80.

la ayuda solamente del único vehículo del Buddha; no hay otros vehículos, ni dos ni tres. Sariputra, el Dharma del conjunto de *buddhas* de las diez direcciones es como este».

Esta idea de un único vehículo, adaptado a las necesidades y capacidades de los oyentes, esta destreza en utilizar las estrategias salvíficas adecuadas a las personas y al momento, recibe una bella y dramática ilustración con la parábola de los niños salvados del incendio. El *Sutra* la cuenta poco después de que el Buddha haya afirmado que Sariputra se convertirá, dentro de algún tiempo, en un *buddha*.

La parábola habla de un hombre rico que ha salido a trabajar y deja en su casa a sus tres hijos pequeños jugando. Cuando vuelve de trabajar, caída ya la tarde, al ir llegando, observa que la casa está en llamas. Inmediatamente los llama para que salgan, pero están tan ilusionados con sus juegos que no le hacen caso, apenas lo oyen. El padre es consciente de que la casa está a punto de venirse abajo, pues las llamas la devoran sin piedad. En el último momento se le ocurre gritar diciéndoles que les ha traído sus regalos más queridos, a cada uno de ellos su sueño preferido, la carroza con caballos que más le gusta a cada uno. De ese modo consigue que salgan corriendo a por los regalos. Poco después se derrumba la casa.

El padre no tenía esos distintos regalos, su afirmación era un "medio hábil", una "estrategia salvífica" para conseguir que saliesen. Una vez salvados les explica la situación: «Entonces los hijos recibieron cada uno una gran carroza, algo inesperado, mucho más de cuanto podían sospechar».

Apenas es necesario comentar la parábola. Ni qué decir tiene que el anciano rico es el Buddha, los hijos son todos los seres sintientes, la casa en llamas es el triple mundo, cuyo sufrimiento a través del *samsara*, del nacer, envejecer, enfermar y morir, acuciados por los tres venenos (la ambición y la codicia, el odio y la ignorancia ilusa), es inmenso.

El propio Buddha ofrece en el *Sutra* la interpretación, aplicada a los tres vehículos y el vehículo único: «Sariputra, así como aquel padre atrajo primero a sus hijos con las tres clases de carrozas, pero luego otorgó a todos por igual una gran carroza magnífica preciosamente adornada y máximamente confortable, y no por eso se le acusará de haberles engañado, así también el Tathagata no engaña cuando predica al principio los tres vehículos para atraer a todas las criaturas y luego las salva a todas mediante el vehículo Mahayana. ¿Por qué? Porque el Tathagata posee sabiduría infinita, poder, intrepidez y el tesoro del Dharma, y es capaz de dar a todas las criaturas el Dharma del Mahayana».

Como vemos, en realidad, el vehículo único es el Mahayana, esto es, el vehículo del *bodhisattva*, como no podía ser menos en un *Sutra* de tal tendencia.

Tal como es habitual en muchos *Sutras*, la explicación en prosa va seguida de la recreación poética de las mismas ideas en verso. En este caso, de manera solemne, tras lo dicho, leemos:

> Sariputra, para bien de todos los seres,
> Mediante esta parábola proclamo el único vehículo del Buddha.

Si sois capaces de escucharme con fe,
Conseguiréis entrar en el Camino de la Iluminación.

Parábola tras parábola, todos ellas profundamente significativas, se suceden en este *Sutra*. No estamos ya ante un *Sutra* breve, como el del *Corazón* o incluso el del *Diamante*, sino que es una importante obra de unas trescientas páginas, rica en contenido y en temas diversos. En otra de las parábolas, el protagonista es un hijo errante acogido más tarde por su amoroso padre, utilizando medios hábiles para atraerlo hacia sí, sin revelar su identidad (búdica, hijo suyo) hasta que aquel esté listo. El padre tiene que vestirse con harapos, como iba su hijo, embadurnarse de mugre, para acercarse de igual a igual a su hijo perdido durante años y ofrecerle quedarse a trabajar junto a él. Solo al final puede revelarle su identidad, ante el rey, los ministros y los nobles: «Habéis de saber que este es mi hijo, el que yo engendré. [...] Ahora el conjunto de todos los bienes que poseo es suyo».

Otra de las hermosas y significativas parábolas se da tras la predicción realizada por el Buddha del futuro de 500 de los discípulos (*arhats*) allí presentes: «todos obtendrán la Iluminación perfecta, todos con el mismo nombre de Irradiación universal». Los *arhats* le dicen que les ocurrió como en la parábola en la que una persona visitó a un amigo suyo, tomaron unas copas y charlaron; en la alegría del encuentro, habiendo bebido un poco más de la cuenta, el amigo visitado, cuya situación económica dejaba mucho que desear, se quedó dormido. Antes de partir, el amigo visitante, para no despertarle, y con el fin de ayudarle «le cosió en el dobladillo de su capa una joya valiosa». Al despertar, el visitado extrañó al amigo, su situación económica fue empeorando todavía más, pasó años malviviendo en la miseria y el sufrimiento. De pronto, un día, vuelve a encontrar a su amigo, quien extrañado por su aspecto le pregunta cómo ha malgastado su fortuna. En la expresión de su rostro puede ver que no había llegado a descubrir lo sucedido. Con gran alegría le revela la existencia de la joya que había depositado en su dobladillo. Así terminó toda carencia y todo sufrimiento.

El *Sutra* no se ahorra la explicación de la parábola, y explica: «Así es el Buddha. Cuando él era un *bodhisattva* nos enseñó y convirtió, inspirándonos el conocimiento completo. Pero nosotros lo olvidamos, no comprendimos y no nos percatamos. Tras haber obtenido el camino de los *arhats*, nos creímos que ya habíamos entrado en el *nirvana*. […] Ahora el Bienaventurado, para hacer que nos percatemos, nos dice: "Monjes, lo que habíais obtenido no es el *nirvana* definitivo. Pero yo he hecho siempre que plantaseis raíces de budeidad. Ahora, mediante hábiles recursos, he desplegado las señales de la Extinción (*nirvana*). Pero vosotros habíais estado imaginando que ya lo habíais logrado". Bienaventurado, ahora sabemos por fin que somos *bodhisattvas* que han recibido el oráculo (la predicción) de alcanzar la iluminación perfecta».

Significativo gesto inclusivista del texto mahayánico que pasa a presentar el *nirvana*/extinción del *arhat* del Hinayana como provisional, no definitivo. En realidad, estaban engañados, pese a su presunta sublime sabiduría. No era la sabiduría perfecta, no era la perfección de la sabiduría. Esta solo es accesible al *bodhisattva*. Ahora, la predicción del Buddha es que, libres ya del último engaño, consistente en creerse plenamente iluminados, sí que están destinados a entrar en la iluminación perfecta. Es decir, en la meta del camino del *bodhisattva*.

No podía faltar, en un texto del Mahayana, la referencia a la vacuidad y la inmersión en el lenguaje paradójico y apofático. Bastará el siguiente texto: «Un *bodhisattva* notable deberá contemplar la vacuidad de todas las entidades, percatándose de que todo, tal cual son en su realidad, son apariencias insustanciales, inmutables, sin arriba ni abajo, ni en movimiento ni en reposo, ni girando ni regresando, justamente como el espacio vacío, como nada, inexpresables, no nacidas, no surgidas, no originadas, sin nombre, sin forma, sin existencia, sin límites ni restricciones. Existen por causas y condiciones, nacen por pensamientos extraviados. Por eso insisto en que el *bodhisattva* contemple el aspecto de los fenómenos tal como se presentan».

En uno de los capítulos cruciales del *Sutra* (según unas traducciones el 16, titulado «La longevidad del Así-Siempre-Presente» –Masiá–, según otras, el 15 y con título traducido como «Duración de la vida del Tathagata» –Tola y Dragonetti–) se recalca la idea de que el Buddha no ha ido a ninguna parte «cuando entró en *nirvana*», sino que se encuentra entre los hombres. ¡Incluso su (idea de la) Extinción –su logro del *nirvana*– es un medio hábil para mayor eficacia en la iluminación de sus seguidores. Algunos textos pondrán de manifiesto la importancia de este capítulo: «Tal es, pues, el tiempo infinito transcurrido desde que realicé el estado de budeidad; mi longevidad alcanza innumerables cantidades de unidades de tiempo incalculable y permanezco perennemente sin desaparecer. [...] Es por el amor a los seres y por la fuerza de mis recursos por lo que declaro que pasaré a la Extinción, y no hay nadie que pueda en verdad acusarme de engaño».

Y en la correspondiente reiteración en verso afirma:

> Con el fin de salvarlos a todos,
> Me manifiesto como extinguido,
> Cual recurso de salvación.
> Pero, en realidad, no me extingo; permanezco,
> No estoy en la otra orilla, sino aquí,
> Entre vosotros, anunciando
> Día a día el mensaje del Dharma.

¡Estrategia decisiva del maestro de los medios hábiles! Su entrada en *nirvana* es también, cómo no, pura apariencia. ¿Adónde iba a ir? La presencia del maestro, en ocasiones, impide el crecimiento del discípulo, como la del padre, siempre presente, impide el crecimiento del hijo. Hay que "matar al padre" (freudianamente), hay que "matar al Buddha" (como en el Zen), hay que despedirse del maestro (como en la escuela), hay que quedarse huérfano, para crecer de manera autónoma, para que la sabiduría sea propia y no del maestro, para que la iluminación sea perfecta y no parcial.

«Pues bien, he aquí que yo,
Padre de todos los seres, curo a cuantos sufren.
Para bien de los engañados
Proclamo que me extinguí
Y me finjo desaparecido.
Pero, en realidad, no es así.
Bien sabéis que habito entre vosotros;
Mas si me vieran a cada instante,
Caerían presa de indolencia o arrogancia,
y apegados a los sentidos, acabarían por mal camino».

Ya prácticamente al final del *Sutra* (capítulo 21 en Tola y Dragonetti, capítulo 26 en Masiá) se entregan seis *dharanis*, seis *mantras* o "fórmulas mágicas", para proteger a los que exponen el Dharma, para proteger a los que leen, recitan, aceptan y observan el *Sutra del loto*.

Quizás, en muchas de las presentaciones occidentales del budismo no nos hemos tomado suficientemente en serio el poder de los *mantras*. Sabemos que su importancia histórica y doctrinal es tal que durante siglos el Mantrayana, el vehículo del *mantra*, ha sido la vertiente más esotérica del budismo. El Vajrayana, como veremos, lo tomó en serio, y es ese mismo vehículo el que en sus orígenes comenzó teniendo tal denominación. Pero, como estamos viendo y seguiremos viendo, la importancia de los *dharanis* y de los *mantras* ha estado presente a lo largo de toda la historia del budismo, muy especialmente desde los *Sutras* Mahayana.

Baste de momento citar lo que el *Sutra* afirma del sexto y último de los *dharanis* entregados, de unas seis líneas (no solo hay *mantras* de una palabra o de unas pocas, los hay largos y muy largos): «Bienaventurado, si un *bodhisattva* alcanza a oír este *dharani*, ha de saber que ahí reside la fuerza de los poderes de Sabiduría consumada».

"Sabiduría consumada" es aquí traducción de Samantabhadra, uno de los *bodhisattvas* celestes relevantes en el Mahayana.

Quizás estas "fórmulas mágicas", al igual que la que vimos en el *corazón* y las que tendremos ocasión de ver, encierren un secreto mayor del que nuestra tradición cultural occidental, sobre todo hoy, tecno-científicamente dominada, esté dispuesta a aceptar. El poder de determinados sonidos, la capacidad transformadora de ciertas vibraciones, de muy específicos sonidos vibrantes, queda fuera de la comprensión teórica y puede revelarse tras la práctica continuada de auténticos *mantras*, entendidos como vibraciones luminosas, con alto poder transformador.

Meditación

En realidad, las palabras recogidas del *Sutra del loto* nos han introducido ya en un clima meditativo. Re-creemos su mensaje. Re-flexionemos su sentido. Acojamos su profundidad. Meditemos sobre ellas en el doble sentido.

Meditación reflexiva en el interior de la meditación silenciosa.

(*Silencio*)

Visión penetrante desde la mente serena.

(*Silencio*)

Saboreemos, pues, las palabras leídas.

(*Silencio consciente*)

Sintamos la presencia de la budeidad.

(*Silencio luminoso*)

Visualicemos al Buddha irrepresentable.

(*Silencio*)

Recordemos que el Buddha está Presente.

(*Silencio magnético*)

Habita entre nosotros.

(*Intensificación del silencio*)

Buddhanusmriti.

(*Recuerdo del Buddha*)

En Presencia del Buddha.

(*El silencio del Buddha*)

Presencia compasiva.

(*Mahakaruna*)

OM OM OM

Diálogo sobre la meditación

Envueltos en el aura amarilla-dorada del Buddha, impregnados de su Presencia amorosa y compasiva, volvemos a tomar conciencia de nuestro cuerpo. Nos sentimos muy presentes en este cuerpo, capaz de reflejar la budeidad. Estamos muy presentes aquí y ahora. Y, lentamente, cada uno a su ritmo, vamos abriendo los ojos –si los teníamos cerrados– y moviendo poco a poco las manos y los pies, tomando conciencia del mundo exterior, con una mirada nueva, con una nueva manera de estar-en-el-mundo.

Pregunta: Al parecer, con el paso del tiempo, el Mahayana se fue imponiendo sobre el Hinayana y la mayor parte del budismo aceptó las enseñanzas de estos Sutras, *pero ¿cómo llegaron a creer –si es que lo hicieron, si es que lo hacen– que eran palabras del mismo Buddha, que los* Sutras *eran auténticos?*

Respuesta: Interesante cuestión. Es cierto que poco a poco, sobre todo en el budismo del este (China, Japón) y en el budismo del norte (el Tíbet, Nepal), se fue imponiendo el Mahayana y hoy lo es una gran parte del budismo, a excepción del llamado budismo del sur (Sri Lanka, Tailandia, Birmania, Corea, en general el Sudeste asiático). El proceso mediante el cual llega a aceptarse y las razones aducidas para presentar los *Sutras* surgidos en torno al siglo I como auténticos son históricamente oscuros y doctrinalmente variados.

La primera reacción y la que puede parecer más lógica y sensata a primera vista es negar que puedan haber sido predicados por el bienaventurado. No se trataría más que de un recurso estilístico y propagandístico para introducir nuevas ideas, algunas de ellas muy extrañas desde el punto de vista de la corriente entonces dominante. Es lo que hizo buena parte del budismo indio al comienzo.

Sin embargo, la fuerza de tales *Sutras* y la sistematización de sus ideas, asumidas por Nagarjuna, Asanga, Vasubandhu y tantos otros, fueron ganando terreno lentamente. Según unos argumentos, el Buddha los había pronunciado en vida, quizás poco antes de entra en *parinirvana,* pero habrían sido conservados ocultos, de un modo u otro (quizás protegidos por los *nagas*, las serpientes, símbolo de sabiduría oculta), hasta que la comunidad estuviera preparada para entenderlos.

Ahora bien, no falta la propuesta, llamémosle más "esotérica", que consiste en afirmar que los *Sutras* proceden del Buddha mismo, pero no porque fueran pronunciados cuando se hallaba en cuerpo físico, en el siglo v a. de C., sino porque después de haberse desprendido de este, el Buddha sigue presente en su "cuerpo sutil", un "cuerpo glorioso", un "cuerpo de dicha" (*sambhogakaya*), y al meditador budista, al monje dedicado, quizás a través de la práctica justamente del *buddhanusmriti*, el "recuerdo del Buddha", mediante una intensa visualización, le puede ser concedida la visión del Buddha, sentirse en Presencia del Buddha, incluso recibir nuevas enseñanzas. Esta práctica, en realidad, no era nueva, sino que era bastante popular desde poco después del *parinirvana* del Buddha. Incluso hay un discurso, el *Pratyutpanna-sutra*, en el que se ofrecen instrucciones para meditar visualizando al Buddha las 24 horas al día durante una semana.

De ese modo podría producirse un proceso de "inspiración", de manera que cabría hablar de verdadera "revelación". Si se quiere, empleando un término hoy sobreutilizado, se produciría una especie de "canalización", pudiendo decir con razón el autor material, el monje en cuestión, de estos *Sutras* que suelen ser anónimos, que el autor era el Tathagata.

P.: ¿Esto no tiene que ver con "los tres cuerpos del Buddha"?

R.: Efectivamente, en varios *Sutras* Mahayana se va a ir desarrollando la idea de los tres cuerpos del Buddha. El *nirmana-kaya* es un cuerpo de "transformación mágica", "el Buddha-en-el-mundo" (Griffiths), muchas veces identificado con el cuerpo físico, material, a través del cual se expresa un *buddha*; en este caso sería el cuerpo de Gotama, el sabio del clan de los Sakya. En segundo lugar estaría el *sambhoga-kaya*, antes mencionado y que suele traducirse como "cuerpo de gozo", especie de *buddha* celeste capaz de aparecerse a los seres humanos desde su "Tierra Pura", su "campo búdico". En cuanto al tercer cuerpo, el *dharma-kaya*, ha recibido distintas interpretaciones. Especialmente en la presentación del *tri-kaya*, los tres cuerpos, realizada por los textos de la escuela Yogacara, el *dharma-kaya* es el Cuerpo de la Verdad, el cuerpo de sabiduría (*jñana-kaya*) del Buddha, la conciencia eterna e incambiante, intrínsecamente radiante. En muchas ocasiones, las interpretaciones absolutistas recogen esta noción como equivalente de la Realidad última, inmutable, eterna (lo veíamos en Coomaraswamy y Stoddart).

Sin embargo, las interpretaciones más antiabsolutistas tratan de mostrar que no tiene por qué entenderse como un principio metafísico último, sino que, traducible como el "cuerpo de la doctrina", o incluso el "cuerpo de los *dharmas*", se referiría, o bien a las cualidades búdicas de un *buddha* (sus *dharmas* como factores que sirven para distinguir a un *buddha* de quien no lo es), o bien al "cuerpo doctrinal" de la Enseñanza, que sería el verdadero cuerpo del Buddha, aquello que no ha perecido, sino lo que sobrevive. Es más, es este "cuerpo doc-trinal" el que sería capaz de conducir a la Iluminación (así lo han argumentado tanto P. Harrison como P. Williams).[15]

15. Paul Williams (with Anthony Tribe). *Buddhist Thought: A Complete Introduction to Indian Tradition.* Londres y Nueva York: Routlegde, 2000.

9. El *Avatamsaka-sutra*: la Red de Indra y el viaje iniciático de Sudhana

El *Avatamsaka-sutra*, el *Sutra del ornamento floral*, es probablemente la escritura más grandiosa, más majestuosa, más brillante, más desconcertante del budismo y quizás una de las cumbres de la literatura universal. No solo su extensión –más de 1.600 páginas en la traducción de Thomas Cleary–, sino también su intensidad hacen de ella una obra única, una obra que exige lectores sin prisa, que se deleiten con las repetitivas, insistentes y multifacéticas descripciones de esta cosmología visionaria que juega con las imágenes de luz y radiación de manera asombrosa, esta *summa* del pensamiento budista, que parece situarse más allá de las rivalidades entre escuelas y ofrecer una síntesis majestuosa y completa de buena parte de las enseñanzas budistas.

Según una leyenda budista –cuenta T. Cleary–, el más completo alcance de la conciencia disponible a la humanidad fue redescubierto por Gautama el Buddha hace miles de años y se sintetizó en el monumental discurso titulado *Avatamsaka-sutra*.

Se compuso probablemente durante los dos primeros siglos de nuestra era. Si el *Sutra del loto* parece haber hallado su máximo éxito en Japón, el *Avatamsaka* encontró una gran aceptación en China. No en vano destaca especialmente la escuela Hua-yan (traducción al chino del término *avatamsaka*, "ornamento floral"), gozando de un enorme desarrollo. Estamos, pues, ante otra de las obras más influyentes del budismo Mahayana.

El Buddha aparece ahora no tanto como un individuo histórico, sino como un Principio cósmico, el Buddha cósmico, Mahavairocana, el Buddha de la Gran Irradiación. Todo el universo, el océano de infinitos mundos, no es sino el Cuerpo del Buddha y campo de juego de la Conciencia pura, radiante, que Él es.

Una de las metáforas célebres del *Sutra* es la de la Red de Indra, símbolo de la inter-relación, la inter-dependencia de todas las cosas, y al mismo tiempo diríase que se muestra una concepción holográfica en la que cada parte contiene la totalidad, la refleja. Cada parte es como una célula de la budeidad, del Buddha, decididamente infinito y eterno aquí, proyectando infinidad de *buddhas* y *bodhisattvas* que iluminan los múltiples mundos. El Buddha es aquí la Realidad de lo real, la Talidad, el Tathagata (aquel que viene de la Talidad).

Esta inmensa obra consta de 39 capítulos, de los cuales dos han tenido una influencia enorme. El libro 26, titulado «Las diez etapas» (algo más de cien páginas), que se ha considerado en muchas ocasiones el fundamento de todas las enseñanzas budistas.

Constituye un intento de integrar las múltiples enseñanzas de los vehículos inferiores y termina con la visión del "ámbito de la realidad", la visión de "todo en uno, uno en todo". Y muy especialmente el libro 39, el último, titulado *Gandavyuha*, "Entrando en la Realidad" (cerca de cuatrocientas páginas por sí solo).

El *Sutra* comienza, como ya sabemos que es habitual, con la exhaustiva descripción de la asamblea reunida en el lugar de la iluminación del Buddha. Cada uno de los presentes se ha interpretado como un aspecto de la Iluminación total. Se narran las liberaciones de muchos de los presentes. Ya desde el comienzo se asume la capacidad del Buddha para exponer la verdad a través de diversos medios (hábiles), enseñando muchas prácticas distintas, para que todos los seres puedan beneficiarse, según sus necesidades, sus potenciales y sus condiciones. Pronto hace su aparición Samantabhadra, el Ser iluminado denominado "Universalmente Bueno" o el "Bien universal", quien presenta la obra de iluminación universal como una ola que se extiende por todos los espacios y todos los tiempos.

No faltan "letanías de fórmulas de concentración", como las denomina Cleary, encapsulando aspectos de la enseñanza de modo mántrico para que la atención pueda centrarse mejor en ellas.

La cosmología visionaria aparece por todas partes en este *Sutra*, con mundos purificados por los votos y las acciones del Buddha Vairocana –como dijimos al comienzo, el aspecto cósmico y glorificado del Buddha histórico–. Mares de agua perfumada, que representan las cualidades virtuosas, flores de gran belleza, que simbolizan acciones que producen sus frutos, impregnan las extensísimas descripciones que en todo momento hallamos en esta grandiosa obra. De modo similar, la enorme variedad de nombres y epítetos del Buddha representan distintas facetas de las cualidades necesarias para la iluminación. Desde los pies del Buddha (Vairocana) irradian luces que iluminan todos los mundos y en cada mundo hay innumerables *buddhas*. Se insiste una y otra vez en la identificación del Buddha con la realidad última, con la "naturaleza trascendental de la esencia del Buddha".

No podía faltar el análisis de las Cuatro Nobles Verdades, ni la ausencia de esencia que caracteriza a todos los fenómenos. Todos ellos son interdependientes, sin naturaleza propia, inherente, sustancial.

Hay que tener en cuenta que ningún resumen, por extenso que sea, puede hacer justicia a este magnificente *Sutra*. La música sutil que suena al leerlo, su carácter mántrico, envuelve al lector en una experiencia inolvidable, si resiste la minuciosidad de las descripciones y las narraciones. Se ha interpretado de múltiples maneras, por ejemplo, resaltando su carácter de modelo para la práctica de la visualización. En una de ellas se visualiza cada célula como una tierra búdica, plagada de adornos –algo que tanto abunda en el *Sutra*– y se visualiza a todos los seres del universo entrando en esas tierras búdicas, dentro de uno mismo, al tiempo que se evocan conscientemente pensamientos de amor y deseos de felicidad para todos los seres. Otra práctica, similar a las que encontraremos en el budismo tibetano, se centra en la visualización de la irradiación lumínica de la infinidad de *buddhas* y *bodhisattvas* hacia todos los mundos.

La magnitud del *Sutra* le permite unificar la enseñanza fragmentada existente en las diversas corrientes budistas y presentar un esquema de 52 etapas de la Iluminación, agrupadas en cinco o seis categorías: las diez moradas, las diez prácticas, las diez dedicaciones, los diez estadios y la iluminación universal. La sexta, cuando se añade, corresponde al grado final de la iluminación sublime.

Estas 52 etapas son recorridas por Sudhana en el último de los libros, el 39.°, «El libro sobre la entrada al ámbito de la Realidad», sintetizando el *Sutra* entero en sus casi cuatrocientas páginas. Este libro, el *Gandavyuha*, circuló durante mucho tiempo, y sigue haciéndolo, como *Sutra* independiente, y hay un acuerdo unánime en que constituye el cierre apoteósico y de incomparable belleza de todo el *Avatamsaka*. Entre los múltiples comentarios que recibió en China hay que destacar el muy erudito de Zhengguan y el más sensible al simbolismo y al mismo tiempo más vivo y vibrante de Li Taongxuan. En ambos se basó Cleary para realizar su lograda traducción al inglés.

Acompañemos, pues, a Sudhana en su peregrinaje a través de 52 maestros, de distinto tipo, monjes y laicos, hombres y mujeres, hasta llegar a la Iluminación completa. El primer maestro (y también lo será el último), quien le sugiere la peregrinación en pos de la sabiduría, es nada menos que Manjuhsri.

Los diez primeros maestros le enseñan las llamadas "diez moradas". Curiosamente, se explican de manera muy distinta a como se hace en el libro 15. Y se van desgranando las características de cada morada. Los diez maestros siguientes instruyen a Sudhana en las "diez prácticas", que se habían descrito ya en el libro 22.

De los diez maestros siguientes, Sudhana aprende las "diez dedicaciones", descritas ya en el masivo libro 25. Los diez siguientes maestros presentan a Sudhana las "diez etapas", expuestas en el libro 26. Los siguientes diez maestros representan la práctica del Bien Universal. "Universalmente Bueno", el nombre del sobrenatural *bodhisattva* Samantabhadra, que representa la manifestación activa de la totalidad de toda práctica iluminadora, es el benefactor n.º 53 y el último de los visitados por el peregrino Sudhana. Estos maestros del 11.º estadio transmiten diez aspectos importantes de esta totalidad.

El 51.º maestro es Maitreya, el Amoroso Maitreya, el que se cree será el próximo Buddha en la Tierra. El Cielo de la Satisfacción (Tushita), donde la personalidad superior de Maitreya espera su encarnación en la Tierra, se describe ampliamente en los libros 23 y 24 y ahora el encuentro de Sudhana y Maitreya se describe con la misma grandeza. Finalmente, Maitreya lo manda a Manjushri, quien fue el primero en enviarle a esa peregrinación, y que se convierte ahora en su 52.º benefactor. A su vez, Manjushri, llevando a Sudhana más allá del espacio y el tiempo, le ilumina con la luz del conocimiento infinito y le conduce a la práctica del Bien Universal. La visión de Samantabhadra, el *bodhisattva* Universalmente Bueno, conduce a Sudhana al último grado de la experiencia de Iluminación.

El último capítulo del último libro describe la visión cósmica de Samantabhadra, así como la fusión del peregrino con el ser total de Samantabhadra y la realización final de la Iluminación.[16] Acompañemos más de cerca a Sudhana, para vivir con él su despertar.

Nos hallamos reunidos en Sravasti, en el jardín de Anathapinda, junto al Bienaventurado y 5.000 seres iluminados, entre ellos destacan Samantabhadra y Manjushri, pero también otros muchos, como "Corona de Joyas", "Luz diamantina", "Esplendor radiante", así como otros 5.000 seres con extraordinarios poderes. Sudhana es enviado por Manjushri de *bodhisattva* en *bodhisattva*, para que le enseñen. Cada uno está situado en su ambiente social, varios reyes, un joyero, un renunciante, de las más diversas profesiones, y todos ellos enseñan a miles de seres de todas las dimensiones y le explican a Sudhana cómo hacen el bien, empleando medios hábiles. Hay docenas y docenas de personajes luminosos que enseñan el *dharma* a cientos de miles de seres de las diez direcciones. Sudhana se dirige respetuosamente a cada uno de los *bodhisattvas*, a quienes no siempre resulta fácil hallar, y tras escucharles, ver su esplendor, contemplar las multitudes que se agolpan para oír sus palabras, cada vez les dice lo mismo:

«Oh tú, noble entre los nobles, he tomado la firme decisión de encaminarme hacia la perfecta y suprema iluminación, pero no

16. Véase el esclarecedor comentario de Li Tongxuan en Cleary, o.c., págs. 1.545-1.627.

sé cómo emprender la práctica de los *bodhisattvas*. He escuchado que tú ofreces instrucciones a los seres que se hallan en vías de iluminación. Así pues, por favor, dime cómo emprender y consumar la vía de los bodhisattvas».

Y comprendiendo su sinceridad y el punto evolutivo en el que se halla, ellos explican sus avances, sus poderes, sus hazañas, su sabiduría, sus medios hábiles, su especificidad. Así por ejemplo, la monja Sinhavijurmbhita le responde:

«He alcanzado la liberación iluminadora que consiste en eliminar todas las vanas imaginaciones. Sudhana le preguntó sobre la esfera de esa liberación, y ella dijo: "Es la luz del conocimiento cuya naturaleza consiste en la visión instantánea de los fenómenos del pasado, del presente y del futuro". Sudhana le preguntó acerca del alcance de esta luz del conocimiento, y ella respondió: "A medida que entro y salgo por la puerta de esta luz del conocimiento, nace en mí una concentración llamada 'poseedora de todos los fenómenos', y gracias al logro de esta concentración voy a todos los mundos en las diez direcciones con cuerpos producidos mentalmente, para presentar mis ofrendas, tan numerosas como la cantidad de átomos que hay en indecibles tierras búdicas, con tantos cuerpos como hay en las incontables tierras búdicas, para enseñar a los seres-en-vías-de-iluminación (*enlightening beings*, traduce Cleary) que se hallan en los cielos de la satisfacción y están destinados a alcanzar la budeidad en una sola vida más"».

Otra de las maestras es Vasumitra, sobrepasando en belleza a las diosas. Los ignorantes temen que Sudhana se sienta atraído sensualmente por su belleza; los conocedores saben que busca su sabiduría. Preguntada por él, exclama:

«He logrado una liberación-iluminación llamada "completamente desapasionada". Aparezco ante los *devas* según sus inclinaciones y sus intereses, aparezco bajo la forma de una diosa de insuperable esplendor y perfección; y aparezco también ante todos los demás tipos de seres bajo la forma de una mujer o una hembra de su especie [...]. Y a todos los que vienen a mí con sus mentes llenas de pasión les enseño para que se liberen de la pasión. Aquellos que han escuchado mis enseñanzas y logran el desapasionamiento consiguen una concentración iluminadora llamada "el ámbito del desapego". Unos alcanzan el desapasionamiento nada más verme, y logran una concentración iluminadora llamada "el deleite en el gozo". Otros alcanzan el desapasionamiento tan solo hablando conmigo, y logran una concentración iluminadora llamada "tesoro del sonido sin obstáculos". Algunos alcanzan el desapasionamiento con solo tomar mi mano, y logran una concentración iluminadora denominada "la base para poder ir a todas las tierras búdicas". Todavía otros alcanzan el desapasionamiento simplemente estando conmigo, y logran una concentración iluminadora llamada "la luz de la libertad respecto de toda atadura". Otros logran el desapasionamiento con solo mirarme, y alcanzan una concentración iluminadora llamada "la expresión tranquila" [...]. Todos aquellos que vienen a mí quedan establecidos en esta liberación iluminadora del desapasionamiento definitivo, en el umbral de la etapa de la omnisciencia ilimitada».

Vasumitra sigue desgranando los distintos medios hábiles que emplea para transformar el apasionamiento enceguecedor en desapasionamiento iluminador. Hay quien se ilumina también al abrazarla, y otros al besarla. En su comentario, Li Tongxuan explica el simbolismo encerrado en tales expresiones. Así, el tomar su mano significa buscar la salvación, el mirarla quiere decir ver la verdad, abrazarla simboliza el no separarse ya de lo que ella representa, y el besarla significa recibir instrucción (pág. 1.600).

Vasumitra dice a Sudhana que vaya a ver a Veshthila y después de mostrarle sus respetos y pedirle enseñanza, Veshtila le dice: «He alcanzado la liberación llamada "finalmente no extinguido". Desde mi perspectiva, ningún *buddha* en ningún mundo se ha extinguido realmente, ni lo ha hecho ni lo hará, excepto como una estrategia docetista. Cuando abrí la puerta del altar del Buddha Trono de Sándalo, logré una concentración iluminadora denominada "la manifestación del infinito linaje de los *buddhas*". En cada momento entro en esta meditación, y cada instante comprendo muchos tipos de excelencia» (pág. 1.273).

¡Excelente manifestación de la no-extinción, de *nirvana* con mantenimiento de la individualidad espiritual, podría pensarse, esa aparente extinción como medio hábil para que los devotos no se apeguen perezosamente a su presencia, tal como insinuaba el *Sutra del loto*! Aquí se habla de la aparente extinción como de una estrategia docetista, es decir, que la aparición y la desaparición del Buddha, tal como la escuela Mahasamghika había comenzado a plantear, no son más que un juego ilusorio, una estrategia salvífica. Y es que obviamente, el Buddha eterno, el Buddha infinito que ilumina todos los sistemas de mundos trasciende con mucho a todos los *buddhas* históricos. El texto sigue diciendo que al entrar en concentración ve a todos los *buddhas* del pasado, a todos los *buddhas* de este sistema-de-mundos, a todos los *buddhas* del futuro, comenzando con Maitreya.

El próximo maestro de Sudhana en este largo peregrinaje es Avalokiteshvara quien le revela: «Conozco una práctica de iluminación denominada emprender sin demora la gran compasión». No podía esperarse otra cosa del *bodhisattva* de la compasión, el cual reconociendo el avance espiritual de Sudhana le envía a Ananyagamin, quien al llegar de un cielo del Este y posar su pie en la Tierra ilumina toda la Tierra y oscurece el Sol y la Luna con su esplendor.

Y así, peripecia tras peripecia, cada uno le va hablando de su liberación y enviándolo a nuevos maestros y maestras. Una de estas es Samantagambhirashrivimalaprabha. Después de presentarle sus respetos y declararle sus intenciones, ella le dice:

«He alcanzado la liberación iluminadora "gozo de la meditación tranquila que va audazmente a todas partes". Mediante ella veo a los *buddhas* del pasado, el presente y el futuro, y entro en sus oceánicas congregaciones, sus oceánicas proyecciones a través de la concentración, sus oceánicos esfuerzos en el pasado, y los océanos de sus nombres. Comprendo también las diferencias de los ciclos de enseñanza de esos *buddhas*, la variedad de sus períodos de existencia, las diferencias en sus voces, y su encarnación del ámbito infinito de la realidad. Sin embargo, no me apego a esos *buddhas* en términos del estado de ser. ¿Por qué? Porque esos *buddhas* no van, tras detener todos los cursos mundanos de acción; no vienen, a causa del no-devenir de la naturaleza intrínseca; no están presentes, pues físicamente son iguales a la naturaleza no-originada de la realidad; no se han extinguido, estando caracterizados por la no-originación; no son reales, pues transmiten la visión de los fenómenos como ilusorios; no son falsos, pues llevan a cabo el bienestar de todos los seres; no pasan de una condición a otra, pues están libres de muerte y nacimiento; no perecen, debido a la imperecedera naturaleza de las cosas; son uniformes, pues están más allá de todos los tipos de discurso; son sin-forma, pues están hechos con las formas y naturalezas de las cosas» (pág. 1.296).

Valga este fragmento como ilustración de los pasajes en los que se sintetizan muchas de las enseñanzas budistas centrales, ejemplificando la visión de los *bodhisattvas*. Es más, podría decirse que el *Avatamsaka-sutra* es un intento de representar cómo es el mundo visto por un *buddha*.

Y siguen hasta diez "diosas de la noche", llegando hasta la diosa de la noche Samantasattvatranojahshri, quien le va contando cómo llegó a la iluminación, remontándose a miles de eones antes, narrando varias vidas, cuando era hermosa hija de unos reyes, con apariciones de *buddhas* en distintas edades, dándole enseñanzas. Sería uno de los fragmentos que podría tomarse como bello ejemplo significativo del estilo y el contenido. En su comentario, Li Tongxuan interpreta su simbolismo; por ejemplo: «Los *buddhas*, numerosos como átomos, representan los frutos del conocimiento alcanzados a lo largo de la práctica progresiva. El rey nacido de un loto representa el conocimiento que ya no conoce la ilusión. La princesa, que es la propia diosa de la noche, simboliza la unión de sabiduría y compasión [...]. Cuando el conocimiento es completo y la praxis abarcadora, la propia mente es como el Buddha, todos los actos son como los del Buddha, todas las intuiciones son como las del Buddha, nada de lo existente en todos los mundos, en las diez direcciones es otra cosa que no sea el Buddha. Ver cualquier cosa o a cualquier ser como distinto del Buddha es una visión errónea».

Hay una constante en muchas de estas etapas y estos encuentros con mujeres sabias. Cuando Sudhana les pregunta cuándo lograron su iluminación, ellas le cuentan una historia de un pasado remoto, en la que una joven asiste a algún momento de la historia de un *buddha* del pasado, recreando la situación, y al final le revelan que esa joven era ella misma en una vida anterior; a veces es cuando se despierta al camino, otras cuando se logra la iluminación.

Otra diosa de la noche a la que tiene que visitar es Sutejomandalaratishri, quien asistió al nacimiento de un *buddha* remoto, en una antigua tierra, y desde entonces ha asistido al nacimiento de muchos *buddhas*, y ha servido a todos los buddhas. Habla de diez tipos de nacimiento a través de los cuales los *bodhisattvas* nacieron en la familia de los *buddhas*. Y narra el nacimiento de Vairocana Buddha como Siddharta Gotama en Lumbini:

> «Entonces, cuando Maya (madre del Buddha Vairocana-Shakyamuni) salió de la ciudad de Kapilavastu, diez augurios de gran luz aparecieron en este bosquecillo de Lumbini, creciendo así en incontables seres el fervor del gozo de la visión de la enseñanza de la omnisciencia».

Y va describiendo la grandeza del proceso, hasta el momento en que nace el Buddha:

> «Entonces, cuando Maya se apoyó en la sagrada higuera, los regentes de todos los mundos, los dioses y las diosas de los diez ámbitos del deseo, los dioses y las diosas del ámbito de la forma, y todos los demás seres que allí se habían reunido para realizar ofrendas al *bodhisattva*, quedaron bañados en la gloriosa radiación del cuerpo de Maya, y todas las luminarias del universo de billones de mundos quedaron eclipsados por su luz. Las luces que emanaban de todos sus poros no eran rechazadas por las otras luces y extinguieron todos los sufrimientos de los infiernos, de los reinos animales, de los ámbitos de los espíritus fantasmales. Este fue el primer milagro relacionado con el nacimiento del *bodhisattva* en el bosquecillo de Lumbini».

Y le envía a la siguiente diosa de la noche, Gopa. Bellas páginas entre Sudhana y Gopa. Es como si Sudhana hubiera ido desarrollándose espiritualmente y así es reconocido por Gopa, quien le recibe con elogios por su actitud. Y, entre otras cosas, le dice:

«Hay diez cosas mediante las cuales los seres-en-vías-de-iluminación realizan esta iluminadora práctica, la luz del conocimiento total, en cuanto red cósmica de la inter-relación de todos los seres. ¿Cuáles son esas diez?: la asociación con amigos espirituales superiores; el logro de una gran devoción; la pureza de una sublime buena voluntad; un estado mental basado en la virtud y el conocimiento oceánicos; el escuchar las grandes enseñanzas de los *buddhas*; el asociarse con un dedicado pensamiento a los *buddhas* del pasado, el presente y el futuro; el seguir las prácticas de todos los seres iluminados por igual; el lograr el empoderamiento de todos los *buddhas*; la pureza de intención, de naturaleza ampliamente compasiva, y el logro del poder básico de la mente para detener todos los círculos viciosos. Logradas estas diez cosas, los seres-en-camino-de-la-iluminación realizan esta práctica iluminadora, como la red cósmica de la inter-relación de todas las cosas, irradiando un conocimiento total».

Iluminación del conocimiento total radiante, equivalente al conocimiento de la Red de Indra, símbolo de la interrelación de todas las cosas. *Pratityasamutpada*. Contingencia de todo lo que existe, relatividad radical, correlacionismo universal, originación codependiente.

¿Qué liberación ha alcanzado Gopa? Estas son sus propias palabras: «He alcanzado una liberación iluminadora cuya esfera es la observación del océano de concentraciones de todos los seres-en-proceso-de-iluminación». Y Sudhana le pregunta cuál es el alcance de esta liberación. A lo cual responde Gopa:

«Habiendo alcanzado esta liberación, penetro en tantas épocas de este mundo como átomos en incontables tierras-búdicas, y conozco a todos los seres en todas las condiciones de existencia, y conozco todas las muertes y nacimientos de esos seres, sus desarrollos, sus realizaciones, la variedad de resultados de sus acciones; sé todo lo que hacen –lo bueno, lo malo, lo que no conduce a la liberación, lo cierto, lo incierto, lo erróneo […] lo basado en lo bueno, lo no basado en lo bueno […]. Conozco los océanos de nombres de todos los *buddhas* en esas épocas tan numerosos como átomos en incontables tierras búdicas; conozco los océanos de inspiraciones iniciales de esos *buddhas*, los caminos que recorrieron hacia la omnisciencia…».

Y más tarde, tras largas descripciones de ese conocimiento alcanzado, Sudhana le pregunta cuándo alcanzó esa liberación. Y una vez más comienza una bella historia del pasado, en este caso una historia de amor entre una hermosa joven, hija de la cortesana con la que se había casado un rey, y un príncipe apuesto y virtuoso, hijo de tal rey. Se suceden abundantes poemas de amor espiritual, con descripción de las virtudes de ambos, a cargo de los tres: madre, hija y príncipe. La joven alaba al príncipe, física y espiritualmente, y se ofrece totalmente a seguir su camino, como esposa suya, dispuesta a hacer todo lo que él desee, a practicar con él, a soportar cualquier prueba. Hermosas páginas que me han hecho recordar el encuentro entre Savitri y Satyavan en el magno poema de Sri Aurobindo. Baste este pequeño botón de muestra de la promesa de lealtad de ella hacia él:

> «Incluso si mi cuerpo tuviera que arder hasta la muerte
> En las llamas del infierno
> Lo soportaría durante miles de vidas
> Como tu compañera en la práctica.
> Incluso si vida tras vida durante vidas interminables
> Mi cuerpo fuera cortado a trozos
> Lo soportaría con una mente firme
> Si tú fueras mi compañero…».

Después de Gopa, que es el n.º 40, sigue la peregrinación a través de benefactores espirituales y amigos espirituales, *bodhisattvas* y maestros, por Maya, Surendrabha, Vishwamitra, Shilpavijña, Bhadrottama, Muktasara, Succhandra, Ajitasena, Shivaragra, Shrisambhava y Shrimati, estos dos últimos juntos, y le mandan a Maitreya, que hace el n.º 51. Hay aquí –como en la mayoría de ellos– páginas densas e inspiradoras, por ejemplo, la descripción que se hace de la morada de los iluminados.

Finalmente, aparece Maitreya y comienza un largo elogio a Sudhana, quien ha avanzado mucho en todo este proceso. Un breve ejemplo: «Esta es la morada de aquellos que se hallan en el estado de vacuidad, de sin-señales y sin-deseo; esta es la morada de quienes se hallan en el estado de no-conceptualización de todas las cosas, quienes se encuentran en estado de unidad del cosmos, quienes moran en el estado de inapresabilidad del ámbito de los seres, de aquellos que se hallan en el estado de no-originación de todas las cosas, de aquellos que moran en el estado de no-apego hacia todos los mundos» (págs. 1.454-1.455).

Y ejemplo del elogio de Maitreya a Sudhana:

«Bienvenido, hijo de la compasión y el amor, universalmente amable.

Bienvenido, oh tú de ojos serenos, que no desfalleces en la práctica.

Bienvenido, puro de corazón, de mente incansable.

Bienvenido, tú de fuertes sentidos y que no flaqueas en la práctica».

El discurso de Maitreya sigue largamente, hasta que entra en escena Manjushri. Varias páginas se dedican a elogiar la aspiración (en ocasiones se habla de determinación) a la omnisciencia. Por ejemplo: «Así como millones de lámparas pueden ser encendidas por una sola lámpara sin que esta se apague ni disminuya porque todas las otras lámparas tomen su fuego de ella, así de la lámpara única de la aspiración a la omnisciencia han sido encendidas las lámparas de aspiración a la omnisciencia de todos los *buddhas* del pasado, el futuro y el presente, y sin embargo la única lámpara de la aspiración a la omnisciencia no se ha agotado, y arde, sin ser disminuida por las luces de las lámparas de la aspiración a la omnisciencia que proceden de ella».

Más adelante, Sudhana entra en la torre en la que se halla Maitreya y ve multitud de vidas de Maitreya y lo que ha hecho en cada una de ellas.

Después se habla de la liberación propia de Maitreya, y él mismo dice: «Esta liberación se denomina el *sanctasantórum* de las manifestaciones extraordinarias del recogimiento que penetra en el conocimiento de todos los objetos del pasado, el presente y el futuro. Y un ser-en-camino-de-la-iluminación convencido de que logrará la iluminación en una vida logra indecibles liberaciones como esta».

Se va preparando la aparición de Manjushri, y Maitreya realiza un encendido elogio del primero. Así: «Ahora, vuelve a Manjushri y pregúntale cómo un ser-en-camino-hacia-la-iluminación tiene que aprender y emprender la práctica de los *bodhisattvas*, entrar en la esfera de la práctica universalmente buena, comenzarla, llevarla adelante, expandirla, seguirla, purificarla, entrar plenamente en ella y realizarla. Él te mostrará al verdadero benefactor. ¿Por qué? El de Manjushri es el mejor de los votos de miles de millones de *bodhisattvas*; amplísimo es el resultado de la práctica de Manjushri; inmensurables son las realizaciones de los votos de Manjushri; Manjushri es la madre de miles de millones de *buddhas*; Manjushri es el maestro de miles de millones de *bodhisattvas*; Manjushri es la perfección de todos los seres».

Sudhana muestra sus respetos a Maitreya, el *bodhisattva*, y continúa su camino. Más de ciento diez ciudades tiene que pasar para buscar a Manjushri, y llega a Sumanamukha. Entonces,

Manjushri extendió su mano desde una enorme distancia y la posó sobre la cabeza de Sudhana (desde otra ciudad), elogiando su fe. Manjushri le dirige, le inspira, le ilumina con la luz del conocimiento infinito, le sumergió en la esfera de la práctica del bien universal, y más tarde le dejó y se fue.

Sudhana, entonces, tras haber oído el nombre del *bodhisattva* "Universalmente Bueno o el Bien Universal" (Samantabhadra), la excelencia de su voto y de su experiencia, su progreso a través de las etapas, creció en él el anhelo de verlo, se sentó en un asiento de loto de joyas haciendo frente al trono del león del Buddha en el lugar de la iluminación, «con una mente tan vasta como el espacio y libre de todo apego», «con una mente pura penetrando en el ámbito de la omnisciencia», «con una amplia mente inmersa en el océano de todas las enseñanzas iluminadas».

A Sudhana, inmerso en esas meditaciones, se le mostraron diez signos que prefiguraban la visión de Samantabhadra y tras ello se le aparecieron diez grandes luces, precursoras de la manifestación del gran Ser. ¿Cuáles eran los diez? «En cada átomo de todos los mundos brilló la red de todos los *buddhas*. Las auras de luz de todos los *buddhas* emanaron de cada átomo de todos los mundos, con cientos de miles de varios colores, e impregnaron todo el Cosmos».

Entonces tuvo la oportunidad de ver a Samantabhadra, manifestación viviente de las enseñanzas de todos los *buddhas*… Hizo el voto de acompañarlo a lo largo de todo el tiempo, y le vio sentado en un asiento de león en el cáliz de una gran joya en forma de loto enfrente de Vairocana Buddha, el perfectamente iluminado, en un océano de *bodhisattvas*. «Vio nubes de rayos de luz, numerosos, como átomos en todas las tierras búdicas hay, emanar de cada uno de los poros de Samantabhadra e iluminar todos los mundos a través del espacio del cosmos, liberando a todos los seres del sufrimiento». Y así sigue y sigue la descripción visionaria-mántrica de la grandeza de Samantabhadra iluminando todos los mundos.

Y tras haber visto y oído este inconcebible milagro del *bodhisattva* alcanzó diez estados de consumación del conocimiento. Entre otros «alcanzó el estado de consumación del conocimiento directo del océano de todas las verdades».

Samantabhadra puso su mano derecha sobre la cabeza de Sudhana y tantas concentraciones como átomos hay en todas las tierras búdicas entraron en Sudhana. Múltiples manos, de múltiples Samantabhadras, en multitud de mundos, se posaron sobre la cabeza de Sudhana, y multitud de facetas de la verdad entraron en él. Asombrado este de la "proyección mística" del gran ser, el *bodhisattva* le relata la infinidad de sacrificios realizados en busca de la pureza y la omnisciencia durante infinidad de eones. Va desgranando sus hazañas espirituales, su entrega, su dedicación, su pureza de pensamiento y de acciones, quizás invitando a ese heroísmo espiritual, como podríamos llamar a la descripción que hace de su comportamiento durante eones, renunciando a reinos, mujeres y posesiones de todo tipo.

Y narra cómo llegó a alcanzar el *dharmakaya*: «Alcancé finalmente el cuerpo puro de la realidad, cuerpo que es continuo y sin fragmentar a través del pasado, el presente y el futuro. También purifiqué un cuerpo físico insuperable, más allá de todo lo mundanamente conocido, capaz de aparecer a todos los seres según sus mentalidades, omnipresente, en todas las tierras búdicas, morando en todas partes, mostrando todo tipo de proyecciones místicas por todas partes, visible en todos los mundos».

Luego le dice: «Mira este cuerpo que he logrado, producido durante multitud de eones […] difícil de ver; quienes no han plantado raíces de bondad no pueden ni siquiera oír hablar de mí, y mucho menos verme».

Sudhana parecía fundirse con Samantabhadra en un océano de luz y compasión. El gran *bodhisattva* hace un voto, formulado en verso, que cierra este extraordinario libro que es *Gandavyuha*, y con él todo el espléndido *Avatamsaka-sutra*. Bastarán algunos de tales versos para poner fin a nuestro recorrido por esta inmensa síntesis del budismo.

> Recorreré los caminos del Mundo,
> Libre de toda compulsión, toda aflicción, toda ilusión,
> Como un loto inmaculado sobre el agua,
> Sin apegos, como el sol y la luna en el firmamento.
> […]
> Purificando océanos de tierras,
> Liberando océanos de seres,
> Observando océanos de verdades,
> Buceando en océanos de conocimiento,

Perfeccionando océanos de prácticas,
Consumando océanos de votos,
Sirviendo a océanos de buddhas.
Pueda yo practicar, incansable, durante océanos de eones.

Meditación

Buceemos también nosotros en ese océano de luz que nos envuelve constantemente.
Somos ese océano de luz infinita (Amitabha Buddha).
Nuestro cuerpo es el universo entero.
Y cada una de nuestras células es un *buddha* radiante que ilumina las diez direcciones.
Ese Cuerpo Universal es el verdadero Cuerpo del Buddha, el Cuerpo del Dharma.

(*Silencio*)

Simultáneamente, todas las células de mi cuerpo, hologramas del único cuerpo universal, diminutos *buddhas*, inundan los múltiples universos de luz amarilla-dorada.
Todas las cosas están unidas y relacionadas en la Red de Indra que brilla intensamente, cada nudo de la Red es un *buddha*, las relaciones entre los nudos son caminos de luz que parpadean y se refuerzan mutuamente.
Mi cuerpo se diluye en el gran Cuerpo, que no es cuerpo.

Mi mente se funde en la gran Mente, que no es mente.

Mi conciencia se amplía hasta la gran Conciencia, que es más que conciencia.

Tan solo queda Luz pura, Presencia amorosa y compasiva.

La compasión del *bodhisattva*, tu compasión, solo puede brotar de un Corazón rebosante de Amor, tu Corazón.

(*Silencio vibrante, océano de amor compasivo*)

OM OM OM

10. Tres *Sutras* Mahayana: *Vimalakirti*, el *Buddha de la Medicina*, la elevada y sublime luz dorada

Vamos a presentar ahora varios *Sutras* Mahayana, todos ellos de gran influencia en la historia posterior del budismo. El primero de ellos es el *Vimalakirti Nirdesa-sutra*. "Las enseñanzas de Vimalakirti" es uno de los *Sutras* Mahayana en los que se consiguen formulaciones brillantes acerca de cuestiones centrales como la iluminación, la meditación, el *dharma*, etcétera. Escrito alrededor del siglo II d. de C., se conoce también como el *Sutra de la liberación inconcebible* (*Acintyamoksa-sutra*).

Reunidos en Vaisali, en el bosque Amrapali, junto al Buddha encontramos una multitud de monjes, 8.000 monjes, todos ellos santos y con gran poder. Hay también 32.000 *bodhisattvas mahasattvas* (grandes seres en vías de convertirse en iluminados) y 10.000 *brahma-devas*.

Entre ellos se halla Sariputra, a quien ya conocemos por *Sutras* anteriores, y el Buddha le dice que vaya a ver a Vimalakirti, ya que está enfermo, y traiga noticias del estado de su salud.

Pero Sariputra, impresionado por el último encuentro que había tenido con él, se niega a ir a verlo y narra lo que en aquella ocasión le dijo, cuando hablaron de la meditación:

«Venerable Sariputra, la meditación no consiste necesariamente en estar sentado. Meditación significa que la mente y el cuerpo no aparecen en ninguno de los tres mundos; meditación significa no salir del *samapatti* de la extinción última, pero actuar en el mundo como un ser ordinario; meditación significa no renunciar a los logros espirituales ya adquiridos, pero vivir en el mundo como un profano. Meditación significa que el pensamiento no se estanca en el interior, pero tampoco se dispersa en el exterior; meditación significa permanecer imperturbable ante las opiniones erróneas, pero practicar los treinta y siete factores de la iluminación; meditación significa no destruir las pasiones del *samsara*, pero entrar en el *nirvana*».

Meditar no depende de una postura determinada, ni de estar en quietud, inactivo, sin poder actuar en el mundo; la imperturbabilidad que se pretende, que se consigue, ha de ponerse a prueba en las relaciones interpersonales, en los momentos difíciles de la vida cotidiana

Después de las lecciones recibidas por Sariputra a cargo de ese sabio laico que era Vimalakirti, aquel se negó a ir a verlo. Otro tanto sucedió con Maudgalaputra, quien había tenido una experiencia similar. En esta ocasión, le había preguntado qué era el *dharma*. Y Vimalakirti le respondió:

«El Dharma absoluto no tiene esencia, por eso está más allá de las conceptualizaciones de los seres humanos. Es vacío de existencia, por eso está más allá de la existencia y de la no-existencia; es vacío de sustancia, por eso está más allá del concepto "Dharma vacío de sustancia"; no es "algo" ya que no nace y no muere; es calma y serenidad absolutas ya que no puede ser afectado por los fenómenos perturbadores. En él no hay pasiones ni deseos ya que tampoco hay objetos; está más allá de los fenómenos ya que no tiene causa; está más allá de la palabra y del lenguaje ya que en él no hay actividad mental; es omnipresente ya que es parecido al espacio; es inexplicable ya que está más allá del intelecto; el verdadero Dharma no tiene color, ni rasgos ni forma, ya que está más allá de cualquier noción; en él no hay ni sujeto ni objeto, ya que está más allá de cualquier distinción; está libre de discriminación, porque en él no hay pensamiento, ni mente ni conciencia; no tiene comparación ya que está más allá de las cosas relativas; está más allá de las causas ya que no tiene causa. [...] Es idéntico al Dharmata, la naturaleza esencial de todas las cosas, porque penetra por igual todos los fenómenos; es idéntico a todos los seres, pero no se ciñe a ninguno de ellos; es la verdadera verdad ya que permanece absolutamente inmóvil; es inmóvil porque no se apoya en ninguno de los seis objetos de los sentidos; no va ni viene, pero tampoco se detiene en ningún lugar; es vacuidad, es sin-signos [...]. No está arriba ni abajo; es eternamente inmutable. No puede ser captado ni por la contemplación, ni por la práctica y, al estar más allá de cualquier conceptualización, vuelve inútil toda la vana palabrería» [Villalba, 1989: 40-41].

Extraordinaria aproximación a lo real, lo absoluto (el Dharma absoluto), más allá de toda palabra y de todo concepto, más allá de la existencia y de la no-existencia, vacío de sustancia, calma y serenidad absolutas (rasgos que a veces caracterizan al *nirvana*), es omnipresente, adual, sin escisión sujeto-objeto. Se dice que es idéntico al Dharmata, la verdadera verdad, lo real de lo real (como el *satyasya satya* upanishádico). Es vacuidad (*shunyata*). «Eternamente inmutable», llega a decir Vimalakirti. «Y al estar más allá de cualquier conceptualización, vuelve inútil toda la vana palabrería». Está preparando el terreno para el «silencio atronador de Vimalakirti», como veremos más adelante en este mismo *Sutra*.

El caso es que la situación se está poniendo difícil, pues ninguno de los discípulos del Buddha se presta a visitar a Vimalakirti. Cuando son señalados para ello parece entrarles un temor insuperable que los lleva a negarse a hacerlo. También Purna es presa de tal terror cuando el Buddha le pide que vaya. También él narra su experiencia con Vimalakirti y en una de las respuestas que este le dio vemos el típico gesto Mahayana de minusvaloración del budismo dominante hasta entonces, denominándolo Hinayana. Estas son las palabra de Vimalakirti a Purna:

«Venerable Purna, estos monjes cultivaron hace mucho tiempo la mente Mahayana, pero ahora lo han olvidado. No les enseñes, pues, el camino del Hinayana. La sabiduría de los seguidores del Hinayana es superficial, incapaz de distinguir las facultades de los seres. Los seguidores del Hinayana son como ciegos de nacimiento. En aquel momento, Vimalakirti entró en estado de *samadhi* e hizo que todos los monjes allí presentes recordaran sus existencias anteriores, en el curso de las cuales habían encontrado a los 500 *buddhas* del pasado, habían plantado las raíces del bien y habían dirigido sus mentes hacia la suprema y perfecta iluminación».

Ni el propio Ananda se salva de la invitación a visitar a Vimalakirti, pero su reticencia no es menor. Y cuenta lo que en una ocasión le dijo a propósito del cuerpo del Buddha, remitiéndose al Cuerpo del Dharma, identificando ambos, en referencia a ese triple cuerpo del Buddha, doctrina que en esos momentos estaba gestándose. A Ananda le dijo: «Venerable Ananda, deberías saber que el cuerpo del Tathagata es el Cuerpo del Dharma (Dharmakaya) y no un cuerpo fruto de la ilusión, ni del pensamiento ni del deseo. Su cuerpo no puede ser sanado con alimentos ya que es un cuerpo supramundano, un cuerpo puro y liberado de todas las impurezas. El cuerpo del Tathagata es un cuerpo incondicionado, trascendente, más allá del *karma*».

El Buddha le pide al *bodhisattva mahasattva* Maitreya que vaya a casa de Vimalakirti, y también le responde que no está cualificado, y cuenta lo que le dijo en otra ocasión, cuando estaba explicando, nada menos que a los dioses del cielo Tushita, qué era la Iluminación perfecta. Merece la pena meditar sobre el texto que citamos a continuación, pese a su extensión:

"Nadie se acerca ni se aleja nunca de la iluminación. Exhorta, pues, a estos hijos de los dioses a que se abstengan de crear opiniones ilusorias sobre la iluminación. La iluminación no puede ser conquistada ni con el cuerpo ni con la mente. La iluminación es extinción de conceptualización y caracterización. La iluminación es cesar de afirmar o negar la existencia o la no-existencia de los objetos. La iluminación es extinción de la reflexión mental. La iluminación es extinción de todos los pensamientos falsos e ilusorios. La iluminación es extinción de todas las creencias e imaginerías. La iluminación es extinción de la actividad, de la inquietud y de la agitación. La iluminación es extinción de todas las formas sensibles y, por lo tanto, del apego. La iluminación es idéntica a la naturaleza esencial de las cosas porque es la manifestación de la naturaleza esencial de las cosas. La iluminación es la naturaleza esencial de las cosas porque esa naturaleza es la única Realidad. La iluminación es extinción de la mente (*manas*) y de sus objetos, por eso es no-dual. La iluminación es ecuánime como el espacio vacío. La iluminación es sin-origen, sin destrucción, sin transformación ya que es incondicionada. La iluminación es el verdadero conocimiento porque abarca la actividad cognitiva de todos los seres [...]. La iluminación no está en "algún sitio" ni en "ningún sitio", no se encuentra ni aquí ni allí, no puede ser ubicada [...]. La iluminación no puede ser comparada porque es indescriptible. La iluminación es sutil y muy difícil de comprender. La iluminación, como el espacio, es omnipresente» (Villalba, 1989: 54-55).

Lo mismo sucede con el *bodhisattva* "Luz Gloriosa" (*prabha-vyuha)*, quien le preguntó a Vimalakirti en una ocasión de dónde venía y en su respuesta recoge creativamente el significado de las seis perfecciones que recorren todo el Mahayana:

«"Vengo de un lugar santo (*bodhimanda*)". ¿Dónde está ese lugar? Inquirió Prabhavyuha. Y Vimalakirti [expresando así el significado de las seis perfecciones] le dijo: "El don puro es el lugar santo ya que no espera el fruto de retribución. La práctica firme de los preceptos es el lugar santo ya que así se realizan los votos. La paciencia y la amabilidad son el lugar santo, ya que en ellas no hay ningún pensamiento hostil hacia los seres. La energía heroica es el lugar santo ya que gracias a ella el *bodhisattva* no recula ante un gran esfuerzo. La tranquilidad y la absorción son el lugar santo porque ambas desarrollan la habilidad mental. La sabiduría excelente es el lugar santo, ya que gracias a ella se puede ver la verdadera naturaleza de todas las cosas».

Este justamente famoso *Sutra*, lo es, entre otras cualidades que hemos esbozado, por el siguiente evento. En una ocasión, Vimalakirti pide a los *bodhisattvas* con los que se halla reunido que exponga cada uno el *dharma* de la no-dualidad, según su propia comprensión y elocuencia, y cada uno va explicándolo de un modo distinto. Por ejemplo, el *bodhisattva* Suddhadhimukti dice: «Lo condicionado y lo incondicionado parecen ser dos cosas diferentes. Pero cuando toda actividad mental cesa, la mente se vuelve parecida al espacio vacío y la sabiduría se libera de todo impedimento. Esta es la entrada al *dharma* de la no-dualidad».

Por su parte, el *boddhisattva* Narayana dice: «Estar en el mundo y trascender el mundo parecen ser dos cosas diferentes, pero cuando se comprende que la naturaleza de este mundo es vacuidad, este mundo queda automáticamente trascendido, y se ve que en él no hay ni entrada ni salida, ni permanencia, ni inmanencia, ni trascendencia. Esta es la entrada al *dharma* de la no-dualidad».

El *bodhisattva* Priyadarsana dice: «Los cinco agregados y la vacuidad parecen ser dos cosas diferentes. Pero la naturaleza propia de la materia es vacuidad. La vacuidad no aparece como resultado de la destrucción de la materia, sino que la naturaleza propia de la materia es ya vacuidad. Lo mismo sucede con los demás agregados: percepción, conceptualización, volición, y memoria. Ver la absoluta identidad entre los agregados y la vacuidad es la entrada al *dharma* de la no-dualidad».

Cuando todos los *bodhisattvas* allí presentes hubieron hablado le pidieron a Manjushri que hablara y dijo: «¡Oh virtuosos! Todos habéis hablado bien. Sin embargo, creo que todo lo que habéis dicho implica aún dualidad. Personalmente pienso que no decir nada, no hablar, no declarar nada, no conocer nada, no plantear ninguna pregunta ni formular ninguna respuesta, no pronunciar ni enseñar nada, es entrar en el *dharma* de la no-dualidad».

Manjushri dijo entonces a Vimalakirti: «Te ruego que ahora expongas tu comprensíón del *dharma* de la no-dualidad». Vimalakirti permaneció en silencio. Manjushri confirmó a Vimalakirti exclamando lo siguiente: «¡Excelente, excelente! Cuando los fonemas, los sonidos, las palabras y las nociones se extinguen, aparece la entrada al *dharma* de la no-dualidad». Después de que estas palabras hubieran sido pronunciadas, cinco mil *bodhisattvas* penetraron en el *dharma* de la no-dualidad y alcanzaron la certitud del no-nacimiento y de la no-destrucción y la paciencia tolerante que se desprende de ello (Villalba, 1989: 102).

* * *

Un carácter distinto, aunque probablemente no muy alejado en el tiempo, posee el *Sutra del Buddha de la Medicina*. Se conservan cinco traducciones realizadas del sánscrito al chino –la primera de ellas en el siglo IV, la última en el VIII–, y es que en China, en Japón, y también en Vietnam y en el Tíbet, el Buddha sanador, el Buddha de la Medicina, Bhaishayaguru, es uno de los principales *buddhas* (quizás junto a Sakyamuni y Amitabha).

Se trata de un texto que encaja perfectamente en la actitud de la Escuela de la Tierra Pura. Por tanto, la fe y la devoción son sentimientos centrales que impregnan todo el *sutra*. Es el *buddha* al que se suele invocar para curar todo tipo de enfermedades, tanto físicas como mentales. La fe sincera permite alinearse con la mente de todos los *buddhas* y recibir sus bendiciones. «Si eres completamente sincero, si no albergas ni una sola duda, estás totalmente concentrado y estás en *samadhi*».

En muchos templos de budismo del Este se representa a Bhaishayaguru con la mano derecha realizando el *varada-mu-*

dra, gesto que simboliza ofrenda, donación y compasión. La mano izquierda reposa en su regazo sosteniendo una jarra medicinal pintada de azul oscuro, color del lapislázuli, o a veces un fruto sanador. Se le conoce también como el Tathagata del Brillo Lapislázuli, y con otros muchos nombres según el país (Yakushi Nyorai, Yao-shih Fo, Duo Su Phat, Sangye Menla, etcétera.).

Hallamos en este *Sutra* una curiosa mezcla de la devoción de la Tierra Pura con prácticas esotéricas, como la recitación de *dharanis/mantras* y el encendido de lamparillas, convencidos de los beneficios que producen tales acciones. El rasgo más distintivo del *Sutra* es su promesa de protección ante la enfermedad. Todo *karma* es creado por la mente y al visualizar al Buddha de la Medicina o recitar su nombre, su *mantra*, los patrones negativos de la mente, los tres venenos, codicia, ira e ilusión ignorante, se vuelven positivos, son transmutados, y los síntomas físicos producidos por ellos son sanados.

El *Sutra* nos sitúa en Vaisali, con 8.000 *bhikshus* (monjes) y 36.000 *bodhisattvas*. El *bodhisattva* Manjushri, tras recibir el poder espiritual del Buddha habla, siendo aclamado al terminar por el propio Buddha, pasando a hablar de un mundo llamado Puro Lapislázuli. Y el Buddha de ese mundo es, justamente, el Tathagata de Brillo Lapislázuli, Buddha de la Medicina, perfectamente iluminado.

Y así pasa a describir los 12 votos que realizó cuando recorría el sendero del *bodhisattva*. En cada uno de ellos comienza diciendo: «Prometo que en una vida futura, cuando haya alcanzado la Iluminación suprema, perfecta…». No es necesario recoger cada uno de los votos. Baste con algunos que ilustren su anhelo; así el primero de los votos dice lo siguiente: «Prometo que en una vida futura, cuando haya alcanzado la Iluminación suprema, perfecta, rayos brillantes surgirán de mi cuerpo, iluminando incontables ámbitos, y haré posible el que todos los seres sintientes lleguen a ser lo que yo habré llegado a ser». El segundo dice: «Prometo que en una vida futura, cuando haya alcanzado la Iluminación suprema, perfecta, mi cuerpo, por fuera y por dentro, irradiará a lo ancho y largo la claridad y pureza sin mácula del lapislázuli. Su luz iluminará las mentes de todos los seres que se hallan en la oscuridad». El tercer voto afirma: «Prometo que en una vida futura, cuando haya alcanzado la Iluminación suprema, perfecta, con infinita sabiduría y medios hábiles ofreceré a todos los seres sintientes una inagotable cantidad de bienes para que satisfagan sus necesidades materiales y nunca necesiten nada» (Thanh y Leigh, 2001: 18-26).

No centrará su acción futura, una vez convertido en *buddha*, solo en la sanación, como se está viendo, sino que se propone ayudar en múltiples campos. Y es que este *buddha* es comprendido también como Buddha de la Sabiduría, no solo de la Medicina, ya que la causa radical de toda enfermedad es la ilusión ignorante, y por tanto solo la verdadera sabiduría arranca de raíz los venenos que generan toda enfermedad y sufrimiento. La amplitud de su campo de acción podemos verla en otros de sus votos. Así, el décimo dice: «Liberaré a todos del poder político humillante, a los que están sometidos a miserias y humillaciones, con solo oír mi nombre».

Y en los dos últimos, que sin duda sonarán cristianizados a muchos oídos más habituados a nuestras Escrituras, afirma: «Prometo que en una vida futura, cuando haya alcanzado la Iluminación suprema, perfecta, daré de comer al hambriento y de beber al sediento, con la comida y la bebida más exquisitas». Y el último: «vestiré a los que carecen de ropa, protegiéndoles de los mosquitos y moscas, del calor y el frío».

Sakyamuni le dice a Manjushri que la Tierra Pura del Buddha de la Medicina está tan llena de méritos y virtudes y es tan pura como la Tierra Pura de Amitabha. Recordemos que Amitabha, el Buddha de la Luz infinita, del Resplandor infinito, de la Vida infinita (*amit-ayus* es otro de sus nombres), también aspiró a convertirse en un *buddha* en una época futura. Nos lo cuenta el *Sukhavati-vyuka* mayor, también de finales del siglo II d. de C. Al ver a un *buddha* del pasado remoto, el entonces monje Dharmakara, tras escuchar hablar de las Tierras Puras de muchos *buddhas*, decidió que crearía una que combinase las excelencias de todas ellas. Hizo 46 votos de *bodhisattva*, describiendo tales excelencias y declaró que solo se convertiría en un *buddha* cuando su trayecto como *bodhisattva* fuera lo suficientemente poderoso como para crear semejante Tierra Pura. Así llegó a crear *sukhavati*, el paraíso (o Tierra Pura) de Amitabha, lleno de árboles de joyas, que estimularían los estados mentales serenos y contemplativos. Y juró que se aparecería ante cualquier moribundo que aspirase a la iluminación y que lo invocara con devoción, para conducirlo a su Tierra Pura. Efectivamente, Dharmakara se convirtió en el Buddha Amitabha. Otro *Sutra* dedicado a él, el *Sukhavati-vyuka* menor afirma que debe repetirse y recordarse el nombre de Amitabha durantes varias noches antes de morir. Un tercer *Sutra*, el *Amitayur-dhyana-sutra* (el *Sutra de la meditación sobre Amitayus*), afirma que cualquiera puede salvarse con un mínimo de mérito personal, recitando con serenidad, sobre todo antes de la muerte, el *mantra Namo Amitabhaya Buddhaya* ("Honor al Buddha Amitabha"). Es esta la afirmación mántrica repetida en el budismo de la Tierra Pura, en el amidismo, esa invocación conocida en chino como *nien-fo* y en japonés como *nembutsu* (Harvey, 1998:157 y 218).

Las semejanzas entre las promesas de *bodhisattva* de Amitabha y de Bhaisajyaguru saltan a la vista. En ambos casos el ardiente deseo de ayudar y liberar a los seres sufrientes. Volviendo al *Sutra del Buddha de la Medicina*, Sakyamuni sigue contando cómo aquel entró en un *samadhi* llamado "Eliminando todo el sufrimiento y aflicción de los seres sintientes", y al entrar en él, una luz brillante resplandeció desde su entrecejo y pronunció un gran *dharani*:

> *Om Bhaisajye Bhaisajye*
> *Bhaisajya-samudgate Svaha.*

En cuanto el Buddha de la Medicina, en su esplendor radiante, pronunció este *dharani*, el cosmos entero se conmocionó y sufrió una sacudida –sigue diciendo Sakyamuni en el *Sutra*–. Surgieron brillantes luces, permitiendo que todos los seres sintientes escaparan de la enfermedad y el sufrimiento y gozaran de paz y felicidad. Y le dice a Manjushri que si se cruza con algún ser humano que padezca alguna enfermedad, puede recitar de manera concentrada 108 veces este *dharani* en su favor, sobre su comida o sobre el agua que vaya a beber. Si el paciente lo recita, su deseo se verá cumplido y se liberará de la enfermedad, gozando de una larga vida, y al morir renacerá en el ámbito del Buddha de la Medicina ((Thanh y Leigh, 2001: 32).

El impresionante poder y la gran importancia concedida a los *mantras*, aquí a este *dharani* particular, vuelve a brillar en palabras del propio Sakyamuni, cuando le pregunta a Ananda si tiene fe en las virtudes que ha explicado del Buddha de la Medicina. Ananda exclama que no duda, pero le pregunta cómo obtendrán esas virtudes solo por recitar el nombre de Bhaisajyaguru. Ante eso, Sakyamuni le responde: «¡Oh, Ananda! Estas prácticas de los *buddhas* extremadamente profundas son difíciles de creer, difíciles de comprender. Pero todo esto es posible debido al asombroso poder de los *tathagatas*». «¡Oh, Ananda! Lograr un nacimiento humano es difícil; no obstante, creer en la triple joya, respetarla y honrarla es todavía más difícil. Pues bien, escuchar el nombre del Buddha de la Medicina es todavía más difícil».

En lo que podemos considerar una tercera parte del *Sutra*, 12 poderosos generales Yaksa, cada uno con 7.000 *yaksas*, hacen voto de ayudar y proteger a todos los que reciten el *sutra* y el *mantra*.

Meditación

Hoy se habla a menudo de los "médicos del cielo" y muchos sanadores remiten su poder sanador a tales seres, habitantes de otras dimensiones, pero cuya acción eficaz puede hacerse sentir también en este plano. Quizás el Buddha de la Medicina representa perfectamente este arquetipo del sanador celeste. Invoquemos, pues, la presencia del Buddha de la Luz infinita, Amitabha, y del Buddha de la Medicina, Bhaisajyaguru, para que nuestra mente sea iluminada, para que nuestro cuerpo sea sanado.

Con el fin de que todo ello pueda cumplirse con mayor precisión, adoptamos una postura cómoda y nos vamos relajando poco a poco. Introduciéndonos en el ritmo de la respiración. Cada vez que espiramos, la relajación se profundiza.

Nuestro corazón queda en paz y nuestra mente en calma.

Visualizamos, utilizando nuestra imaginación creativa y receptiva, al Buddha Amitabha y al Buddha de la Medicina. De sus cuerpos irradia una luz intensa, blanca, radiante que inunda nuestros cuerpos y nuestras mentes.

Mientras mantenemos la visualización y seguimos contemplando la lluvia de luz que nos impregna, recitamos primero el *mantra* de Amitabha:

Namo Amitabhaya Buddhaya
Namo Amitabhaya Buddhaya
Namo Amitabhaya Buddhaya

Con su recitación se intensifica la luz que desciende hacia nosotros, luz compasiva, pues el Buddha Amitabha trabaja con el *bodhisattva* de la compasión, Avalokiteshvara. Esa luz amorosa-compasiva es la misma con que sana sutilmente el Buddha de la Sanación, Bhaisajyaguru, cuyo *mantra* pasamos a recitar ahora:

Om Bhaisajye Bhaisajye
Bhaisajya-samudgate Svaha

Om Bhaisajye Bhaisajye
Bhaisajya-samudgate Svaha

Om Bhaisajye Bhaisajye
Bhaisajya-samudgate Svaha

Al recibir las bendeciones sanadoras de estos *buddhas* celestiales, sentimos cómo todos nuestros males terminan, nuestras mentes quedan iluminadas, nuestros corazones pacificados y nuestros cuerpos armonizados. Que así sea, que así sea, que así sea.

OM OM OM

Diálogo sobre la meditación

Pregunta: Ha sido una sensación muy hermosa la que he tenido con esta meditación. No sé si es sugestión, mera imaginación o realidad, pero me siento muy bien, como realmente sanada. Me pregunto si la luz es siempre blanca o si pueden visualizarse distintos colores.

Respuesta: Pueden visualizarse distintos colores, luces de distintos colores, efectivamente, y cada color, también cuando son visualizados a través de la imaginación, tiene su propia cualidad vibratoria, sus propias características, sus efectos particulares. Hoy, por ejemplo, hay bastante gente trabajando con el color violeta, y, en realidad, con muy distintos colores.

En la meditación correspondiente al yoga integral de Sri Aurobindo empleamos el color dorado, dado que es el color asociado a la conciencia-energía supramental, con la que trabaja Sri Aurobindo. En el budismo existe un *Sutra* Mahayana que se titula justamente *La elevada y sublime luz dorada*, y se presenta como "el rey de los *Sutras* gloriosos". Es un *Sutra* de 21 capítulos que se sitúa en el célebre pico del Buitre, cuando el Buddha Sakyamuni, «entrando en el campo de experiencia de los *buddhas*, en la profunda esfera de la realidad» expone a los *bodhisattvas* supremos este *sutra*. Invoca a los *buddhas* de las cuatro direcciones: Akshobhya al este; Ratnaketu al sur; Amitabha en el oeste, y Dundubhisvara en el norte, y en ese momento la luz impregnó todos los triples miles de sistemas de mundos en las diez direciones, sistemas de mundos tan numerosos como los granos de arena del río Ganges.

Distintos *bodhisattvas* van tomando la palabra, empoderados por el Buddha. El *bodhisattva* Ruchiraketu cuenta un sueño en el que vio un tambor grande y hermoso que llenaba el mundo de luz dorada y que brillaba como el sol. Es el tambor del Dharma. Y de nuevo, junto al sonido del tambor del Dharma, el poder del sonido del *mantra*. El mismo *bodhisattva* exclama: «Convirtiéndome en un *buddha*, poseeré los diez poderes, cientos de miles de concentraciones, inconcebibles *mantras* que producen encantamientos mágicos, las siete alas de la iluminación, los cinco poderes y las cinco fuerzas».

Y siempre la referencia a la luz dorada: «Me postro ante los *buddhas*, cuyos cuerpos emanan luz dorada». Y la invocación: «Que toda vida se llene de gozo infinito».

El resplandor dorado de los *buddhas* es inconcebible, pues «el brillo de los *buddhas* eclipsa y hace palidecer la luz de numerosos soles y lunas llenas en ilimitados cientos de miles de mundos. El sol de los *buddhas* es la luz del mundo. Cientos de miles de *buddhas*-soles, la luz de los *tathagatas*, son contemplados por los seres en incontables cientos de miles de mundos».

El Tathagata, al hablar de la vacuidad de todos los fenómenos, exclama:

He golpeado el sublime tambor del Dharma.
He soplado la suprema caracola del Dharma.
He hecho llover una sublime ducha de Dharma.
He encendido la suprema antorcha del Dharma.

Si alguien dudase todavía de la importancia de los *mantras* en el budismo Mahayana no tiene más que leer este *Sutra*. En el capítulo 8, la gran diosa Sarasvati (recordemos que el budismo indio integra en su panteón a buena parte de los dioses hindúes, védicos y puránicos) afirma que concederá elocuencia para adornar el discurso al *bhikshu* que exponga el Dharma. Y promete concederles *dharanis*, invistiéndolos con el poder de la palabra. Y acto seguido va concediendo hasta ocho *mantras*, algo que es elogiado por el Tathagata.

También la diosa Shri, que más tarde se convertirá en Lakshmi, promete ofrecer deleite y bienestar al *bhikshu* que exponga el Dharma, y afirma que quienes reciten los *mantras* de este *Sutra* tendrán gran gloria.

En este mismo *Sutra de la sublime luz dorada*, en el capítulo 18, se narra el episodio en el cual el propio Buddha Sakyamuni, en una de sus vidas anteriores, es capaz de dar su vida, dejando que una tigresa hambrienta que no puede dar de comer a su camada, lo devore, para salvar a los pequeños tigres. Y es que el Buddha le está explicando a una diosa que un *bodhisattva* entrega incluso su cuerpo y su vida para ayudar a otros.

Se habla entonces de un rey, Maharatha, con muchas riquezas y tres hijos, que eran como hijos de dioses: Mahapranada, Mahadeva y Mahasattva. Un día salieron a un gran parque y sus hijos se adentraron en el hermoso bosque. Allí vieron a una tigresa «que había dado a luz la semana anterior y estaba rodeada de su prole, hambrientos y sedientos todos, con su cuerpo extremadamente débil». De los tres hermanos, Mahasattva resulta muy impresionado por la imagen y cuando está caminando con sus otros dos hermanos piensa: «Ha llegado el momento de ofrecer este cuerpo» y piensa que de ese modo, además, alcanzará el estado atemporal del *dharmakaya*, libre de los agregados sufrientes. Les dice a sus hermanos que sigan su camino, que él tiene algo que hacer. Y vuelve al lugar donde estaba la tigresa con sus tigrecitos: «Entonces Mahasattva se detuvo enfrente de la tigresa, pero la tigresa no le hizo nada al compasivo *bodhisattva*. El *bodhisattva* pensó: "¡Vaya! Está demasiado débil e incapaz. Se levantó para buscar un arma afilada y no encontró ninguna. Cogiendo una fuerte rama de caña de bambú, de unos cien años de antigüedad, con ella se cortó la garganta y se arrojó delante de la tigresa. Cuando el *bodhisattva* cayó al suelo, la tierra se conmocionó seis veces, como una barca zarandeada por los vientos en medio del mar. El sol, como si hubiera sido capturado por Rahu, dejó de brillar. Flores impregnadas con perfumes divinos cayeron desde el cielo. Entonces, una cierta diosa, llena de asombro, alabó al *bodhisattva*"».

La tigresa lamió el cuerpo ensangrentado del *bodhisattva*, reduciendo su cuerpo a huesos sin carne ni sangre. Pasaron las horas, sus hermanos se temieron lo peor. Volvieron y encontraron ese escenario. La reina, en ese momento, yacía en su cama y soñó que era separada de un ser querido. Sus dos pechos eran cortados y sus dientes se caían. Hallaba tres palomas asustadas y una de ellas le era arrebatada por un halcón. Aterrorizada por el terremoto que se había producido, la reina despertó de pronto y temió que les hubiera pasado algo a sus hijos. Llegaron sus dos hijos y le contaron lo sucedido: «Tras oírlo, el rey y la reina se desmayaron. Cuando recobraron el conocimiento lloraron desconsoladamente y fueron al lugar. Al ver los huesos sin carne, ni sangre ni músculos, y el cabello esparcido por todas partes, el rey y la reina cayeron al suelo como árboles arrancados por el viento. El sacerdote y los ministros presenciaron todo ello, revivieron sus cuerpos refrescándolos y con salvia de sándalo de Malaya». Y al despertar entonaron sus lamentos.

Al terminar la narración, el Buddha confiesa a Ananda que el joven Mahasattva, que dio su vida por la tigresa, era él mismo en una de sus vidas anteriores.

Impresionante parábola que pone de manifiesto hasta qué punto puede llegar la primera de las virtudes perfectas del *bodhisattva*: el dar, la generosidad, movido por la compasión, llega hasta el extremo de entregar su propio cuerpo, y ni siquiera por otros seres humanos, sino por dos animales, que también sufren y por los que el *bodhisattva* está dispuesto a dar su vida.

Las alabanzas a los *bodhisattvas* están llenas de referencias a la luz dorada. Terminemos la exposición de este *Sutra* con ese pasaje en el que cientos de miles de *bodhisattvas* se acercan al Tathagata Suvarnaratnakaracchatrakuta y le rinden homenaje, reverenciándole con las siguientes palabras: «Oh, conquistador, tu cuerpo parece oro refinado. Es la tuya una gloriosa presencia dorada. Eres dorado como el rey dorado de las montañas. El vidente del Loto Blanco posee rasgos dorados».

Impregnemos nuestras conciencias y nuestros corazones de esta Sublime Luz Dorada.

11. Nagarjuna: la vacuidad y la originación co-dependiente

Aunque no tenemos fechas exactas del nacimiento y muerte de Nagarjuna, hay que situarlo entre mediados del siglo II y mediados del III. La tradición budista legendaria transmitió la idea de un Nagarjuna viviendo más de trescientos años y se le han atribuido muchas obras que probablemente no le pertenecen. Era un modo de otorgar autoridad a tales textos. Se ha hecho de él el descubridor legendario de los *Sutras de la Prajña-paramita*, se le ha identificado con un prestigioso maestro tántrico y alquimista, pero que con toda probabilidad es muy posterior. Lo que sí sabemos con suficiente seguridad es que escribió una de las obras más profundas e influyentes en el budismo, *Versos sobre los fundamentos del camino medio*, en sánscrito *Mulamadhyamakakarika*, en la que nos centraremos para nuestra "meditación analítica" en este capítulo. En adelante nos referiremos a esta obra con las siglas MMK.

Sabemos también que puede considerársele el fundador de la Escuela del Camino Medio (Madhyamaka), que también se conoce como defensora de la doctrina de la vacuidad (Shunyatavada), pues nuestro autor es célebre, sobre todo, por tematizar filosóficamente la noción repetida en los *Sutras* de la perfección de la sabiduría acerca de la "vacuidad" de todos los fenómenos, de todos los *dharmas*.

Dicha escuela ha dado algunos de los pensadores más influyentes de la historia del budismo, y es ella la que fue aceptada y retomada en el budismo tibetano, el cual suele considerar a Nagarjuna como un segundo Buddha.[17] Destacaremos tan solo a algunos de sus representantes. Uno de los primeros, discípulo directo de Nagarjuna, es Aryadeva. Unos tres siglos después asistimos a diversas sistematizaciones, entre las que destacan la de Buddhapalita (470-540), quien funda la escuela Prasangika-Madhyamaka, caracterizada por limitarse a refutar todas las opiniones metafísicas mediante la reducción al absurdo –siguiendo así los pasos del propio Nagarjuna–, sin defender ninguna opinión, quizás sugiriendo que la verdad última no es apresable mediante conceptos y razonamientos, ni expresable mediante palabras. En defensa de esta visión, saldría ya en el siglo VII y llamado a ejercer una gran influencia en el budismo tibetano, Candrakirti (600-650), desarrollando y sistematizando todavía más esta escuela.

No es eso lo que piensa Bhavaviveka (500-570), fundador de la escuela Svatantrika-Madhyamaka, convencido de que la

---

17. David J. Kalupahana. *A History of Buddhist Philosophy*. Honolulú: University of Hawai Press, 1992. Aunque su interpretación de Nagarjuna resulta polémica entre los especialistas, Kalupahana es reconocido como uno de los historiadores de la filosofía budista más representativos. Puede verse una síntesis de su "interpretación reformista" de Nagarjuna en págs. 160-169.

verdad de la vacuidad puede demostrarse racionalmente y puede comunicarse de manera satisfactoria.

Un pensador de los más relevantes, ya en el siglo VIII, es Shantideva. Su obra, *Bodhisattva-caryavatara*, es una de las más influyentes de todo el budismo. Dozgchén Khenpo Chöga dice lo siguiente: «Shantideva sintetizó los aspectos más importantes referidos a la práctica de los *bodhisattvas* a partir de la totalidad de las amplias enseñanzas del Buddha y compiló su tratado *Entrando en la conducta de los bodhisattvas*. El *Bodhisattva-caryavatara* se considera un tratado que ha reunido todo lo que se hallaba disperso, así como un tratado sobre la práctica de la meditación, y debe su gran influencia y su gran poder al hecho de que Shantideva era un maestro iluminado y realizado».[18]

Hay otros muchos miembros ilustres de esta escuela, pero no vamos a detenernos en ellos. Baste mencionar a Shantarakshita, Kamalashila, Haribhadra, Dharmakirti, o Atisha, uno de los introductores del budismo en el Tíbet, como veremos en su momento.

Pero vayamos a la exposición de las ideas fundamentales de la MMK. Ya en la dedicatoria inicial aparecen dos de los conceptos que nos servirán de hilo conductor de nuestra presentación. Dice así: «Venero al mejor de los maestros, al Buddha perfecto,

---

18. Kretschmar, A. (comp. y trad.), Amtzis, J.S. y Deweese, J. (eds.). *Drops of Nectar: Shantideva's Bodhisattva-caryāvatāra –according to the tradition of Paltrül Rimpoche, with the Commentary by Khenpo Kunpal and with oral explanations by Dzogchen Khenpo Chöga*. 2003, pág. 59. Hay traducción reciente (2012) en editorial Siruela, con traducción, comentario y notas de Luis O. Gómez.

quien enseñó el surgir en dependencia y la feliz pacificación de las proyecciones».[19]

El "surgir en dependencia" es traducción del concepto central *pratityasamutpadam*, traducido en otras ocasiones como "originación co-dependiente", y que Raimon Panikkar interpretaba con su noción de "relatividad radical" o de "concatenación universal de todas las cosas", que pone de manifiesto la "contingencia" de todo lo existente.[20] Por citarlo brevemente: «No hay "cosas" que luego entren en relaciones con otras, sino que lo que llamamos cosas no son sino simples relaciones» (Panikkar, 1970: 214).

El segundo término que nos interesa es el de "proyecciones", cuando habla de la "feliz pacificación de las proyecciones". El término sánscrito es *prapañca*, que se refiere a las construcciones mentales que proyectamos sobre las cosas, confundiéndolas con la verdadera realidad. Proyectamos nuestras concepciones (*vikalpa*), nuestras opiniones y puntos de vista (*drsti*), atándonos a ellos y permaneciendo en la ignorancia, sin percibir directamente las cosas tal como son en sí mismas.

Todo ello nos lleva a la comprensión del sentido de la obra (MMK), pues si bien puede considerarse una obra filosófica (aun-

---

19. Utilizo la traducción de Abraham Vélez (trad., intr. y notas). *Nagarjuna. Versos sobre los fundamentos del camino medio*. Barcelona: Kairós, 2003, quien realiza una buena introducción a la obra, mostrando las diversas interpretaciones que existen de ella.

20. Véase la importante obra de R. Panikkar. *El silencio del Dios*. Madrid: Guadiana, 1970. Posteriormente ha sido publicado por Siruela en 1996 con el título *El silencio del Buddha. Una introducción al ateísmo religioso*.

que no falta quienes señalan que su enigmaticidad no se halla ausente de cierta argumentación sofística), no puede ignorarse la función terapéutica y liberadora que está llamada a desempeñar. Este carácter, realmente presente en MMK, ha llevado a toda una serie de budólogos influidos por la filosofía analítica wittgensteiniana, en la segunda mitad del siglo XX, a subrayar esta función terapéutica del análisis lingüístico, capaz de liberarnos de las redes del lenguaje y de los pseudo-problemas filosóficos, que en realidad no serían susceptibles de solución, sino tan solo de disolución. Nada mejor que "el silencio del Buddha" para acogerse a cierto escepticismo antimetafísico, que en ocasiones ha terminado en agnosticismo, incluso en claro ateísmo (por más que sea necesario explicitar el sentido de este término aplicado al budismo).[21]

El conocido comienzo de MMK niega los cuatro tipos de explicación del surgimiento de cualquier fenómeno: «Nunca en ninguna parte existen entidades surgidas, ni a partir de sí mismas, ni a partir de otras, ni a partir de ambas, ni a partir de causas» (I.1).

El concepto de "vacuidad" aparece por primera vez en el capítulo IV, rechazando la existencia última de cada uno de los cinco agregados que constituyen el ser humano. Hay que tener en cuenta que existen distintas interpretaciones de la "vacuidad". Frente a la tendencia a absolutizar esta noción, identificándola con la realidad última, la verdad última, equivalente

---

21. Un caso paradigmático actual sería el de Stephen Batchelor, sobre todo en sus dos últimas obras: *Budismo sin creencias* (2008) y *Confesión de un ateo budista* (2012).

al *brahman* del hinduismo, al menos en MMK la impresión es que mediante tal absolutización se da un salto ilegítimo, que no está nada claro que Nagarjuna subscribiese.

Sin embargo, esta interpretación absolutizadora (que parece ir contra el riesgo "eternalista" advertido por el Buddha) ha sido frecuente y no deja de ser hondamente atractiva. La defendió ya T. Stcherbatsky a principios del siglo XX y alcanzó notoriedad décadas después, sobre todo en medios neohindúes, neovedantinos, como en el caso de T.R.V. Murti y en el caso de K. Venkata Ramanan. Un texto de este último nos sitúa en el meollo de la cuestión: «En tanto verdadera naturaleza de las cosas, *shunyata* es *tathata*,[22] que es comprendida a diferentes niveles, mundano y último. El modo que emplea el Madhyamika para revelar la verdadera naturaleza de las cosas es negativo, pero la verdad que se revela es la naturaleza de las cosas tal como son. En el nivel de la verdad mundana, el error está en imaginar la sustancialidad de lo no-sustancial, la auto-suficiencia de lo relativo; y la verdad que se revela al rechazar esta falsa imaginación es que todas las cosas son esencialmente relativas; los elementos básicos de la existencia no son sustancias, sino tipos de devenir condicionado. El error respecto de la verdad última consiste en imaginar la relatividad y la condicionalidad como la naturaleza última de las cosas, y la verdad que se re-

---

22. «*Tathata* en cuanto verdad mundana significa la naturaleza de las cosas en tanto que impermanencia, relatividad, no-sustancialidad, vacuidad de yoidad; en cuanto naturaleza última (de las cosas) *tathata* significa el *dharma* incondicionado, ingénito» (Venkata Ramanan, pág. 254).

vela por el rechazo de este error es que la condicionalidad de
lo condicionado no es última, que en su naturaleza última lo
condicionado y lo contingente son ellos mismos la realidad
incondicionada, el Nirvana. La relatividad como verdad mundana afecta no solo a los elementos básicos de la existencia,
a las entidades convencionales, sino también a los conceptos
y sistemas conceptuales. *Shunyata,* como crítica, pone al descubierto la verdad básica respecto a todo sistema conceptual,
su origen y su finalidad […]. Como sistemas específicos no
son absolutos ni omni-inclusivos, ni últimos. Cada sistema, en
cuanto expresión sistemática de la naturaleza fundamental de
las cosas, desde un punto de vista específico posee su propia
constitución específica, su propia función y su propósito. Es a
esa luz, con esa comprensión, como el sabio construye artificios
para transmitir la verdad de las cosas».[23]

He citado el subtítulo porque una de las críticas que se realizan a la interpretación absolutizadora de Venkata Ramanan es
que se basa en el *Shastra* citado, de dudosa atribución a Nagarjuna. La tesis de Venkata Ramanan es que si bien es cierto que
en MMK Nagarjuna adopta un enfoque radicalmente apofático
y –siguiendo los pasos del Buddha– se niega a afirmar nada
positivo, limitándose a deconstruir las distintas visiones de la
realidad, sin defender ninguna propia, en el *Shastra* citado da-
ría el paso a una caracterización positiva de la realidad última.

---

23. K. Venkata Ramanan. *Nagarjuna's Philosophy (as presented in The Maha-
    prajñaparamita-Shastra).* Delhi: Motilal Banarsidass, 1993 [1ª ed. 1966], págs.
    317-318.

Es eso lo que le permite a Ramanan difuminar las diferencias entre hinduismo y budismo, entre Vedanta Advaita y budismo Mahayana, llegando a identificar la postura final de ambos. El siguiente texto es suficientemente claro en lo que se refiere a esa identificación entre ambas doctrinas: «Respecto a la ultimidad de lo incondicionado, que es la concepción básica del absolutismo, apenas hay diferencia entre ellos. En este sentido se puede decir que uno acepta o niega el *atman* tanto como el otro; ambos niegan el *atman* como entidad sustancial separada que habita en el cuerpo de cada individuo, y ambos aceptan el *atman* en el sentido de naturaleza esencial, el *svarupa* o el *svabhava*, del individuo y de todas las cosas. No debería haber dificultad para aceptar esto, con tal de tener en cuenta las diferencias en el uso tradicional de esos términos. Por tanto, por lo que respecta a la ultimidad de lo incondicionado, que es lo que significa la ecuación *atman* = *brahman*, apenas hay diferencia entre ellos» (Venkata Ramanan: 320).

Venkata Ramanan habla desde el punto de vista del Vedanta Advaita shankariano. No deja de ser curioso, no obstante, que la interpretación shankariana del budismo se incline hacia el extremo "nihilista", tal como puede verse en su célebre Comentario a los *Brahma-sutras*, donde se muestra extraordinariamente duro e intransigente con las concepciones budistas, tal como él las entiende. De ahí que A. Vélez pueda afirmar que «las descripciones del pensamiento de Nagarjuna o su escuela que aparecen en la literatura escolástica del Advaita Vedanta tampoco son fiables ni representativas» (Vélez: 34).

Y es que el difícil intento tanto del Buddha como de Nagarjuna consiste justamente en mantener un camino medio entre el eternalismo y el aniquilacionismo (nihilismo). Lo hemos visto en el Canon Pali. Lo vemos ahora en MMK: «[Pensar] "existe", es aferrarse a la persistencia (permanencia, eternalismo); [pensar] "no existe", es la perspectiva de la aniquilación (nihilismo), por tanto, el que ve cabalmente no debería basarse en la existencia y la no-existencia» (MMK, XV, 10).

Según la lógica aristotélica –que al menos hasta Hegel ha sido "la" lógica, sin más–, esta tercera posibilidad quedaría excluida por contradictoria. De una cosa puede decirse que existe o que no existe, pero *tertium non datur*, no se da un tercer camino posible. Ahora bien, sabemos que el lenguaje místico con frecuencia es un lenguaje paradójico, sin que eso quiera decir que se incurre en contradicciones lógicas insalvables, como ya dijimos. Por ejemplo, si aplicamos este camino medio a la concepción del ser humano, del *karma* y el renacimiento, vemos que la perspectiva budista más aceptada sería que del ser humano no puede decirse ni que sea (no es una entidad sustancial, no tiene una esencia permanente) ni que no sea (es un conjunto de agregados psico-físicos). Del mismo modo, no puede decirse que alguien reencarne (no hay un yo sustancial, con una mismidad, que vuelva idéntico a sí mismo vida tras vida), ni puede negarse el renacimiento (hay una corriente de conciencia, con continuidad kármica, deudora de acciones pasadas realizadas o padecidas por esa misma corriente de conciencia, *vijñana*, que sobrevive a la muerte del cuerpo físico y vuelve a expresarse en unión con otro cuerpo físico distinto, en otra vida, siguiendo el curso del *karma* de tal fluir mental).

Sea como sea, uno de los aspectos más destacables de MMK es la clara identificación de la vacuidad (en cuanto ausencia de entidad propia, en cuanto in-sustancialidad, en cuanto carencia de esencia) con el surgimiento en dependencia. En el capítulo XXIV leemos varias *karikas* fundamentales: «Para el que tiene sentido la vacuidad, todo tiene sentido; para el que no tiene sentido la vacuidad, nada tiene sentido» (XXIV, 14). Y poco después establece la equivalencia entre ambas nociones: «Lo que surge en dependencia, eso es lo que entendemos por vacuidad, eso es una designación dependiente, eso es precisamente el camino medio» (XXIV, 18).

¡Esta sería la enseñanza suprema del Buddha: el *pratitya-samutpada*! No en vano había dicho ya el Buddha que «quien ve el surgir en dependencia ve el Dharma». Y en la MMK leemos: «Quien ve este surgir en dependencia, ve el sufrimiento, su origen, su cesar y el sendero que conduce a su cesar» (XXIV, 40).

Varios contundentes aforismos pertenecientes a los últimos capítulos pueden servirnos de *koans* para nuestra meditación analítica, que hace tiempo ha comenzado y puede ahora acercarse a su conclusión tras sopesar el sentido paradójico de las siguientes expresiones:

Meditación

«A partir de la inexistencia de las Cuatro Nobles Verdades, ni siquiera el buen Dharma existe; cuando no existe el Dharma ni la Comunidad de discípulos ¿cómo va a existir el Buddha?» (XXIV, 30).

Y es que no hay ningún *dharma* que no surja en dependencia, es decir, no existe ningún *dharma* que no esté vacío. Vacíos están, pues, el Dharma, el Sangha y el Buddha. Tan vacíos como todo lo demás. Tan dependientes y condicionados como todos los demás fenómenos. Queda tan solo lo Incondicionado, el *nirvana*. Del que nada puede decirse. Ni que exista ni que no exista. No puede decirse nada. Ni que sea nada. Ni que no sea nada.

«No renunciado, no alcanzado, no aniquilado, no persistido, no cesado, no surgido, esto es llamado *nirvana*» (XXV, 3).

(Silencio meditativo)

«No hay ninguna distinción entre *nirvana* y *samsara*. No hay ninguna distinción entre samsara y *nirvana*» (XXV, 19).

(La forma es vacuidad y la vacuidad es forma)

«Esta es la pacificación de todos los objetos, la feliz pacificación de las proyecciones; nunca en ninguna parte el Buddha ha predicado ningún *dharma* a nadie» (XXV, 24).

(Calma de la mente, comprensión profunda)

«Venero a Gautama, quien motivado por la compasión predicó el buen Dharma para renunciar a todas las opiniones» (XXVII, 30).

OM MANI PADME HUM

OM MANI PADME HUM

OM MANI PADEM HUM

12. Fenomenología de la conciencia en la escuela Yogacara o Vijñanavada

La importancia concedida a la vacuidad, primero en los *Sutras* de la perfección de la sabiduría y más tarde en Nagarjuna y toda la escuela de él derivada, puede originar la falsa idea de que todos los *Sutras* Mahayana e incluso el resto de pensadores Mahayana veían en tal enfoque la verdad definitiva del budismo. Sin embargo, esto no es así. Antes al contrario, probablemente la mayoría de los budistas en la India de esos siglos veían en la vacuidad un absurdo nihilismo.

Así se explica la composición de un *Sutra* Mahayana decisivo que provocará un giro en buena parte del budismo. Se trata del *Samdhinirmocana-sutra*.[24] En él se le pregunta al Buddha acerca de su concepción de la vacuidad y afirma que ha sido malinterpretado. Por ello dará una nueva respuesta, más equilibrada. A partir de ahí se va a hablar de tres giros de la Rueda

24. John Powers (trad.). *Wisdom of Buddha: The Samdhinirmocana-sutra*. Berkeley: Dharma Publishing, 1995.

del Dharma. El primero se dio en el discurso de Benarés, en el que formuló las Cuatro Nobles Verdades. Ahora bien, son palabras provisionales, que necesitan interpretación y matización, ya que en él se habla de personas y cosas como si existieran realmente tal como solemos percibirlas. Por ello, la segunda vez que se pone en marcha el *dharmachakra* sería a través de los *Sutras de la Prajña-paramita*, que originan el Mahayana y serán interpretados coherentemente por Nagarjuna. Sin embargo, no se trataba de una formulación filosófica última, tal como a veces se ha considerado, sino que tenía ante todo un propósito espiritual práctico, liberarse del apego a toda conceptualización; pero lo cierto es que generó cierta confusión y facilitó el crecimiento de una tendencia más o menos abierta hacia el nihilismo, aunque verbalmente se tratase de evitar. Era necesaria, pues, una tercera vuelta de la Rueda de la Ley, para equilibrar la visión. Esto es lo que se habría producido a través del *Samdhinirmocana-sutra*.[25]

Se ha hablado de una "fenomenología de la mente" en el caso del *Sutra* citado, así como de otros dos que influyeron también en la génesis del Yogacara o Vijñanavada. Además de la "Escritura que desarrolla la auténtica verdad" (*Samdhinirmocana-sutra)*, habrían influido en el Yogacara la "Escritura del ornamento floral" (*Avatamsaka-sutra*), del que ya hemos hablado, y la "Escritura sobre el descenso a Lanka" (*Lankavatara-sutra*).

25. Véase una clara exposición de la situación en Paul Williams. *Buddhist Thought: A complete introduction to the Indian Tradition.* Londres: Routledge, 2002 [1ª ed. 2000].

Basándose en ellas sería como, primero Asanga y poco después –si es cierta la historia–, tras lograr convertir a su hermanastro, Vasubandhu, escribirían algunas de las obras más importantes de la historia del budismo. Nos hallamos en el siglo IV d. de C. El primero de ellos escribió un largo compendio de doctrina y terminología budista, como guía para la práctica, titulado "Estadios en la práctica del yoga" (*Yogacarabhumi*), así como un "Compendio sobre el Gran Vehículo" (*Mahayanasamgraha*) y un resumen más breve explicando conceptos budistas claves en la "Compilación de obras sobre el Dharma supremo" (*Abhidharmasamucaya*), donde desarrolla la idea de la insustancialidad de todos los *dharmas*.[26]

Su hermanastro Vasubandhu, que había estudiado a fondo los comentarios sobre el *Abhidharma*, terminó escribiendo una célebre obra en la que resumía su estudio, titulada *Abhidharmakosha*. Comparó las enseñanzas de los sarvastivadines y las de los sautrantikas (los partidarios de una mayor fidelidad a los *Sutras* del Canon Pali) y salió en defensa de estos últimos –algo que le valió la ira del famoso maestro sarvastivadin Sanghabhadra–. Sería más tarde cuando Asanga habría conseguido convertirlo al Yogacara, hasta que finalmente redactó su obra filosóficamente más sofisticada, *Vijñaptimatratasiddhi*. *Matra* significa "solo", y *vijñapti* puede traducirse como "representación cognitiva", de ahí que la escuela Yogacara (término que no

---

26. Véase Stephen C. Berkwitz. *South Asian Buddhism. A Survey*. New York: Routledge, 2010, págs. 92-93.

hace sino indicar que se concede gran importancia a la práctica del yoga) o Vijñanavada se denomine a veces como la escuela que afirma que "Solo Mente" existe. Probablemente, pronto se convirtió en la escuela más popular e influyente del budismo indio.

Ahora bien, es frecuente interpretar la doctrina de esta escuela como un "idealismo absoluto", algo que es preciso matizar. Kalupahana señala que los responsables de esta lectura que presenta a Vasubhandu y la obra citada como idealismo absoluto habrían sido Sthiramati y Dharmapala, pero que un análisis fino de su obra mostraría que no era un idealista metafísico. Kalupahana ha ensalzado su obra, afirmando que no tiene paralelo en cuanto a profundidad, claridad y precisión.[27]

Vasubandhu compuso también la obra titulada *Veinte Versos (Vimshatika)*, así como *Treinta Versos (Trimsika)* que constituyen excelentes resúmenes breves del pensamiento Yogacara.

Pero volvamos a la aportación del *Samdhinirmocana-sutra* y veamos en qué consiste el tercer giro de la Rueda del Dharma realizado en él. El punto de partida es que la realidad primaria es Mente (*citta-matra*) o Conciencia (*vijñana*). Esta es el sustrato de todas las cosas. En este sentido, si "todo es Mente", si "solo conciencia existe", es fácil hacer una lectura idealista. Ahora bien, tendríamos que distinguir entre un idealismo epistemológico (todo lo que conocemos son ideas en la mente),

27. David J. Kalupahana. *A History of Buddhist Philosophy: Continuities and Discontinuities*. Honolulú: University of Hawai Press, 1992, pág. 186.

algo que está muy presente y con toda claridad ya en Descartes y Locke, y un idealismo metafísico (y absoluto en el caso de que se afirme que lo único que existe es conciencia; quizás Hegel podría verse como representante de tal concepción en la filosofía occidental).

E. Conze, en su importante obra sobre el budismo en la India, realiza una distinción, en este sentido, afirmando que el Yogacara es idealismo subjetivo respecto a lo empírico e idealismo absoluto respecto al sujeto trascendental. Lo primero supone una negación de la realidad independiente de los objetos externos (¡por lo que respecta a nuestro conocimiento!), así como la declaración de la primacía del "pensamiento" sobre todos los objetos. Pero, en realidad, afirma Conze, esta visión no sería sino un artificio soteriológico llamado a dar paso a la meditación sobre las concepciones erróneas y pervertidas. Lo segundo supone la identidad indiferenciada de sujeto y objeto, en ambos casos manifestación del "Pensamiento Puro", quizás mejor "Conciencia pura".[28]

Pues bien, la clave al mismo tiempo epistemológica y ontológica que convierte el *Samdhinirmocana-sutra* en el tercer giro de la Rueda del Dharma consiste en distinguir tres aspectos: 1) El aspecto construido (*parikalpita*). 2) El aspecto dependiente (*paratantra-svabhava*). 3) El aspecto perfeccionado (*parinishpanna-svabhava*). El primero es el ámbito de la exis-

---

28. Edward Conze. *Buddhist Thought in India. Three Phases of Buddhist Philosophy.* Londres: George Allen & Unwin, 1983 [1ª ed. 1962], pág. 252.

tencia dualista, así como el ámbito del lenguaje. Toda dualidad es producto de una visión errónea, el error cognitivo fundamental, origen de todo apego y todo sufrimiento, así como de toda falsa identificación. El segundo aspecto es el flujo, el continuo de experiencias cognitivas, el sustrato que erróneamente se polariza en sujeto y objeto, pero que en realidad es una serie de experiencias, de representaciones (*viñapti* –el término que destacamos ya en Nagarjuna–). Y el tercer aspecto es el verdadero modo de ser las cosas. Esta visión solo adviene en meditación profunda. A veces se dice que es vacuidad, pero es importantísimo tener en cuenta que en el Yogacara no significa lo mismo que en Nagarjuna. Ahora, la vacuidad, que es el aspecto perfeccionado, se redefine como vacío de la dualidad sujeto-objeto, es la ausencia del aspecto construido en el aspecto dependiente, con acertada fórmula de Williams, quien lo expresa bien del modo siguiente: «Como en el Madhyamaka, la vacuidad es una "ausencia", una pura negación. Esta vez, sin embargo, no es la ausencia de existencia propia o inherente, sino la ausencia de dualidad sujeto-objeto» (Williams, 2002: 171).

En realidad, para que haya ausencia de dualidad sujeto-objeto ha de existir *algo* que se divida erróneamente en sujeto y objeto. Es importante no confundir en el Yogacara clásico la realidad única, última, en un sentido ontológico, que es Conciencia pura, con el aspecto perfeccionado, siendo este lo más alto que se puede conocer.

Las interpretaciones varían. El pensamiento Yogacara es rico y variado. En esa psicología fenomenológica, como se ha llamado también, la tarea realizada por sus pensadores y que se exponía ya en los tres *Sutras* precursores, se distinguen hasta ocho tipos de conciencia: las cinco conciencias sensoriales habituales, la conciencia mental (*manovijñana*), la mente manchada (*klistamanas*), y la "conciencia sustrato" (*alaya-vijñana*) concepto central de esta escuela y que suele entenderse como el "torrente" de la conciencia subyacente, que se postula como sustrato y depósito o almacén (términos que traducen el término *alaya*) en el que se hallan las "semillas" de acciones anteriores. Williams afirma que: «aunque cambia a cada momento, sirve para ofrecer un sustrato necesario para la experiencia individual y también para la identidad espiritual no solo a través de una vida, sino también de una serie indefinida de vidas».

La noción de *alaya-vijñana* surge ante la necesidad de dar una respuesta a los problemas que habían quedado pendientes en el análisis de la realidad llevado a cabo por el *Abhidharma*, entre ellos sí es necesario admitir, además de los *dharmas* actuales, dados por la experiencia, algo así como "tendencias", "latencias", "potencialidades" o "predisposiciones", como siendo igualmente reales.

Una vez más tenemos que volver al *Samdhinirmocana-sutra*, aclamado como el primer *Sutra* Yogacara y que E. Lamotte sitúa entre los siglos II y III, fecha por otra parte de la mayoría de *Sutras* Yogacara. Es en él donde encontramos por primera vez la caracterización del *alaya-vijñana* como la mente (*citta*) con todas las semillas (*bija*).

En un estudio reciente, Waldron interpreta el *alaya-vijñana* como una especie de rúbrica conceptual para la multitud de procesos subliminales que se producen en nosotros. Insiste en que no se trata de una entidad única, y mucho menos incambiante, como posteriores intentos de sustancializar el *alaya-vijñana* hicieron, en que no ha de pensarse como si fuera un yo, sino que se trata de procesos cognitivos subliminales.[29]

No puede exagerarse la importancia del *Yogacarabhumi* a la hora de rastrear los orígenes tanto del concepto de *alaya-vijñana* como de la misma escuela Yogacara. En él, Asanga distingue entre el *alaya-vijñana*, entendido como la "conciencia samsárica", el elemento que desciende a un nuevo cuerpo, y *pravritti-vijñana*, que serían los procesos cognitivos concretos, la "conciencia cognitiva".

El mismo Asanga en su *Mahayana-samgraha* argumenta una y otra vez que sin presuponer, sin aceptar la existencia del *alaya-vijñana* no se pueden explicar satisfactoriamente muchas cosas, como la influencia de impresiones y predisposiciones procedentes de otras vidas, el proceso de renacimiento, la influencia de las aflicciones y la posibilidad del proceso de purificación. Hasta las nociones clásicas de progreso gradual en el sendero son inexplicables –insiste Asanga– sin la simultánea multidimensionalidad de la mente ofrecida por el modelo *alaya-vijñana* (Waldron: 147).

---

29. William S. Waldron. *The Buddhist Unconscious. The alaya-vijñana in the context of Indian Buddhist Thought*. Londres: Routledge Curzon, 2003, pág. 117.

En su ya citada obra, Berkwitz resume la noción de *alaya-vijñana* entendiéndola como el nivel último de la conciencia, una especie de sustrato mental identificable con la corriente de conciencia, una serie de eventos que aparecen en la mente y son almacenados como "semillas" que más tarde pueden germinar y "perfumar" o afectar a los propios estados de conciencia resultantes. «Según el Yogacara, los momentos anteriores de conciencia relacionados con las acciones kármicas producen semillas que se almacenan en el *alaya-vijñana* hasta el momento en que germinan y configuran posteriores momentos de conciencia» (Berkwitz: 94).

Ante las acusaciones de "idealismo absoluto", como si solo existiera la Mente o la Conciencia (monismo idealista), Berkwitz manifiesta que «aunque toda experiencia es dependiente de la mente, no debería concluirse que no hay nada fuera de la mente. Simplemente, la mente filtra toda experiencia y condiciona las propias concepciones y respuestas» (Berkwitz: 95).

Frente a ello, diríase que Conze, que en otros lugares hemos podido observar cómo defiende una postura absolutista en su interpretación del budismo Mahayana, sí que lee ese idealismo ontológico en el Yogacara y termina su análisis de dicha escuela afirmando que solo las enseñanzas de los místicos permiten comprender esta postura, remitiendo a la idea de "conciencia pura", sin contenidos empíricos, unidad indiferenciada: «En cierto sentido es algo positivo porque es realmente conciencia y tiene un tono afectivo positivo, identificándose con paz, beatitud, gozo y dicha. Al mismo tiempo es pura vacuidad, porque no queda ningún objeto, ningún contenido de la mente para perturbar su paz» (Conze, 1983: 257).

Meditación

Para la elaboración de una "psicología de la conciencia" o una "fenomenología de la conciencia", la meditación puede erigirse en método imprescindible, dado que la mente funciona desde estados distintos de los habituales, y de ahí puede surgir una nueva comprensión de la naturaleza de la mente y de la conciencia. Efectivamente, las recientes investigaciones de las ciencias cognitivas y particularmente de la neurociencia harían bien en dialogar con las experiencias de los grandes contemplativos de la humanidad, tal como sus testimonios a lo largo de la historia sugieren, y desde luego, también con los meditadores y contemplativos contemporáneos, que pueden ser sometidos a controles científicos para estudiar las correlaciones entre los escurridizos y subjetivos estados de conciencia y las variables mensurables a través de todo tipo de electros (cardiogramas, encefalogramas, etcétera) y de escáneres que registran los distintos tipos de actividad y los efectos psicofisiológicos. Algo, por otra parte, que está llevándose a cabo cada vez con mayor interés. Algunos aspectos de ese diálogo quedan recogidos en Wallace 2009*a* y 2009*b*.

Pues bien, con un menor alcance y de forma más "casera" nuestras experiencias en meditación pueden ayudarnos a replantear la cuestión de la relación entre el cerebro, la mente y la conciencia. Desde la introducción insinuábamos ya que no resulta nada fácil "describir" de manera neutra, objetiva e imparcial, "libre de prejuicios", lo que estaba sucediendo en meditación. Toda descripción se ve necesariamente impregnada de "interpretación". El intento de hacer fenomenología se muestra inevitablemente condenado a convertirse en hermenéutica, de modo que las presuntas descripciones se revelan siempre como interpretaciones, que o bien son muy pobres, o bien se convierten en inevitablemente sofisticadas y dependientes de un paradigma u otro, de una concepción del mundo u otra, de una psicología u otra, de un sistema de creencias u otro.

En efecto, en cuanto hablamos, para decir lo que ocurre durante la meditación, aunque solo sea para decírnoslo a nosotros mismos, nos vemos necesariamente inmersos en un mar interpretativo, por lo general incuestionado. En la filosofía occidental lo intentó Descartes, y de manera más sistemática, siguiendo los pasos de este, Husserl y toda la escuela fenomenológica que tanto marcó al siglo xx. Aquí lo estamos viendo en los *Sutras* Yogacara, en Asanga y en Vasubhandu. Ahora nos toca a nosotros bucear en nuestra propia conciencia y "decir" (*legein, logos*) lo que "vemos" (no con el ojo de la carne ni con el ojo de la razón, sino con el ojo de la contemplación) en nuestra "psique". "Psico-logía", pues, podría llamarse "psicología fenomenológica" porque trata de describir los fenómenos tal como aparecen ante nuestra conciencia, poniendo entre paréntesis el carácter de realidad que puedan tener, fuera de esta. "Psicología fenomenológica-hermenéutica", porque somos irreversiblemente conscientes ya de la inclusión de la interpretación en el momento mismo de la comprensión de lo que sucede. Podríamos añadir la presencia de la no menos inevitable "lingüistificación" de nuestro saber, pues sin duda necesitamos la mediación del "lenguaje" (y de una u otra de las "lenguas") para conceptualizar y expresar lingüísticamente lo que nos es dado contemplar en el horizonte de nuestra conciencia.

Así pues, cerramos los ojos. Cerrramos, en la medida de lo posible, todas las puertas de nuestra percepción sensorial. El mundo exterior es "como si" no existiera ahora para nosotros. Estamos a solas con nuestra conciencia (que en definitiva constituye nuestro "mundo").

La atención se dirige allí donde surge una sensación: peso en el pie derecho, tensión en los hombros, movimiento involuntario de los ojos, etcétera. Y mientras tanto vamos profundizando en la relajación de las tensiones neuro-musculares innecesarias.

Ahora dirigimos la atención (el rayo láser de nuestra conciencia) a la respiración. Y esta se manifiesta como un tipo de sensación distinta de las denominadas sensoriales. Podemos percibir una especie de "campo" que rodea nuestro cuerpo físico y cuya percepción varía con la respiración. Podemos llamarlo "campo etérico".

A continuación, la atención se centra en la percepción de lo que ocurre en nuestro "campo afectivo", escuchando cualquier emoción o sentimiento que aparezca ante nuestra conciencia. Puedo nombrar cada emoción o sentimiento, pero lo importante es percibir la "textura" de cada sentimiento y comenzar a hacer conscientes sentimientos que generalmente pasan desapercibidos, permaneciendo inconscientes para nosotros, hasta que su intensidad crece y no podemos dejar de percatarnos de ellos. Es fácil creer que, al ir calmándose las emociones más superficiales, no hay ningún sentimiento mientras meditamos. Pero si agudizamos nuestra percepción atenta, reconoceremos que siempre nos hallamos en un "estado de ánimo" u otro. Podemos hablar del "tono afectivo" y ampliar nuestra conciencia a la percepción de esos estados anímicos más sutiles: paz, tristeza, alegría, pena, gozo, etcétera. Descubrimos que podemos aprender a percibir estados cada vez más sutiles. No nos interesa ahora una genealogía de los estados de ánimo, para ver su origen, su formación, su desarrollo, sino que nos limitamos a tomar nota, a percatarnos de su existencia y su cualidad propia.[30]

Observamos también hasta qué punto podemos influir sutilmente en tales estados de ánimo, sugiriendo la aparición de uno u otro de ellos. Ahora, si nos interesa alguna sugerencia/sugestión, podría ser la instalación en un estado de paz profunda, pues aparte del valor que tiene en sí misma nos posibilita la visión posterior de fenómenos cada vez más sutiles.

Desde esa paz de nuestro corazón fijamos ahora nuestra atención en la aparición de pensamientos e imágenes en nuestro "campo mental". No nos interesa el contenido de los pensa-

---

30. Es aquello a lo que Antonio Damasio, en su célebre obra *El error de Descartes* (2007), denomina, si bien concibiéndolos de manera biologista-reduccionista, "sentimientos de fondo" (véanse págs. 179-185).

mientos ni su correspondencia con una presunta realidad externa, ni nos importa su coherencia lógica, ni siquiera su cariz moral. Tan solo su existencia, el acto de ser en cuanto pensamiento, su surgimiento en nuestra mente y su posterior desaparición del horizonte de nuestra conciencia. Y así permanecemos serenamente, observando cómo aparecen y desaparecen, como si fuesen corrientes de energía que nacen y mueren en nuestro campo mental. Dejamos de lado ahora su "significado", tan solo constatamos su aparición y su desaparición.

(Silencio contemplativo de los pensamientos
como formas mentales)

Ahora comienza a interesarnos cada vez más el "espacio" (de la conciencia) en el cual se mueven los pensamientos (y, en general, todos los "contenidos de la conciencia"). Ese espacio no es nada concreto, no es un pensamiento, ni cosa alguna determinada. Es una especie de "vacío" en el cual aparecen los pensamientos (cuya naturaleza, por otra parte, se nos escapa, incluso resulta altamente extraña a nuestra reflexión). Es este vacío el que llama ahora nuestra atención, más que los contenidos que llenan esa "espaciosidad", esa "vacuidad".

Y a medida que insisto en la contemplación de la espaciosidad descubro que va intensificándose una especie de luz propia de la conciencia, una luminosidad, una claridad que aumenta o disminuye según distintas variables, entre otras la cantidad de pensamientos, y también según la "calidad" de estos.

(Moramos en esa espaciosidad-vacuidad-claridad
que además se va impregnando de una serena felicidad)

De pronto surge un pensamiento acerca de lo que habitualmente denomino "yo". Como si despertase, no de un sueño inconsciente, sino de una luminosidad supraconsciente, transegoica, y comenzase a pensar que en la anterior espaciosidad iluminada no parecía haber nada ni nadie. Sobre todo no andaba pululando por mi conciencia la habitual preocupación acerca de mí mismo. Ningún pensamiento acerca de mí mismo (ni acerca de nada). Ninguna imagen de mí mismo. Ni imagen de yo-como-cuerpo ni imagen de mí mismo meditando, ni nada de nada. Pura luminosidad gozosa.

Extraño, ahora que lo pienso, pero descubro que se trataba de un estado altamente deseable (y el hecho de desearlo aparece solo posteriormente, cuando reflexiono sobre él, cuando queda su fragancia, cuando parece haber partido, o simplemente haber permitido que se integrase en él el pensamiento).

Después de ese tiempo que parecía estar fuera del tiempo, ese espacio que parecía estar fuera del espacio, me pregunto ahora si cabe hablar, a partir de ese estado, de "conciencia pura", carente de contenidos. Incluso si es que esa conciencia, en la que, por momentos, cualquier cosa, incluida esa cosa a la que llamo yo, estaba ausente, está fuera del espacio y el tiempo. Como si el espacio y el tiempo de mi conciencia solo estuvieran presentes cuando la mente está en movimiento.

Y así va apareciendo con claridad la distinción entre lo que puedo llamar "mente", que implica movimiento y contenidos concretos en mi conciencia, compuesta de ideas, conceptos, imágenes, recuerdos, etcétera, y lo que puedo llamar "conciencia", que ahora brilla como esa luminosidad inexplicable, esa claridad del no-espacio en el que se genera todo espacio mental al pensar.

Así, el pensamiento se muestra como perteneciente a la mente, y la conciencia se revela como capaz de una percepción transconceptual, una visión directa de los contenidos que aparecen en ella.

¡Nuevo descubrimiento! Esa "conciencia pura" no solo está presente cuando cesan los movimientos de la mente. Como si fuesen incompatibles. Sino que ahora, después de haber vivido su espaciosidad luminosa, constato que está presente, ¡cómo no!, incluso aunque comience el movimiento de pensamientos. De hecho, es como si la mente no fuese sino una exteriorización de una capacidad particular de la conciencia, como si una parte de la conciencia adoptara una forma determinada, emprendiese una actividad determinada, generando conceptos e imágenes, surgiendo la comprensión mental a través de la conceptualización, pero todo ese proceso es observado por la conciencia, a modo de testigo, de observador capaz de presenciar todos los procesos mentales, sin perderse ya en ellos, sin identificarse con ellos.

Es como si la conciencia se hubiese ampliado, tanto hacia "abajo", incluyendo contenidos hasta ahora subconscientes, como hacia "arriba", comenzando a integrar contenidos que podemos llamar, hasta ahora, "supraconscientes". Aun así, sigue con claridad la distinción entre los contenidos de todo tipo, que aparecen y desaparecen de la conciencia, y la conciencia pura, que se ha ido revelando como una extraña (y, sin embargo, al mismo tiempo, como siendo la más propia) presencia.

Con "presencia" quiere apuntarse la sensación de una nueva "identidad" inobjetivable, que no es ya el "ego" observado ahora de modo especialmente lúcido desde "allí", desde "ella", sino una realidad sustanciosa sin ser sustancial, esencial a mi ser, sin ser una esencia manejable y encuadrable en un concepto, impensable por la mente.

Volvamos a esa Presencia silenciosa que nos llena inexplicablemente de Gozo. Sin razón. Sin causa. Sin porqué. Y que, sin embargo, parece explotar en nosotros como el Gran Sentido.

13. El budismo en China y Japón: de Hui-neng a Dogen

Durante los seis últimos capítulos hemos visitado el budismo indio. Esto supone unos diez siglos de desarrollo creativo, antes de comenzar a introducirse, de manera significativa, en el Este asiático. Podemos situarlo en el siglo v d. de C. cuando Seng Chao (384-416) introduce el Mahayana en China, y puede considerársele uno de los pioneros en la actitud Zen. Contemporáneo de él es Tao Sheng (360-434), discípulo destacado de Kumarajiva y claro precursor de la vía abrupta que veremos a continuación.

No obstante, la historia ha querido destacar la figura de Bodhidharma (470-534), personaje en la frontera de lo legendario, como introductor del budismo en China el año 520. Él suele presentarse como el fundador del Zen, al menos su precursor, si se quiere, todavía en "la prehistoria del Zen", y considerado el primer Patriarca.[31]

---

31. Arul M. Arokjasamy. *¿Por qué Bodhidharma vino a Occidente? –La transmisión del Zen: problemas, peligros y promesa.* Brihuega, Guadalajara: Zendo Betania, 1998.

Ahora bien, el fundador propiamente dicho del Zen sería Hui-neng (Yeno), el sexto Patriarca, en fechas algo dudosas. Frecuentemente se considera que nace en el 638 y muere en el 713; sin embargo, H. Dumoulin, en su historia del Zen, da las fechas 601-674. En cualquier caso, digamos que nos hallamos en el siglo VII. A los 24 años, Hui-neng llega a Wang-mei, el monasterio del maestro Hung-jen. Entre los discípulos de este destacaba por su erudición Shen-hsiu, si bien su experiencia no estaba a la altura de su saber teórico. Años después de la llegada de Hui-neng, el maestro decide buscar sucesor antes de retirarse, y para ello propone que los candidatos escriban algunos versos para poder comprobar así quién había comprendido mejor sus enseñanzas y merecía recibir la transmisión del *dharma*.

A los pocos días, sin que nadie lo viera, Shen-hsiu escribió en los muros del templo los siguientes versos:

> El cuerpo es el Árbol del Bodhi (la iluminación);
> El corazón, como el pedestal de un espejo brillante.
> No dejes de bruñirlo con afán en todo momento
> Para que no tenga polvo.

Al verlo, el Maestro preguntó quién era su autor, y al revelarse este, exclamó: «Tu cántico muestra que lo has visto, pero no has llegado; que has llegado a la puerta, pero no has entrado. Las gentes ordinarias que obren de acuerdo con él no caerán, pero jamás podrán obtener la iluminación suprema, pues para ello hay que atravesar la puerta, contemplar la propia naturaleza. Marcha ahora y medita uno o dos días, y entrégame otro cántico, que si en él logras atravesar la puerta, contemplar tu propia naturaleza, habré de pasarte los hábitos y la Doctrina».[32]

Mientras tanto, Hui-neng, analfabeto según la tradición (aunque quizás admita una lectura simbólica, para destacar el carácter experiencial de su enfoque, frente al carácter más teórico, erudito de Shen-hsiu), oyó recitar el cántico escrito en la pared a un monje que por allí pasaba y supo que el autor no había alcanzado la iluminación. Como en súbita comprensión pidió al monje que escribiera los siguientes versos:

> El bodhi no es un árbol,
> El espejo brillante no tiene pedestal.
> Si la naturaleza búdica es por siempre pura y limpia,
> ¿Dónde está el polvo?

Al leerlo, el maestro Hung-jen comprendió que quien lo había escrito estaba muy cerca de la iluminación, pero temiendo que su sucesor no fuera aceptado decidió nombrarle sexto Patriarca en secreto, recomendándole salir prudentemente del monasterio. En la transmisión del Dharma, poco antes de partir, el maestro le leyó el *Sutra del diamante*, y en ese momento Hui-neng alcanzó la iluminación: «Ahora eres el sexto Patriarca –le dijo– y estos hábitos transmitidos de uno a otro Patriarca dan

---

32. Hui-neng. *Sutra del estrado (Tan Jing)*. Barcelona: Kairós, 2000, pág. 51; trad. de Laureano Ramírez.

testimonio de ello. Que la Doctrina sea transmitida de corazón a corazón y cada cual alcance la iluminación por sí mismo [...]. De tiempos antiguos acá, la vida de los receptores del Dharma siempre ha pendido de un hilo en el momento de la transmisión. Si te quedas aquí, alguien te hará daño. Debes marchar, al punto, a un lugar lejano».

El *Sutra del estrado* y las enseñanzas de Hui-neng constituyen una excelente ilustración del intento por transmitir la esencia del budismo. En los versos de Hui-neng vemos que no se trata de un trabajo constante de limpieza de estas y aquellas impurezas con el fin de lograr algo de lo que se carece, sino que la naturaleza búdica es nuestra naturaleza más profunda, lo que somos desde siempre y para siempre, y que, por tanto, no se trata de una conquista ni de una creación, sino de un descubrimiento de la budeidad en nosotros y en todas las cosas.

Ese contemplar la propia naturaleza búdica es la esencia de la meditación, como explicita el propio Hui-neng más adelante, en el mismo *Sutra*: «Instalarse en la meditación, según esta doctrina, significa liberarse de todos los impedimentos y no proyectar el pensamiento hacia ninguno de los mundos fenoménicos. Y meditación es contemplar la propia naturaleza sin perturbación alguna».

En eso consiste la esencia de la sabiduría (*prajña*) y el corazón de la iluminación. Estamos ante la vía abrupta, el despertar súbito, el camino de la iluminación inmediata que caracteriza al "budismo del sur" –como se denominó con el tiempo al enfoque del propio Hui-neng– frente a la vía paulatina, progresiva, propuesta por el "budismo del norte", tal como defendían los seguidores de Shen-hsiu. El siguiente texto recoge bien el pensamiento de Hui-neng: «La sabiduría del *prajña* no es mayor o menor en unos u otros. El obcecamiento de corazón está presente en todos los seres, y son solo las gentes de corta intuición las que buscan al Buddha fuera de sí y no comprenden su propia naturaleza. Pero aquellos que al escuchar la Doctrina de la iluminación inmediata no incurren en el engaño de la práctica externa, sino que, en vez de ello, intentan generar en su propio corazón contemplaciones acertadas para poner a flor su naturaleza básica; aquellos, con estar aquejados, como todos los seres, de pasiones y aflicciones, hallarán la iluminación al instante. La acción de contemplar la propia naturaleza es como la acción del océano al convertir en una todas las aguas, grandes o pequeñas, que confluyen en él».

Aunque la tradición consagró la distinción entre budismo del norte y budismo del sur, el propio Hui-neng salió al paso de tal diferenciación, mostrando que la diferencia estaba no en la doctrina, sino en aquellos que se acercaban a ella: «Todos cuantos dicen que Hui-neng representa a la escuela del sur y Shen-hsiu a la del norte hablan sin fundamento [...]. ¿Por qué se habla de iluminación gradual e iluminación inmediata? Porque unos son lentos y otros raudos en alcanzarla, pero Doctrina solo hay una. Los lentos alcanzan la iluminación gradualmente, y los despiertos en un instante; pero no existe una doctrina gradual y otra inmediata, sino gentes dotadas de mayor o menor agudeza; por eso se habla de gradualidad e instantaneidad».

La radicalidad lúcida de Hui-neng, heredada por todo el Zen japonés, brilla en las siguientes palabras del sexto Patriarca: «Si en mi propio corazón está el Buddha, mi propio Buddha es el Buddha verdadero; mas si yo mismo no alcanzo en el corazón al Buddha, ¿en qué lugar podré encontrarlo?».[33]

No es el Buddha exterior el que importa, sino la propia budeidad interior. Sin duda, por ello Lin-Chi, en el siglo IX, pudo exclamar aquella célebre frase, recogida en uno de sus 22 discursos, tal como puede leerse en el *Rinzai Roku*: «Si encuentras al Buddha, mátalo. Si encuentras al Patriarca, mátalo. Y sigue tu camino».

Dicho en palabras del último canto del *Sutra del estrado*: «El Buddha verdadero es Mente pura y Verdad absoluta [...]. Quien no busca la verdad en sí y pretende encontrar fuera al Buddha, será siempre, en su búsqueda, un gran obcecado».

Entre los grandes maestros Zen de la China posterior a Hui-neng, hay que mencionar, al menos, a Ma-Tsu-Tao-i (709-788) y a Shih-t'ou Hsi ch'ien (700-790). Se enmarcan en la edad de oro del Zen, es decir, en el período de la dinastía T'ang. Es entonces cuando florecen cuatro escuelas o casas, conocidas por el nombre del maestro que las funda y de las que destacaremos tan solo la escuela (de) Lin-chi, llamada a convertirse en la escuela Rinzai en su brillante futuro en Japón. Discípulo de Huan-po, este lo envía a Tayu, con quien pasa varios años,

---

33. Citado por H. Dumoulin. *Zen Enlightenment: Origins and Meaning*. Nueva York-Tokio: Weatherhill, 1993, pág. 64.

alcanzando finalmente la iluminación, convirtiéndose en sucesor de Huang-po al volver junto a este. Con el tiempo se hizo célebre la costumbre de gritar *¡Ho!* (en Japón sucederá algo similar en la escuela Rinzai, con la expresión *¡katsu!*), teniendo como objetivo producir una sacudida y despertar al discípulo.

En dicha escuela destaca el uso del *koan* (en chino *kung-an*) que literalmente significa "anuncio público", aunque en realidad se trata de frases paradójicas, a modo de acertijos, que el maestro propone al discípulo y con los que tiene que convivir durante largo tiempo, intentando encontrar la respuesta. Una respuesta que no es de carácter lógico-racional, pues justamente se trata de llevar la mente racional ante el absurdo y, golpeada por el sin-sentido y la ausencia de cualquier respuesta lógica, se verá ante la necesidad de dar un salto más allá de sí misma hasta vislumbrar la naturaleza búdica, que es la mente-del-Buddha o la no-mente.

Aunque puede considerarse que las respuestas dadas por algunos maestros del período T'ang constituyen verdaderos *koans*, y como tales han sido utilizadas por maestros posteriores, el primero en emplearlos sistemáticamente en su enseñanza fue probablemente Nan-yuan Hui-yung, a comienzos del siglo IX. Poco después hallamos ya la primera colección de *koans* por escrito, tratándose de los dichos del maestro Fan-yang Shan-chao (947-1024). Sin embargo, quien extendió la meditación con *koan*, criticando al mismo tiempo con dureza "el falso Zen de la iluminación silenciosa" practicado por la Casa Ts'ao-kung (que pronto se convertiría en Japón en la escuela Soto), fue el *roshi* ("viejo maestro") Ta-hui Tsung-kao (1089-1163).

Hay dos colecciones de *koans* a los que toda la tradición posterior ha recurrido: el *Hekiganroku*, con un centenar de *koans*, y el *Mumomkan*, en el que se presentan 48 *koans*. Ambos pertenecen al período Sung en China. Del primero procede la conversación entre el emperador Wu-ti y Bodhidharma, cuando Bodhidharma, preguntado solemnemente por el emperador acerca de cuál es el significado supremo de la Verdad sagrada, responde:

Amplia Vacuidad. Nada sagrado.

De la segunda colección, compuesta por *koans* más sencillos –quizás de ahí su enorme éxito posterior en Japón–, recordemos aquel en que un monje pregunta a Chao-chou: «¿Un perro tiene la naturaleza del Buddha?». A lo que Chao-chou exclama: «*Mu*».

Mu significa "no" o "nada". Y se ha convertido en uno de los *koans* más utilizados.

También en Japón el budismo se introduce, procedente de China, en el siglo vi, durante la segunda mitad. En el *Nihon Shoki* se ofrece la fecha del 525 como año en que un monarca coreano envió una imagen y varios *Sutras* budistas al Japón. Durante varios años se pensó que no era más que una nueva versión del culto nativo. Como dijimos, al llegar a China, el budismo encontró bien afianzados tanto el confucionismo como el taoísmo, y de modo similar, al llegar a Japón, el shinto era la religión oficial. Ya a comienzos del siglo vii el conocimiento de la dimensión espiritual del budismo fue creciendo entre las élites japonesas. El respeto a la vida y la compasión hacia todos los seres, tan destacados en el budismo, comenzaron a ser apreciados. No obstante, el budismo se utilizaba sobre todo para satisfacer dos necesidades importantes del alma japonesa de ese siglo: en primer lugar, como un modo de apaciguar el temor que se experimentaba hacia los difuntos, y en segundo lugar, como conjunto de encantamientos (el poder del *mantra*) con el fin de lograr bienes terrenales. Por lo que respecta a lo primero, los ritos funerarios comenzaron a realizarse utilizando *Sutras* budistas, y terminaron siendo enteramente budistas. Por lo que respecta al segundo, el aspecto "mágico" del budismo siempre ha estado presente en Japón.

Así pues, cabe pensar que las enseñanzas más elevadas del Buddha solo eran impartidas durante estos dos primeros siglos de presencia budista en Japón a grupos muy reducidos de monjes con suficiente formación intelectual.

Sería a finales del siglo VII y durante todo el siglo VIII cuando monjes procedentes de China introdujeron las seis principales escuelas del budismo: la escuela Sanron; la escuela Jojitsu (que enseña la vacuidad no solo de los *dharmas*, sino también del yo); la escuela Hosso (Yogacara), introducida por Doshu y partidaria del *vijñapti-matra*, la doctrina que afirma que no existe nada fuera del pensamiento ("solo-mente", "todo es mente"); la escuela Kusha, basada en el *Abhidharmakosa* de Vasubandhu; la escuela Ritsu o Vinaya, caracterizada por la minuciosidad de las reglas dictadas a los monjes y monjas del Sangha, y la escuela Kegon, introducida el año 736 por Bodhisena, monje indio, y que hace del *Avatamsaka-sutra* el texto principal.

Todas estas escuelas permanecieron muy minoritarias. Sería en el siglo IX cuando se introducen las dos escuelas esotéricas procedentes de China y que perduran hasta nuestros días. Esto coincide con el traslado de la capital de Nara a Kyoto. Estas dos escuelas son el Tendai (del chino *T'ien T'ai*), que llega a Japón el año 805, gracias a Saicho, cuyo título póstumo es Dengyo Daishi (767-822), y la escuela Singon, modalidad tántrica china, introducida por Kukai (póstumamente conocido como Kobo Daishi) en el 808, tras haber estudiado varios años en China.

Ambas escuelas enseñaban que la naturaleza esencial de todo ser humano no es sino la naturaleza búdica, el Dharmakaya, especialmente bajo la forma del Buddha Vairocana (Dainichi Nyorai), tal como vimos en el *Avatamsaka*. Si bien ambas reservaban sus enseñanzas para quienes habían superado ciertas iniciaciones, la escuela Tendai concedía una importancia muy especial al *Sutra del loto* y empleaba una meditación propia del culto amidista, que centra su veneración en Amida o Amitabha (Buddha). No obstante, la escuela Tendai integró el budismo en la cultura japonesa: «El Tendai reservaba dentro de su estructura un lugar para el *kami*, al mismo tiempo que también presentaba cierto aspecto nacionalista, pues Saicho creía que los japoneses poseían una vida espiritual suficientemente madura y que por ello estaban preparados para recibir la doctrina completa del *Sutra del loto*. También elaboró su teoría de la afirmación universal de *hongaku* o la "iluminación original", que expresaba la ausencia de diferencia entre la iluminación del Buddha y la de los hombres y mujeres normales, así como la identidad entre la liberación y la vida en el mundo».[34]

Por lo que respecta a la segunda, la escuela Shingon o Mantra, posee un carácter más esotérico. Kukai estudió el budismo en China y, a su vuelta a Japón, fundó la Academia Imperial de Artes y Ciencias, siendo consejero religioso de la corte, preparando el camino para el sincretismo más tarde reinante, en el cual el shinto y el budismo esotérico caminarían juntos. En la cima de la concepción expuesta por Kukai se sitúa el Buddha Mahavairocana, idéntico al Dharmakaya, Realidad última concebida como Vacuidad. Kukai, desde su perspectiva esotérica, hacía hincapié no solo en la meditación, sino en *mantras*, *mandalas*, *mudras*, tal como el Tantra hindú y el Tantra budista hacían en la India (y el último también en China, de donde lo tomó Kukai). Para Kukai –recuerda N. Smart–, el budismo esotérico Shingon era la forma más elevada de budismo, porque reflejaba la verdad eterna del cuerpo de Mahavairocana y no las enseñanzas provisionales e introductorias del Buddha Sakyamuni, que era temporalmente limitado.

Sería, justamente, a partir de la escuela Tendai, cuando surgirían, ya en los siglos xii y xiii, las formas budistas más genuinamente japonesas que han ido creciendo y perduran hasta nuestros días. Sería en ese momento cuando el budismo comen-

---

34. Ninian Smart. *Las religiones del mundo*. Madrid: Akal, 2000, pág. 141.

zaría a popularizarse y estar al alcance del hombre medio. Tres corrientes budistas destacan a partir de entonces: el amidismo, la escuela Nichiren y el Zen.

Dentro del amidismo destacan dos escuelas: la Jodo, fundada por Honen, y la escuela Shin, cuyo fundador es Shinran (1173-1262), ligeramente posterior a Honen. En ambas, la noción central es la de *tariki*, que puede traducirse como "otro Poder", en referencia a la actitud central de entrega al Poder supremo del Amitabha Buddha, poder distinto del propio *jiriki*, incapaz este por sí solo de alcanzar la liberación o el *nirvana*. Esta confianza y entrega absoluta e incondicional al "otro Poder" tiene como objetivo inmediato lograr renacer en la Tierra Pura del Amitabha, envidiable paraíso desde el cual es fácil, mucho más que en esta sufriente Tierra, alcanzar el *nirvana*. El medio fundamental empleado para ello es el *nembutsu*, la invocación del nombre de Amida (*namu amida butsu*). La fe total en el Buddha se constituye así en el método directo de liberación de los males de este mundo. Mientras que Honen recomendaba repetir la invocación cuantas más veces mejor, para Shinran una sola invocación llevada a cabo con verdadera fe, con completa entrega, bastaría para merecer la Tierra Pura.

En cuanto a la escuela Nichiren, lleva el nombre de su fundador, perteneciente al siglo XIII, quien establece su escuela tras 11 años de estudio y meditación en el monte Hiei. Su texto fundamental es también el *Sutra del loto*, cuyo estudio se considera suficiente para proporcionar la iluminación definitiva. Nichiren llevó a cabo duras críticas a las restantes escuelas budistas y las acusó de hallarse en el origen de todos los males en que se estaba viendo la sociedad japonesa de ese siglo. Bastarán las siguientes palabras de Nichiren para percibir su radicalidad crítica: «Nembutsu lleva al infierno inferior, los discípulos del Zen son demonios; el Shingon acarrea la ruina del país; al Ritsu pertenecen solo traidores y asesinos».[35]

Pese a su intransigencia y su tendencia a la intolerancia se convirtió pronto en una de las escuelas con mayor número de adeptos, y sigue siéndolo actualmente.

En el Zen, a diferencia del amidismo, es el propio esfuerzo (*jiriki*) el que se constituye en herramienta única para el descubrimiento de la propia naturaleza búdica. La clave aquí es *zazen*, el sentarse en meditación, para tomar conciencia de lo efímero de toda existencia condicionada, del carácter compuesto de toda realidad mundana, incluida nuestra idea de yo. Ya hemos mencionado las dos escuelas más destacadas del Zen japonés, ambas procedentes del *ch'an* de China. Ambos términos *zen* y *ch'an* derivan del término sánscrito *dhyana*, que puede traducirse por "meditación".

Una es la escuela Rinzai, introducida por Eisai en Japón a finales del siglo XII, procedente de las enseñanzas de Lin Chi, como dijimos, y en ella el *koan* ocupa un papel central. Se trata, efectivamente, de un reto para la mente, una frase o sonido sin sentido lógico, que nos lanza hacia una dimensión más profunda de la conciencia, allí donde, libre de ataduras, apegos y

35. C. Blacker, o.c., 521.

discurso interior, se descubre la propia naturaleza búdica, cual cielo azul tras las cambiantes nubes de pensamientos. ¿Cuál era tu rostro antes de nacer?, o ¿cómo es el sonido al aplaudir una sola mano? son ejemplos de *koans*.

La escuela Soto se debe a Dogen (1200-1253), quien la funda en Japón años después de que lo hiciera Eisai y nos ha legado una de las obras más profundas, no solo dentro del Zen, sino de toda la literatura japonesa. No se suele usar el *koan*, y en lugar de esta práctica basta *shikan-taza*, meditación en la vacuidad, a través de la observación atenta de todos los procesos psicológicos que ocurran, pero tratando de no identificarse con ellos, de descubrir la mente pura que no es otra cosa que la naturaleza del Buddha, nuestra naturaleza esencial.

Saboreemos algunas gotas de la sabiduría de Dogen, reconocido como el maestro Zen japonés por excelencia. Su infancia encarna la verdad de la "impermanencia" (*anitya*), pues cuando tenía dos años muere su padre, y cinco años después le seguirá su madre. Pasó a vivir con su tío, pero a los 12 años dejó la casa para entrar en la vida monástica. Nacido con el cambio del siglo (1200), en el año 1223 viaja a China, donde estudiará y practicará en un monasterio *ch'an*. Su maestro, junto al cual alcanzó la gran iluminación, fue Ju-ching (1163-1268).Tras cuatro años en China vuelve a Japón en 1227, donde fundó un monasterio al que pronto acudirían un gran número de discípulos, atraídos por su sabiduría. No obstante, en 1243 se retiró a la montaña, a vivir en soledad.

Su obra clave es *Shobogenzo*, extensa obra de 95 capítulos

y más de mil páginas, que ha sido aclamada como la cumbre del Zen japonés. En ella se hace hincapié en la importancia de la práctica del sentarse en silencio. El estudio de las escrituras, así como el ejercicio con el *koan* son secundarios frente al "solo sentarse" (*shikan-taza*). La impermanencia y el desapego son clave en todo su enfoque, incluso por lo que respecta al *satori*, experiencia intensa de despertar súbito, de iluminación, de trascendencia del cuerpo y la mente: «el camino del Buddha y el camino de los Patriarcas es solamente *zazen*». A pesar de insistir en la importancia de la práctica de la meditación, deja muy claro que no hay conexión entre la práctica y la iluminación. Justamente, fiel a Hui-neng, no se trata de limpiar el espejo una y otra vez, sino de despertar a nuestra naturaleza búdica. La iluminación no es otra cosa que el brillo de la naturaleza del Buddha en nosotros.

Precisamente, la reflexión en torno a la naturaleza búdica (en sánscrito, *buddhata*, en japonés, *bussho*) constituye una de las aportaciones más destacadas del *Shobogenzo*. Como dice Dumoulin: «A lo largo del libro, resuena este tono de proclamación religiosa una y otra vez, de un modo que no se encuentra en una filosofía puramente conceptual [...]. La naturaleza-del-Buddha no es solo eterna y omnipresente, sino también pura e inmaculada. Aquel que la capta como el fundamento de la realidad, no puede evitar situarse ante las cosas con reverencia religiosa. El aspecto religioso de la naturaleza-del-Buddha resulta especialmente evidente en la enseñanza sobre la iluminación» (Dumoulin, 1993: 103).

Hemos hablado de la budeidad como fundamento de la realidad, pero esto no debe entenderse como si se tratase de un absoluto sustancial. Justamente, Dogen, después de Nagarjuna, es el más vivo representante de una vía negativa, en la cual la noción de "vacuidad" desempeña un papel central. Si hubiera que caracterizar de algún modo la naturaleza búdica, Dogen lo haría en términos de "apertura", de "vacío" y en todo caso de "lucidez". Explícitamente, critica la filosofía idealista del Yogacara y se opone a su noción de *alaya-vijñana* (como hemos visto ya, esa especie de conciencia-almacén que contiene todas las semillas de la existencia).

Uno de los aspectos más brillantes de su obra, aspecto que recreará la escuela de Kyoto,[36] desde Nishida hasta nuestros días, pasando por Tanabe (1885-1962)[37] y Nishitani (1900-1990),[38] es aquel que desarolla la idea de "la nada de la naturaleza búdica". Efectivamente, es frecuente en el budismo afirmar que todos los seres sintientes son de la naturaleza-del-Buddha, pero Dogen apunta que el ser de las cosas, en cuanto ser-de-la-naturaleza-del-Buddha, no agota todo lo que la naturaleza búdica "es", pues, dado que toda determinación es negación, hay

---

36. Puede verse una excelente introducción a la Escuela de Kyoto en James W. Heisig. *Filósofos de la nada: un ensayo sobre la Escuela de Kyoto*. Barcelona: Herder, 2002.
37. La más importante de sus obras es, *Philosophy as Metanoetics*. Berkeley: University of California Press, 1986.
38. Véase especialmente Keiji Nishitani. *Religion and Nothingness*. Berkeley: University of California Press, 1983. Y como estudio de diversos autores sobre su filosofía, Taitetsu Unno (ed.). *The Religious Philosophy of Nishitani Keiji*. Berkeley: Asian Humanities Press, 1989.

que mostrar la deficiencia de tal afirmación y complementarla con aquella que proclama la "nadidad"/"nulidad" de la naturaleza búdica. Tampoco Dogen pretende ser original en ello, y señala al cuarto Patriarca chino, Tao-shin, como el primero en hablar de ella, en una conversación con el que sería su sucesor, Hung-jen. La "nadeidad" de la naturaleza búdica corresponde a la expresión de Dogen *mu bussho*. No es de extrañar que el *koan* más afín a la actitud de Dogen sea, justamente, el *mu* que Chao-chou dio como respuesta a la pregunta acerca de si un perro tenía la naturaleza del Buddha.

Todo ello nos lleva, una vez más, a la noción –central desde los *Sutras de la Prajña-paramita* y Nagarjuna– de *shunyata*, vacuidad. Es esta el fundamento-sin-fondo de *mu-bussho*. La naturaleza búdica, nuestra naturaleza más profunda, vacuidad luminosa, no es una potencialidad en nosotros. En la naturaleza del Buddha no hay potencialidad.

Meditación

El siguiente fragmento del *Shobogenzo* nos servirá para introducirnos en *shikan-taza*. Especie de *koan*, sin necesidad de utilizarlo como tal, su claridad nos conduce espontáneamente a la claridad de nuestra propia mente, que es no-mente, de nuestra naturaleza del Buddha que queda actualizada como budeidad.

Conocer el camino del despertar
Es conocerse a sí mismo;
Conocerse a sí mismo
Es olvidarse de sí mismo;
Olvidarse de sí mismo
Es quedar iluminado por todas las cosas;
Quedar iluminado por todas las cosas
Es dejar desaparecer cuerpo y mente
De uno mismo y de todo lo demás;
Entonces los residuos
De la experiencia de iluminación desaparecen
Y se deja que la iluminación,
Vacía ya y libre de todo residuo
Se expanda sin límites.[39]

No hace falta preparación alguna. Tan solo "dejar caer cuerpo y mente".

(Silencio)

Dejar caer cuerpo y mente significa abandonar, de manera instantánea, ya, toda tensión corporal y toda pretensión mental.

---

39. Puede verse un análisis más detallado de la cuestión referente a si todos los seres tienen naturaleza búdica en el capítulo 21 del *Shobogenzo* en Eihei Dogen. *Shobogenzo: The Treasure House of the Eye of the True Teaching* (trad. Hubert Nearman), Mount Shasta, California: Shasta Abbey Press, 2007.

(*Silencio*)

«Conocerse a sí mismo es olvidarse de sí mismo». Conocer la naturaleza búdica supone olvidarse de lo que creemos ser: cuerpo y mente.

(*Silencio*)

«Olvidarse de sí mismo es quedar iluminado por todas las cosas.» Todas las cosas poseen naturaleza búdica. La naturaleza búdica es la verdadera naturaleza de las cosas. Una naturaleza que no es naturaleza, sino ausencia de naturaleza.

(*Silencio*)

«La iluminación, vacía y libre de todo residuo, se expande sin límites». La naturaleza búdica es la iluminación. La iluminación es la budeidad. Allí no hay ninguna cosa, ni es cosa alguna. Expansión sin límites de lo que no necesita expandirse. De lo que no tiene límite alguno.

(*Silencio*)

Tu verdadero rostro. El rostro que tenías antes de que tus padres nacieran.

(*Silencio*)

Tu verdadera mano. La mano que puede aplaudir sin otra mano.

(*Silencio*)

Tu verdadero ser. Que no tiene ser. Que está más allá del ser y del no-ser.

(*Silencio*)

Sin mano, sin rostro, sin ser.

(*Silencio*)

Ausencia que permite toda presencia. Presencia ausente.

(*Silencio*)

Sin nombre. Sin forma. Sin señal alguna. Sin apego. Sin nubes.

14. El budismo en el Tíbet: Mantrayana-Vajrayana

Si la introducción del budismo en Occidente puede decirse que comienza privilegiando el Theravada, para pronto dejar paso al auge del Zen (Mahayana), no cabe duda de que en las últimas décadas ha sido el budismo tibetano (Vajrayana) el que ha pasado a primera línea y el que está posibilitando una mayor difusión del budismo.

Mucho ha cambiado desde los primeros años del siglo XX en que Alexandra Davi-Neel tuvo que disfrazarse de mendiga para entrar en el Tíbet y el XIII Dalái Lama encontraba por primera vez en su vida a una mujer occidental. Un siglo después, el XIV Dalái Lama, tras tener que huir de su país ante la invasión china del Tíbet y contemplar la masacre de miles de monjes tibetanos y la destrucción de cientos de monasterios, ha sido galardonado con el premio Nobel de la Paz y ha otorgado sus bendiciones a cientos de miles de mujeres (y hombres) occidentales que acuden a él como símbolo de una sabiduría espiritual y, sobre todo, de una compasión amorosa que todavía tienen mucho que enseñarnos. No en vano el Dalái Lama es considerado manifestación o emanación de Avalokiteshvara, el *bodhisattva* de la compasión, estrechamente relacionado con Amitabha, el Buddha de la luz infinita.

La introducción del budismo en el Tíbet comenzó durante el siglo VII y fue creciendo hasta el colapso que se produjo a mediados del siglo IX. Un siglo después, a mediados del X y durante unos trescientos años, hasta 1250, se fue gestando la victoria del budismo en el Tíbet, como dice R. Davidson «utilizando el vocabulario, los textos y los rituales de uno de los candidatos menos plausibles para lograr la estabilidad cultural: el budismo tántrico indio».[40]

Tres reyes tibetanos facilitaron la introducción del budismo. En primer lugar, todavía en el siglo VII, Songtsen Gampo (609-649), en segundo lugar y de manera más significativa, como veremos, Trisong Detsen (754-797), y ya en el IX, Ralpachen (815-836). Centrémonos en el segundo de ellos, quien, interesado por el budismo, invitó a Shantarakshita, célebre maestro budista indio, el cual acudió al poco tiempo. Sin embargo, las entidades suprahumanas (generalmente denominadas "divinidades") asociadas a la religión nativa, la tradición Bön, se enfurecieron ante la llegada de esta nueva religión rival y comenzaron a poner obstáculos para la difusión del budismo. Shantarakshita, comprendiendo lo que estaba sucediendo, sugirió al rey que hiciese venir a un maestro tántrico de la India,

---

40. Ronald Davidson. *Tibetan tantric buddhism in the Renaissance. Rebirth of Tibetan Culture*. Nueva York: Columbia University Press, 2005.

un *siddha*, capaz de vencer a las entidades que se oponían a la instalación del budismo en el Tíbet. Nadie más indicado para ello, como sabía Shankaraskshita, que Padmasambhava (conocido, amado y venerado en el Tíbet, desde entonces, como Guru Rinpoché o Padmakara, "nacido de una flor de loto"). Con la llegada de Padmasambhava, quizás en el 747, el enfurecimiento de las deidades menores que custodiaban el Bön se acentúa, pero el consumado maestro indio sabe cómo hacer frente a tales ataques con sus artes mágicas y sus poderes psíquicos (no olvidemos que el *siddha* es el iluminado que ha despertado no solo su naturaleza búdica, sino también una serie de "poderes sobrenaturales" –*siddhis*– que le permiten combatir en los planos sutiles con las entidades que encuentra a su paso). Al cabo de cierto tiempo, Padmasambhava había vencido, subyugado y convertido a las principales entidades opositoras. Una de ellas, quizás la más poderosa, se postró ante Padmasambhava implorando clemencia y comprometiéndose a servir al budismo, a partir de entonces, durante un tiempo ilimitado. Esta misma entidad habría estado sirviendo al budismo como fuente de información del oráculo de Nechung, historia contada recientemente por el monje que actualmente desempeña dicha función.[41]

Alrededor del año 779, Shantarakshita y Padmasambhava, juntos, mandan edificar el primer monasterio budista en el Tíbet, el monasterio de Samye. Padmasambhava es considerado,

41. Thubten Ngodup. *Nechung, el oráculo del Dalái Lama*. Barcelona: Kairós, 2010.

pues, el fundador de la escuela más antigua del budismo tibetano, la escuela Nying-ma-pa, conocida a menudo por el color
del gorro ceremonial utilizado, como la escuela, o linaje, de los
bonetes rojos, para distinguirla de la de los bonetes amarillos,
propia del linaje Gelug-pa, descendientes de Atisha (siglos x-xi),
actualmente la más conocida por ser el Dalái Lama su regente,
aunque no siempre ha sido el linaje dominante, sino tan solo
desde 1640, como veremos.

No son estos los dos únicos linajes importantes del budismo tibetano. Tendremos ocasión de hablar de otros linajes, al
menos el Sakya-pa y el Kagyü-pa. Pero, de momento, retroce-
damos para contar el remoto origen legendario del carácter tántrico del Vajrayana. Se cuenta que se hallaba el rey Indrabhuti
celebrando un banquete en palacio cuando vio pasar volando,
por encima de sus cabezas, al Buddha acompañado de un grupo de *arhats* y *pratyekabuddhas*. Inmediatamente mandó que
los llamaran y los invitaran. Los huéspedes dudaban de que
el Buddha aceptase la invitación, pero lo hizo y todos ellos se
presentaron en palacio. Tras ofrecerles una copiosa cena, el
Buddha predicó al rey las doctrinas conocidas del Hinayana y
del Mahayana. Sus palabras pueden resumirse en la siguiente
aseveración: «Oh, rey, abandona los placeres de los sentidos y
practica los seis *paramitas* (las seis perfecciones del Mahayana)». Pero Indrabhuti, insatisfecho con tales enseñanzas, compuso espontáneamente un poema en el que se negaba a aceptar
un camino de liberación que excluyera los placeres mundanos,
como si estos no fueran legítimos. Y exclamó:

En este jardín de rosas
Tan lleno de experiencias gozosas
Aunque en la próxima vida
En un zorro me tuviera que convertir,
Oh Gautama,
Nunca desearía una liberación
Que los placeres de los sentidos abandone.

Tras semejante confesión y declaración de principios, la asamblea de *sravakas* que acompaña al Buddha desaparece. ¿Por qué? Porque los seguidores del Hinayana y del Mahayana, simbolizados por aquellos, no están preparados para escuchar las enseñanzas tántricas. Y, a continuación, el Buddha produjo un gran *mandala*, ofreció *abhisheka* (iniciación) al rey, y en ese momento Indrabhuti alcanzó la unión suprema.[42]

En la leyenda anterior encontramos varios elementos significativos. Por una parte, la presentación del Vajrayana como superación del Hinayana y el Mahayana. El budismo tántrico sería una vía mucho más rápida y eficaz para alcanzar la iluminación. Encontramos, una vez más, ese guiño inclusivista al que nos tienen acostumbrados las tradiciones religiosas (y no solo ellas, claro está), que consiste en suponer implícitamente que lo anterior es válido y queda subsumido en el nuevo enfoque, pero que este es indudablemente superior, la corona de los anteriores, la consumación de todos ellos.

---

42. Véase Reginald Ray. *Secret of the Vajra World: The Tantric Buddhism of Tibet.* Boston y Londres: Shambala, 2001. Poema en pág. 119.

Kalu Rinpoché, uno de los maestros tibetanos más respetados e influyentes de todo el siglo xx, uno de los que más hizo por la propagación del Vajrayana en Occidente, expone esa misma idea: «La tradición tibetana incluye los tres vehículos. Por una parte, existe una tradición monástica en la que el practicante viste hábitos y subraya la disciplina moral y los votos de la liberación personal (lo que concuerda perfectamente con el camino Hinayana), pero también enfatiza la importancia de la *bodhicitta* y de los votos y la actividad del *bodhisattva* (lo que concuerda perfectamente con el camino Mahayana), y también dispone, por último, de una tradición tántrica muy rica que subraya la importancia de las iniciaciones, de las enseñanzas del Vajrayana y de las distintas técnicas de meditación a las que pueden apelar los interesados. Así pues, la visión proporcionada por el budismo tibetano no nos obliga a elegir una de las tres vías, sino que aspira a integrarlas todas».[43]

Tanto en la leyenda narrada por el lama Taranatha como en el texto de Kalu Rinpoché, hay referencias al carácter esotérico del budismo tántrico y a sus prácticas específicas con *mandalas*, *mantras* y *mudras*. Hay que decir que el Tantra, tanto el hindú como el budista, representa la capa más esotérica (en el buen sentido de la palabra, de profundidad, de inaccesibilidad a los profanos o curiosos, de la importancia de la iniciación como modo de transmisión de la enseñanza y la práctica), y de ahí la relevancia del "maestro *vajra*" (*vajra-guru* o *vajracharya*), el

---

43. Kalu Rinpoché. *Fundamentos del budismo tibetano*. Barcelona: Kairós, 2005, pág. 40.

siddha capaz de transmitir iniciáticamente la fuerza del *mantra* que a partir de entonces será pieza clave de la *sadhana* tántrica, así como las visualizaciones de los *mandalas* correspondientes a las "deidades" con las que trata de identificarse.

Así pues, la importancia de la visualización (de *mandalas*), utilizando la imaginación creativa, y la importancia del sonido, empleando ciertas palabras cargadas de poder (*mantras*), destacan entre los distintos tipos de meditación practicados en el budismo tibetano.

Es conveniente clarificar algunos términos, pues con frecuencia se identifican, sin más, budismo tántrico, Mantrayana, Vajrayana y budismo tibetano. Lo más preciso sería tener en cuenta que el budismo tántrico es anterior al surgimiento del Vajrayana como tal, denominación que no aparecería hasta el siglo VII, y antes del cual la distinción más habitual era entre Paramitayana (el sendero de los *paramitas*, las virtudes perfeccionadas de los *Sutras de la prajña-paramita* y del Mahayana en general) y Mantrayana (el sendero de los *mantras*, equivalente al budismo tántrico, a causa de la gran importancia concedida a la recitación de *mantras*).

Lo cierto es que quizás ya desde el siglo II d. de C. van apareciendo una serie de textos, denominados *Tantras*, que han sido clasificados de maneras ligeramente distintas a lo largo de las épocas e incluso actualmente. Nos limitaremos a una de las más frecuentes clasificaciones que distingue cinco tipos de *Tantras*, denominados del modo siguiente: 1. *Kriya-tantras*; 2. *Carya-tantras*; 3. *Yoga-tantras* (los tres tipos claramente distinguidos ya desde el siglo VIII); 4. *Maha-yoga-tantras* (denominados a veces *Yogottara-tantras*, los *Tantras* del yoga superior), y 5. *Yoguini-tantras* (también *yoganutara-tantras*, los *Tantras* del yoga supremo), centrados en la figura de la *yoguini*.

El primero es el grupo que más textos contiene. Según el *Kanjur* abarca más de cuatrocientos cincuenta textos. Se trata sobre todo de textos "mágicos" con rituales para conseguir todo tipo de beneficios mundanos: combatir enfermedades, mantener la salud, aplacar a los enemigos, etcétera. Emplean ya *mantras* y formas tempranas de *mandalas*. Apenas se utiliza el término *Tantra*, y los textos se denominan *dharanis* (a veces se llaman *kalpas* y se caracterizan por contener *dharanis*); por una parte sirven para la memorización de los textos, pues son fórmulas repetitivas de las ideas principales; por otra parte, se consideran una especie de "sortilegios" o "fórmulas mágicas", a las que se atribuye un gran poder al ser recitados o simplemente leídos. Recordemos que muchos textos budistas pretántricos y no-tántricos contienen, como hemos visto ya, *dharanis*. Así es en los *Prajñaparamita*, en el *Sutra del loto*, en el *Sutra del corazón*, y en otros muchos, como, por ejemplo, el *Maha-cundi-dharani*, el *Sutra del Buddha de la Medicina –Bhaisajyaguru–*, etcétera. Todavía hay otro término que pertenece a la misma familia semántica que *mantra* y *dharani*. Es el término *paritta*, utilizado sobre todo en el budismo inicial y en el actual Theravada.

El segundo grupo, los *Carya-tantras*, son los menos abundantes. Solo ocho textos, según el *Kanjur*. El más importante de ellos es el *Mahavairocana-sutra*, en el cual el Buddha

Mahavairocana (el Luminoso) es representado en el centro de un *mandala*, con otros cuatro *buddhas* en las esquinas. Es el Buddha cósmico. Ya en estos *Tantras*, las meditaciones proponen visualizar una deidad e identificarse con ella.

El tercer grupo, los *Yoga-tantras*, unas cincuenta obras, tiene en el *Tattvasamgraha-sutra* su obra principal. Aquí, Manjushri simboliza la sabiduría no-dual subyacente a todos los fenómenos. Vairocana sigue siendo el centro de los *mandalas*. Comienza a imponerse una colocación de los *buddhas* según la cual, al este se sitúa Akshobya, al sur Ratnasambhava, al oeste Amitabha y al norte Amogasiddhi. Es ahora cuando el logro de la budeidad, el despertar, comienza a ser más importante que el desarrollo.[44]

Los *Maha-yoga-tantras*, cuarto grupo, son textos que comienzan a aparecer a finales del siglo VIII. El más influyente es, con mucho, el *Guhyasamaja-tantra*. En él, la deidad central pasa a ser Akshobya, y así las deidades airadas e iracundas pasan a un primer plano. Es en estos *Tantras* donde la sexualidad ritualizada y el consumo, igualmente ritual, de sustancias consideradas impuras y prohibidas (alcohol, carne, etcétera) comienza a destacar. En palabras de Tribe: «La iniciación implicaba relación sexual ritualizada, algo que había comenzado a aparecer en los *Yoga-tantras*, pero es ahora en los *Maha-yoga-tantras* cuando pasa a un primer plano. La figura femenina simboliza la sabiduría (*prajña*), y el varón, los medios hábiles

---

44. Véase el acertado resumen de Anthony Tribe, en Williams, 2003: 198-256.

(*upaya*) y la compasión. Su unión (en posturas eróticas) representa la unión de sabiduría y método, los dos aspectos de la cognición despierta. El consumo de sustancias prohibidas se basa en la idea de no-dualidad (entre prohibido y permitido, entre puro e impuro) y la creencia en que una práctica no-dual es un medio para alcanzar la no-dualidad» (Tribe: 225).

Los *Yoguini-tantras*, conocidos también como *Tantras* maternos, mientras que los anteriores corresponden a los *Tantras* paternos, aparecieron probablemente en los siglos IX y X, y suponen la última etapa del budismo tántrico en la India. Entre ellos destacan varias obras de enorme influencia posterior. En primer lugar el *Hevajra-tantra*; destaquemos tan solo la importancia que van cobrando los terrenos en los que se lleva a cabo la cremación de los cadáveres; en ellos se medita, se realizan rituales e invocaciones, incluso se vive allí mismo o cerca de ellos. Esto refleja, muy probablemente, la influencia del shivaísmo tántrico. Aquí, las deidades del *mandala* son femeninas: Vajrayoguini, Vajradakini, Kurukulla, etcétera, a menudo consideradas formas de Tara (una de las diosas budistas más célebres), y generalmente rodeadas de *yoguinis* o de *dakinis*.

Hay que decir que existen clasificaciones más complejas, en las que se distinguen hasta nueve vehículos, dentro del budismo, siempre en orden ascendente. Respecto a los últimos *Tantras*, uno de los mayores estudiosos del budismo tibetano nos recuerda lo siguiente: «El Tantra del yoga es un yoga altamente ritualizado y es difícil buscar apoyo tradicional a la idea de que proceda del Buddha, aunque el Tantra elabora su propia versión esotérica, según la cual el propio Sakyamuni lo habría revelado en la cumbre del monte Meru, bajo la forma de Maha-Vairocana. Recordemos que desde los comienzos del Mahayana y especialmente a partir de la doctrina de los tres cuerpos del Buddha, elaborada por la escuela Yogacara –donde pueden encontrarse los orígenes del Tantra–, el Buddha permanece en su cuerpo sutil y puede aparecerse a los santos y dar algunas enseñanzas. Ese sería el caso de algunos *tantras*. En fin, el *tantra* del yoga supremo se centra en la realización ritual del acto sexual; de tal modo que la relación sexual pasa a ser sacralizada y empleada como una práctica ritual bajo condiciones muy especiales y con un significado espiritual muy determinado. Estas prácticas tienen lugar sobre todo en el llamado "tantra de la mano izquierda", mientras que en el "tantra de la mano derecha" la misma fisiología sutil, esotérica, que sirve de fundamento a tales prácticas, se emplea en técnicas individuales –como es siempre el caso de los monjes–, sin que medie relación sexual de pareja».[45]

Una importancia especial tiene el *Kalachakra-tantra*, del siglo XI, divulgado en las últimas décadas por el Dalái Lama, a través de iniciaciones colectivas. En dicho texto se halla el "mito" de un salvador mundial budista, oculto en Shambhala, y contiene una profecía de paz y armonía mundial, el comienzo de una nueva edad dorada, al terminar venciendo Kalki (que no

---

45. David Snellgrove. *Indo-Tibetan Buddhism* (2 vols.). Boston: Shambala, 1987; vol. I., págs. 126-127.

es otro que Manjushri nacido en una familia de *kshatriyas*, guerreros) a las fuerzas oscuras de la "religión bárbara" que impide
el progreso (históricamente identificada en el texto con el slam).

Las correspondencias entre el macrocosmos y el microcos-
mos ("como es afuera así es adentro –en el cuerpo–" parece
reflejar el axioma hermético y su sistema de homologías "como
arriba así es abajo, como abajo así es arriba") son destacadas
y se propugna una profunda transformación tanto del cuerpo
como de la mente: «El objetivo más significativo del *Kalachakra-tantra* es la transformación del propio cuerpo físico
denso en una forma luminosa carente tanto de materia densa
como del cuerpo sutil de los *pranas*. La transformación de la
propia mente en la mente iluminada de dicha inmutable ocurre en directa dependencia de esa transformación material. La
realización de dicha transformación se cree que es la budeidad
plena y perfecta en la forma de *Kalachakra*, el supremo Buddha
primordial (*paramadibuddha*), que es el omnisciente Señor de
los *jinas*, la verdadera naturaleza de la propia mente y el propio cuerpo. Así pues, según este sistema tántrico, el supremo
Adibuddha se refiere no solo al Buddha Sakyamuni, que se dice
que es el primero en alcanzar el despertar perfecto mediante
la dicha suprema, imperecedera, sino también a la naturaleza
innata de todo ser sintiente» (Wallace, 2001: 29-30).[46]

Adibuddha se refiere, pues, sobre todo a la naturaleza última

---

46. Vesna A. Wallace. *The Inner Kalacakratantra: A Buddhist Tantric View of the
      Individual*. Oxford: Oxford University Press, 2001, págs. 29-30.

de nuestra propia mente, a la gnosis alcanzada a través de las prácticas purificadoras que el texto expone. Se ha hablado mucho del carácter "sincrético" de la doctrina y las prácticas que encontramos en el *Kalachakra-tantra*. Si bien es cierto que el lenguaje empleado hace pensar en ello, no cabe duda de que el fondo es totalmente budista, aunque retome muchos elementos del hinduismo (especialmente del Samkhya y del Vaishnavismo), en su exposición de cuestiones médicas (medicina ayurvédica), cosmológicas, astrológicas, etcétera, que abundan en la obra, quizás para llegar con mayor facilidad a los lectores hindúes de la India del siglo XI. Pese a ello, no cabe duda de que el enfoque madhyamika es el predominante y claramente considerado el pináculo de las enseñanzas budistas.

La iniciación en el *kalachakra-mandala* (representación simbólica tanto del cosmos como del cuerpo) constituye el punto de partida de las prácticas propuestas. *Kalachakra*, "la rueda del tiempo", simboliza la no-dualidad de las dos facetas de la realidad única (sabiduría o vacuidad, por una parte, y método o compasión, por otra parte). «La palabra "tiempo" se refiere a la gnosis de dicha imperecedera (*aksara-sukha-jñana*), que es método hecho de compasión; y la palabra "rueda" designa la sabiduría hecha de vacuidad. Su unidad es el Buddha Kalacakra» (Wallace, 2001: 81). Esa sabiduría compasiva se caracteriza por una percepción no-dual del mundo, que es capaz de ver todas las cosas como teniendo "un solo sabor" (*samarasa*), el sabor de la gnosis. Gnosis denominada también "la perfección de la sabiduría" (*prajña-paramita*), "el gran sello" (*maha-mudra*), así como *dharmadhatu*, o también "el cuerpo innato" (*sahaja-kaya*), "el cuerpo de gnosis" (*jñana-kaya*) o "el cuerpo puro" (*visuddha-kaya*). La gnosis es la realidad última, la talidad, la budeidad.

Para el logro de la Gnosis, el *Kalachakra-tantra* presenta un complejo sistema de iniciaciones formado por siete primeras, cuatro superiores y cuatro supremas, cada una relacionada con un tipo de gotas, con uno u otro de los *chakras*, con los distintos cuerpos del Buddha y distintos tipos de gozo sexual. El Sendero hacia la sabiduría gnóstica, hacia la plena iluminación, consta de una "etapa de generación", que comprende el yoga-de-la-deidad (visualización e identificación con la deidad elegida), el yoga de las gotas (*bindu-yoga*) y el yoga sutil (*sukhsma-yoga*); y una "etapa de consumación", en la cual la meditación no es tanto con visualización, sino sobre la vacuidad, abandonando toda meditación conceptual, así como toda práctica sexual, con consortes físicas o imaginarias, pues todo ello, al fin y al cabo, no producía más que *siddhis* menores y un gozo perecedero, mientras que ahora la unión con la consorte *mahamudra* es lo único que posibilita la dicha imperecedera (Wallace, 2001: 173).[47]

Pero volvamos a recorrer algunos pasos de los primeros si-

---

47. Puede verse la descripción del rito iniciático del Kalachakra, con los comentarios del Dalái Lama y amplia introducción de J. Hopkins en Tenzin Gyatso, the Dalai Lama and Jefrey Hopkins. *Kalachakra Tantra Rite of Initiation*. Londres: Wisdom Publication, 1989. En su estudio introductorio, Hopkins nos recuerda que «es importante tener en cuenta que Kalachakra, independientemente del aspecto que manifieste, es una apariencia compasiva de una conciencia-de-sabiduría atenta a

glos formativos de la historia del budismo tibetano, en relación con los principales linajes. Decíamos que la orden Gelug-pa, dirigida por el Dalái Lama, no siempre ha sido la dominante en el Tíbet. Hemos dicho también que los Nyingma-pa dominan el período de la propagación inicial, desde el siglo VII hasta el IX, con el budismo centrado en las primeras dinastías reales. Es la época de las primeras traducciones, del sánscrito al tibetano, creando el lenguaje en que, a partir de entonces, se expresaría el budismo tibetano. Estas tradiciones serían denominadas por los nuevos traductores –muy especialmente en el fecundo siglo XI–, Nyingma-pa, en el sentido de "viejos y desfasados".

Si distinguimos entre la época del vigor del imperio tibetano (650-850), la época oscura de conflictos (850-950) y la época del Renacimiento del Tíbet (950-1250), puede decirse que la primera estuvo dominada por la orden Nyingma-pa, fundada por Padmasambhava, mientras que el Renacimiento implica un período de traductores (*lotsawa*) tántricos que constituyen la Nueva Traducción (Sarma). En ese período, entre el predominio Nyingma y el posterior auge de los Gelug, presenciamos la preponderancia de los Kadam-pa, los Sakya-pa y los Kagyü-pa.

Es importante destacar tanto las diferencias como las semejanzas entre las distintas órdenes del budismo tibetano. John

la vacuidad de existencia inherente. La naturaleza del glorioso Kalachakra es, por tanto, el gran gozo, ya que una deidad supramundana es alguien que ha llevado a su pleno desarrollo la capacidad de la conciencia más sutil, innata y dichosa para realizar la vacuidad» (pág. 80).

Powers lo hace del siguiente modo: «Las cuatro órdenes ti-
betanas comparten el esbozo básico del sendero que hay que
seguir para salir del ciclo de la existencia, así como el tipo de
prácticas que debe adoptarse. Todas comparten una orientación
Mahayana, y por tanto comparten que el sendero comienza con
la generación de la mente del despertar y progresa a través de
las etapas del *bodhisattva*, durante las cuales se cultivan las
seis (o diez) perfecciones. Las cuatro órdenes del Vajrayana
suponen que constituye el camino supremo dentro del budismo, aunque hay diferencias respecto a qué *tantras* favorecen y
qué linajes siguen. La orden Nyingma, por ejemplo, enfatiza la
"gran perfección" (*dzogchen*) y sus prácticas tántricas se basan
fundamentalmente en los llamados "Tantras antiguos" (como
el *Secret Basic Essence Tantra*) y en instrucciones halladas
en los "tesoros escondidos" (*terma*). Los Kagyupas enfatizan
el sistema Mahamudra heredado del maestro indio Tilopa, y
sus prácticas tántricas se derivan básicamente del *Guhyasamaja Tantra* y el *Chakrasamvara Tantra*. El sistema Gelukpa de
teoría y práctica tántrica se basa en el *Guhyasamaja Tantra*, el
Chakrasamvara Tantra y el *Kalachakra Tantra*. Los Sakyapas
favorecen el *Hevajra Tantra*, que es la base de su sistema "sendero y fruto" (*lamdré*) […] Cada orden hace remontar su linaje
a determinados maestros indios […]. El Dalái Lama afirma que
la concepción filosófica de todas las órdenes es la de la escuela
del Sendero Medio de Nagarjuna, y en términos prácticos todos siguen el programa del Mahayana (al que él denomina "el
vehículo del *bodhisattva*"), (Powers, 2007: 356-357).

La historia del Tíbet está plagada de hagiografías de sus principales héroes (no siempre "santos", ciertamente).[48] En realidad, cada linaje construyó sus propios héroes. Así los *Sakya-pa* se vieron fundamentalmente fascinados por Virupa, del mismo modo que Naropa fue fuente de inspiración para los Kagyü-pa. Virupa, cuya vida probablemente transcurrió en la última cuarta parte del siglo x, fue considerado por sus seguidores como encarnación del mismísimo Buddha eterno. Cuenta la leyenda (¿la historia?) que Virupa fracasó en su recitación del *mantra* de Chakrasamvara (sistema tántrico que junto al Guhyasamaja y el Hevajra es uno de los sistemas más importantes para el Renacimiento del Tíbet) y desesperado arrojó el *mala* (especie de "rosario" para contar los *mantras* que se van realizando) a la letrina, prometiendo no meditar nunca más. En ese momento se le apareció Nairatmya (el reflejo femenino del Buddha primordial Vajradhara, consorte de Hevajra), iniciándole durante seis noches seguidas, para que alcanzara la sexta etapa del *bodhisattva*, y le dio cuatro consagraciones y un texto. El texto es el que da nombre al sistema *Marga-Phala* (Camino-Fruto o "El sendero y su fruto"), más conocido como *Lamdré*, obra central de la espiritualidad Sakyapa.

Pero no todo son luces en la biografía/hagiografía de Virupa. No faltan noticias de hasta qué punto, después de las

---

48. Comenta R. Davidson al respecto: «Hay que reconocer que rara vez un renacimiento tiene un comienzo tan delicado. Drokmi, Gayadhara, Gö-Lotsawa Khupka Lhetsé, Marpa, Ratnavara, Acarya Marpo y otros relacionados con Drokmi han sido atacados de vez en cuando en la literatura crítica tibetana por haber tenido de todo, desde lapsus sexuales hasta tendencias homicidas. Podrían hallarse tanto en las galerías de pícaros como en los salones de héroes» (Davidson, 2005: 208).

consagraciones, las mujeres y el vino llenaban su vida, hasta el punto de ser expulsado del monasterio, acusado de estar eclesiásticamente deformado (*virupa* significa justamente eso, "deformado"). Por otra parte, sus hagiografías narran sus milagros, convirtiendo a multitud de no-budistas, combatiendo los rituales sangrientos, etcétera.

Con el tiempo comenzaron a abundar las visiones y revelaciones de antiguos maestros y *siddhas*. Así sucedió con Virupa, especialmente en relación con Sachen. Fruto de tales revelaciones surgiría la denominada "transmisión breve", elemento definitorio del sistema del clan Khön y de su presunta superioridad sobre los otros linajes. El hijo de Sachen, Drakpa Gyeltsen, tío y maestro del célebre Sakya Pandita, se supone que continuó con sueños y visiones de Virupa, reforzando así la autoridad de los textos procedentes de ellos. En realidad, ya antes los Kagyü-pa habían utilizado una técnica similar (sueños, visiones, revelaciones) para eliminar la distancia entre Marpa y Naropa.

Por su parte, Naropa, gurú laico bengalí, inspiración para los Kagyü-pa, en la primera parte del siglo XI destaca por el desarrollo que llevó a cabo de lo que pasó a llamarse "los seis yogas (o *dharmas* –como a veces se prefiere–) de Naropa", que le habrían sido transmitidos por su maestro Tilopa, a quien se le presenta igualmente como *nirmanakaya* (o encarnación) del Buddha eterno. Davidson apunta el simbolismo que encerraría su encuentro: «El encuentro cara a cara de Naropa con Tilopa es la improbable confrontación con el estado despierto eterno bajo la forma de un yogui descastado amante del pescado».

En cuanto al linaje Kadam-pa, la historia ha insistido en la importancia que tuvo la llegada de Atisha al Tíbet en 1042, marcando el umbral del florecimiento del budismo. Trece años habría estado enseñando en el Tíbet y suele decirse que su influencia fue muy grande, si bien R. Davidson, en su excelente obra histórica sobre el Renacimiento tibetano durante los siglos X-XIII, lo cuestiona, pues sabiendo la importancia que tenía la pertenencia a uno u otro de los *vinayas*, cada uno con su correspondiente código monástico, resulta que Atisha pertenecía a la sección lokotaravada del Vinaya Mahasanghika, mientras que desde que el rey Relpachen formuló la prohibición de enseñar otro Vinaya que no fuese el Mulasarvastivada, muchos lo habían seguido, de ahí que Atisha pudo enseñar y realizar rituales, pero no crear y mantener templos con su Vinaya. De hecho, hasta sus hagiografías hablan de las hostilidades con que se encontró.

Davidson resume la situación así: «La importancia concedida a los Kadampa en la historia del Tíbet re-escrita posteriormente y en la literatura occidental secundaria, no correspondería con las más modestas aportaciones que habrían tenido lugar en realidad. Nos referimos a mediados del siglo XI, pues después su influencia real fue creciendo. A comienzos del siglo XII, el *curriculum* Kadampa, enfatizando lógica y epistemología, se había convertido en parte principal del estudio del budismo en el Tíbet central. Esta re-escritura habría tenido lugar a partir de la fundación del linaje Nuevo Kadampa por Tsong-kha-pa en 1409. Hasta finales del XIV, como muestran los documentos tempranos, Atisha no habría sido considerado de gran importancia en el Tíbet. En el xv, al abrazar Tsong-kha-pa el *curriculum* Kadampa, Atisha se convirtió en una especie de Juan el Bautista, anunciando la llegada del Mesías (Tsongkhapa). A partir del siglo xv, el énfasis en las aportaciones de Atisha creció y la historia del movimiento de Tsongkhapa casi siempre comienza con la abrumadora contribución del monje bengalí a la vida espiritual tibetana» (Davidson, 2005: 115).

Es el momento en que el linaje Gelug-pa, fundado por Tsong-kha-pa, comienza a cobrar fuerza en el Tíbet.

De los linajes citados, quizás el de los Sakya-pa sea el menos estudiado, y sin embargo no fue escasa su influencia. Su historia se halla asociada a uno de los clanes político-religiosos más influyentes en el Tíbet durante los siglos xi-xiv, el clan Khön, regente del país bajo los mongoles durante casi un siglo (desde mediados del xiii hasta mediados del xiv). Es a partir de los esfuerzos realizados por dicho clan, manteniendo los rituales Nyingma Khama, así como las prácticas Sarma (antigua y nueva traducción, respectivamente), cuando surge la denominación Sakya.

Encontramos en su historia abundancia de elementos centrados en la mitología del descenso de seres celestiales que se unen con humanos, en el Tíbet, dando lugar al clan Khön. Se distingue entre el descenso de divinidades y el descenso de "seres de luz clara", en ambos casos originando seres humanos de gran altura espiritual y capaces de guiar, espiritual y políticamente, el país. El clan aparece relacionado también con

Drokmi, uno de los traductores más célebres de este período, de quien luego diremos algo más.

La orden Sakya-pa es una de las más esotéricas. Cuenta la historia (o la leyenda) que tal tendencia esotérica se debe a un suceso que marcó la vida de Kön Könchok Gyelpo, fundador oficial del monasterio Sakya, hogar institucional de la denominación Sakya durante los nueve siglos siguientes. El suceso que lo horrorizó y determinó el desarrollo de su vida y de los Sakya-pa fue la contemplación de una representación pública de una ceremonia secreta, un ritual esotérico, en medio de la plaza, mientras unos compraban y otros participaban en carreras de caballos. Esta violación del espíritu esotérico y el rechazo creado en la mente del joven Könchok habría producido una sostenida tendencia al secreto.

Si en el siglo XI el dominio había sido de los Kadam-pa y los Niyngma-pa, en el siglo XII pasarán a primer plano los linajes Kagyü-pa y Sakya-pa.

En 1147 nace Drakpa Gyeltsen, uno de los hijos de Sachen. A los ocho años su padre le transmite el Lamdré. Hay que decir que fue el primero en introducir el *Kalachakra* en el sistema Sakya, aunque ya Sachen lo había estudiado. «Lamdré se convirtió en una rúbrica general para los estudios esotéricos relacionados con el *Hevajra Tantra*, tal como se enseñaban en Sakya. Desde 1196 se dedicó a educar a su joven sobrino, Kunga Gyeltsen, destinado a convertirse en Sakya Pandita; la relación entre ambos hará las delicias de los hagiógrafos, dejando en segundo plano las enseñanzas de otros maestros.

Las conexiones del clan Khön quedaban así claras» (Davidson, 2005: 346).

A finales del siglo XIII, los Sakya-pa habían conseguido la supremacía sobre las fortunas espiritual y política del Tíbet y la versión Khön del Lamdré dominó Asia central y oriental. El linaje contaba ya con influyentes maestros como Virupa, Sachen Kunga Nyinpo, Drakpa Gyeltsen, Sakya Pandita, Phakpa y el mismo Khubilai Khan.

Drakpa, con su *Transmisión brevísima* (en diez versos), que no es sino uno de *Los sueños del Señor*, registro de sus sueños religiosos, influirá enormemente. Moriría en 1216, considerado por muchos una emanación de Manjushri.

La mente es entendida también aquí como unión de luminosidad y vacuidad: «En los textos del "sendero y resultado" se dice que el carácter de la mente es luminosidad, y su naturaleza básica es vacuidad […] la naturaleza última de la mente es un inexpresable estado de unión de estos dos factores. La mente es sin comienzo, medio ni fin, y trasciende todo intento de limitar, conceptualizar o analizar su naturaleza» (Powers, 2007: 461).

Por lo que respecta al linaje Kagyü, su origen puede situarse en el siglo XI, como parte de las "nuevas traducciones" (y tradiciones). El término *kagyü* parece ser una abreviatura de *kabap shiyi gyü,* "el linaje de cuatro transmisiones de instrucciones", en referencia a las enseñanzas de los cuatro primeros maestros: Tilopa (bengalí del siglo X), su discípulo Naropa (igualmente indio), quien fue maestro del traductor tibetano y maestro tántrico Marpa, a su vez introductor en el siglo XI en el Tíbet de muchas de las enseñanzas de Naropa, y, en cuarto lugar, el discípulo de Marpa, Milarepa.

Tilopa-Naropa-Marpa-Milarepa, los dos primeros indios, los dos segundos ya tibetanos, constituyen los pilares sólidos de la escuela Kagyü-pa. El último de ellos se convertirá en el más famoso, simbolizando una vida simple y austera, con un gran énfasis en la meditación –algo que caracterizará a este linaje–, y otorgando una gran importancia a la devoción al gurú.

Tilopa (c. 928-1009) ha sido considerado por muchos como encarnación de Vajradhara; otros creen que su gurú fue Vajradhara, a partir de una de las canciones que se le atribuyen, en la que afirma que no tuvo gurú humano. Cuenta la historia (o la leyenda) que levitaba a la vista de muchas personas; al parecer trabajó también como proxeneta de una prostituta.

Naropa (956-1040) tuvo que pasar duras pruebas con su maestro Tilopa, entre otras, asaltar sexualmente a una novia que iba a casarse, robar comida –recibiendo palizas por ello–, intentar secuestrar a una reina, etcétera. Más allá de tales retos llamativos y a veces escandalosos, para los kagyü, Naropa es el prototipo del poder liberador de la devoción al gurú.

Marpa (1011-1090) fue discípulo de Drokmi Lotsawa, cuyas enseñanzas se convirtieron en la base de la escuela Sakya. En las mejores fuentes se le presenta como una personalidad insoportable, peleándose con todo el mundo, amante de la cerveza y hablando sin cesar. A los 11 años, sus padres, preocupados por su carácter, lo enviaron lejos para que fuera educado por Drokmi, pero este pedía muchos regalos para poder enseñarle (su avaricia y su exigencia de grandes cantidades de oro y otros presentes iniciáticos es proverbial, hasta el punto de pasar a la literatura como prototipo del lama codicioso) y, al cabo de tres años, Marpa se fue por su cuenta a Nepal. Sus hagiografías tratan por todos los medios de defender que estuvo muchos años con el primer *siddha*, Naropa, pero históricamente parece difícil que así fuera. Sí que parece ser cierto que finalmente logró hacerse con un harén, en el que gozaba de nueve consortes sexuales, llegando a ser padre de siete hijos.

Milarepa (c. 1040-1123) tuvo una vida difícil, aunque tenemos varias versiones distintas de su vida. Al parecer, su familia se vio envuelta en sucesivas tragedias: primero la muerte del padre, después un terrible empobrecimiento al ser robados por familiares y amigos. Su madre, amargada, mandó a Milarepa a estudiar brujería y magia negra durante un año y al volver utilizó sus poderes para matar a sus enemigos y destrozar sus cosechas. Tiempo después se arrepintió y comenzó a estudiar *dogzchén* con un maestro, el cual, viendo que no avanzaba mucho, le recomendó ir a aprender con Marpa, quien le puso duras pruebas, mandándole construir casas y torres para, acto seguido, derruirlas al mostrarse Marpa injustificadamente insatisfecho, una y otra vez.[49]

Tras años de prácticas y de realizaciones, hizo varias peregrinaciones con los discípulos que poco a poco habían ido

---

49. Puede verse una bella narración de la célebre relación Marpa-Milarepa en Pascal Fauliot. *Cuentos de los sabios del Tíbet*. Madrid: Paidós, 2011, págs. 205-237.

llegando hasta él. Aparte de la famosa traducción de Ewans-Wentz, *La vida del yogui Milarepa del Tíbet*, hay varias películas que narran de manera vívida esa extraordinaria existencia. Mención especial merece Gampopa (1079-1153), discípulo de Milarepa, gracias al cual la escuela se convirtió en tradición monástica. Era monje de la tradición Kadam, de modo que no tenía acceso a las prácticas sexuales de los *Yoguini Tantras* que caracterizan a una parte de la escuela Kagyü, pero después se hizo discípulo de Milarepa y unió dos tradiciones aparentemente antitéticas para formar la Dakpo Kagyü. Pasó muchos años en meditación solitaria antes de establecer una comunidad monástica en la región Dakpo. Fue el primero en escribir un número importante de textos de este linaje, gracias a su formación escolástica.[50]

En realidad, hay más de quince linajes Kagyü, todos ellos surgidos a partir del maestro de Milarepa, Chökyi Lodrö Marpa. Pero los principales actualmente serían: Karma-Kagyü, Drukpa Kagyü, y Drigung Kagyü.

La más famosa de tales corrientes es la Karma-Kagyü, originada con un discípulo de Gampopa, el cual se convirtió, con efecto retroactivo, en el Primer Karmapa, convirtiéndose el linaje Karmapa en la primera línea de transmisión basada en la identificación de la reencarnación de su lama principal. Düsum Khyenpa (1110-1193) era de familia Nyingma y había domina-

---

50. Véase Peter Alan Roberts (trad.). *Mahamudra –and related instructions–: Core Teachings of the Kagyü School*, Somerville: Wisdom Publications, 2011, especialmente la introducción de Roberts, págs. 1-25.

do las prácticas Yamantaka hasta tal punto que entre los 10 y los 15 años era capaz de matar con su brujería. Luego encontró a Gampopa y a su sobrino y sucesor Gomtrül (1116-1169), recibiendo más tarde también enseñanzas de Rechungpa. Practicó meditación durante muchos años, volvió al Tíbet oriental y fundó el monasterio Karma. Fue el primero en una sucesión de renacimientos del Karmapa, indicando el comienzo del ahora omnipresente sistema de lamas encarnados. Gampopa, Lama Shang y Düsum Khyenpa habían reconocido a algunos niños como anteriores grandes maestros renacidos, pero el primero en heredar los monasterios y la autoridad de su predecesor fue el Segundo Karmapa, Karma Pakshi (1204-1283). El Tercer Karmapa, Rangjung Dorjé (1284-1339), estableció un canon de estudios y de práctica Karma Kagyü, introduciendo enseñanzas de otros linajes. Compuso, entre otras obras, la célebre *Oración Mahamudra*.[51] El Cuarto Karmapa, Rölpai Dorjé (1340-1383), reconoció a su principal discípulo y sucesor, Khachö Wangpo (1350-1405), como el renacimiento del discípulo de Rangjung Dorjé, Drakpa Sengé (1283-1349), instituyendo así la sucesión de *tulkus* Shamarpa, que fueron a menudo sucesores y maestros de sucesivos Karmapas. El emperador Ming, Yong Le, presentó al Quinto Karmapa, Deshin Shekpa (1384-1415), con un gorro negro que pasaría a desempeñar un papel importante en las ceremonias de los Karmapas.

---

51. Hay comentario de la misma en Bókar Rinpoché y Kempo Donyo. *El alba del mahamudra: mente, meditación y absoluto.* Alicante: Dharma, 1997.

No seguiremos con todos los Karmapas sucesivos, digamos tan solo que el Noveno Karmapa, Wangchik Dorjé (1555-1603) identificó al Sexto Shamarpa, Chökyi Wangchuk, el cual se convertiría en su sucesor y a quien pertenece el texto que se usa en los retiros tradicionales de tres años de la escuela, *The Quintessence of Nectar* (Roberts. 2011: 24-25).

En el siglo xvi, la escuela Karma Kagyü dominó el Tíbet central, pero sería eclipsada al ascender al poder, a mediados del siglo xvii, el Quinto Daláil Lama, aunque siguió teniendo muchos seguidores en la región oriental de la meseta tibetana. En el siglo xvii, Situ Tenpai Nyinjé, jerarca de la escuela, construyó el monasterio de Palpung, en el reino oriental de Dergé, aunque el principal, oficialmente, fuese el de Tsurphu en el Tíbet central. Su sucesor, el Noveno Tai Situ, estableció la tradición de los retiros de tres años, en los que se practican las deidades Chakrasamvara y Vajravahari, y pueden dominarse los "seis Dharmas de Naropa". Estos, junto a la meditación Mahamudra, constituyen el núcleo antiguo de la práctica Kagyü avanzada. Por otra parte, sigue una tradición de ordenación derivada de la tradición Kadampa, basada en Atisha (982-1054).

En Palpung vivió también Jamgön Kongtrül (1813-1899), quien editó muchos volúmenes, antes de los cuales la escuela Kagyü no tenía una gran literatura.

Meditación

Nada mejor para deslizarnos al estado de meditación que dejarnos transportar por la descripción de este bello poema sobre Mahamudra. Siente que tú eres Naropa y que Tilopa te está hablando a ti, en plena transmisión iniciática de la esencia de su enseñanza.

> Mahamudra trasciende las palabras y símbolos,
>   pero para ti.
> Naropa, he de decir esto:
> El vacío no necesita apoyo; Mahamudra descansa
>   en la nada.
> Sin hacer ningún esfuerzo;
> permaneciendo relajado y natural,
> puede uno romper el yugo
> y obtener de esta manera la Liberación.
>
> Si ves el vacío cuando contemplas el espacio;
> si con la mente observas la mente,
> destruyes las distinciones
> y alcanzas el estado del Buddha.
>
> Las nubes que vagan por el cielo no tienen raíces, ni hogar,
> ni tampoco los diversos pensamientos que flotan en
>   la mente.
> Una vez contemplas la propia mente,
> cesa la discriminación.

En el espacio se forman figuras y colores,
pero ni el negro ni el blanco tiñen el espacio.
Todo emerge de la propia mente;
la mente no es manchada ni por virtudes ni por vicios.

La oscuridad de siglos no puede ocultar el brillante sol,
ni tampoco los largos *kalpas* del *samsara*
pueden ocultar la esplendorosa luz de la mente.

Aunque se utilizan palabras para explicar el Vacío,
el Vacío como tal no puede ser nunca expresado.
Aunque decimos: «La mente es tan brillante como la luz»,
esta trasciende palabras y símbolos.
Aunque la mente es, en esencia, vacío,
contiene y abarca todas las cosas.

No hagas nada con el cuerpo; solo relájalo.
Cierra la boca firmemente y guarda silencio.
Vacía tu mente y céntrate en el vacío.
Como un bambú hueco relaja tu cuerpo.
Sin dar ni tomar, pon tu mente a descansar.
Mahamudra es como una mente que a nada se apega.
Practicando así, a su tiempo alcanzarás el estado
   del Buddha.

Ni la práctica de *mantras* ni el *paramita*,
ni la instrucción en *Sutras* y preceptos,

ni las enseñanzas de escuelas y escrituras,
proporcionan la realización de la Verdad innata.
Si la mente llena de deseo busca una meta,
solamente logra ocultar la Luz.

Aquel que observa los preceptos tántricos
y, sin embargo, hace discriminaciones
traiciona el espíritu del *samaya*.
Cesa toda actividad,
abandona todo deseo,
deja que los pensamientos surjan y desaparezcan
como las olas del océano.
Aquel que nunca contradice el no-morar-en-nada,
ni el principio de la no-distinción
cumple los preceptos tántricos.
Aquel que abandona sus deseos
y no se aferra ni a esto ni a aquello
percibe el verdadero significado que expresan
    las escrituras.

En Mahamudra todos los pecados son incinerados;
en Mahamudra uno es liberado en la prisión del mundo.
Esta es la suprema antorcha del Dharma.
Los que no creen en ella, son tontos que para siempre
se revuelcan en el sufrimiento y la miseria.

Para luchar por la liberación
uno debe depender de un gurú.
Cuando tu mente reciba sus bendiciones,
la emancipación estará a tu alcance.
De este modo, todas las cosas de este mundo
resultan insignificantes;
no son más que semillas de dolor.
Las pequeñas enseñanzas te llevan a actuar;
uno debe seguir solo las grandes enseñanzas.

Trascender la dualidad es la visión del rey.
Conquistar las distracciones es la práctica de los reyes.
El camino de la no-práctica es el camino de todos
   los *buddhas*.
Aquel que recorre ese camino alcanza el estado
   del Buddha.

Este mundo es transitorio,
como los fantasmas y los sueños, sin sustancia alguna.
Renuncia a él y abandona a tus parientes,
corta los cordones de la lujuria y del odio
y medita en los bosques y montañas.

Si dejas de luchar y permaneces relajado y natural,
pronto obtendrás el Mahamudra
y alcanzarás lo inalcanzable.

Corta la raíz de un árbol y sus hojas se secarán;
corta la raíz de tu mente y el *samsara* se desvanecerá.
La luz de una lámpara dispersa instantáneamente
la oscuridad de largos *kalpas*;
la intensa luz de la Mente quemará, como un rayo,
el velo de la ignorancia.

Diálogo sobre la meditación

Pregunta: Esta lectura meditativa del poema me ha permitido una mayor profundización en la experiencia. Es casi como si realmente me hubiera acercado a comprender lo que es la vacuidad. Una sensación nueva, de amplitud, de serenidad. Quería compartirlo, y también preguntar si es lo mismo Mahamudra *que Dzogchén.*

Respuesta: Podría decirse que son dos conceptos simbólicos que apuntan a lo mismo. Ahora bien, Mahamudra representa la culminación de las prácticas en las escuelas de la nueva traducción, y muy especialmente en el linaje Kagyü-pa, mientras que Dzogchén es el término utilizado en la tradición Nyingma-pa, esto es la escuela de la antigua traducción.

Mudra no solo se refiere a los gestos simbólicos que se realizan a veces durante las meditaciones u otras prácticas, sino que se refiere también a la cualidad expresiva de la realidad cuando se contempla desde la iluminación. *Maha* significa "grande", y aquí se añade para significar su carácter sublime, de realidad última, representando la vacuidad. Al realizar Mahamudra, cualquier cosa revela la inseparabilidad de la forma (*mudra*) y la vacuidad (*maha*). Son los 84 *mahasiddhas* los que revelan la enseñanza de Mahamudra. Y los dos principales tipos de meditación, *samatha* y *vipassana*, puede decirse que se encaminan hacia Mahamudra. Se habla también de cuatro yogas de Mahamudra: el yoga de la concentración unidireccional, el yoga de la simplicidad, el yoga de un solo sabor, y el yoga de la no-meditación.

Por otra parte, *dzogchén* significa "la gran perfección", el pináculo del desarrollo espiritual humano. Se presenta como la enseñanza primordial del Buddha celestial Samantabhadra y hace hincapié en la iluminación primordial de la mente. El despertar último es el reconocimiento de la luminosidad de la mente en su naturaleza profunda. O, para mayor claridad, si la mente es siempre dualista, el despertar es el reconocimiento de *rigpa*, la conciencia no-dual, podría decirse que el Dharmakaya. En palabras de R. Ray: «Mahamudra y Dzogchén constituyen los últimos peldaños de la práctica Vajrayana, allí donde el secreto de la existencia se vive espontáneamente, donde la iluminación se ha convertido en una realización permanente» (Ray: 263).

P.: ¿No es el Dzogchén el que distingue entre la base, el sendero y el fruto? ¿Es Dzogchén lo que enseña Namkhai Norbu, maestro tibetano que viene con frecuencia a España?

R.: Efectivamente, el Dzogchén suele presentar sus enseñan-

zas bajo esos tres conceptos o aspectos principales. La Base
es la vivencia del estado primordial en una contemplación no-
dual. Dentro de la Base se distingue entre: la "esencia" (que corresponde a la vacuidad fundamental de la base), cuyo símbolo
es el espejo; la "naturaleza", simbolizada por la capacidad que
tiene el espejo de reflejar todo lo que se ponga delante de él,
y la "energía", a saber, lo que manifiesta la naturaleza, y cuyo
símbolo son los reflejos que surgen en un espejo.

En segundo lugar, el Sendero se refiere al trabajo metó-
dico que hay que realizar para superar la condición dualista.
Es aquí donde concentración, visualización y meditación hallan su puesto, pero todos ellos suponen un hacer algo con la
mente, mientras que lo que podemos llamar "contemplación"
sería simplemente el instalarse conscientemente en el estado
no-dual.

Justamente lo expresa muy bien Namkhai Norbu, quien efectivamente es un maestro tibetano de Dzogchén, que hace años
que visita Barcelona y otros lugares de España. En una de sus
obras leemos respecto a la contemplación: «En la contemplación Dzogchén, sin incurrir en los defectos de adormecimiento,
agitación o distracción, uno integra en la Presencia no-dual (de
la) Cognoscitividad Iluminada, tanto los momentos de calma
entre pensamientos como los movimientos de pensamiento.
La Presencia pura de este Campo de cognoscitividad intrínsecamente autoliberador, en la cual ni se rechaza ni se sigue el
pensamiento, es lo que indica el término tibetano *rigpa*, que es
lo contrario del error esencial de la mente dualista o ignorancia

básica llamado *marigpa*. Si uno no descubre el estado de pura Presencia o *rigpa*, nunca descubrirá el Dzogchén: este no es otra cosa que el estado desnudo de *rigpa*».[52]

En cuanto al Fruto, hay que decir que el Dzogchén es un camino no-gradual, de ahí que pueda decirse que el Sendero no es otra cosa que permanecer en el descubrimiento de la Base, y esto equivale al estado que constituye el Fruto. ¿Cómo es posible? Porque el Sendero no es algo realmente separado del Fruto.

52. Namkhai Norbu. *El cristal y la vía de la luz: Sutra, Tantra y Dzogchén*. Barcelona: Kairós, 1995, pág. 119.

15. Meditaciones budistas: *samatha, vipashyana, tonglen*

En los capítulos anteriores nos hemos detenido en la historia y en algunas de las ideas principales del budismo, y la cuestión de la meditación ha ido apareciendo tangencialmente, pero sin ser tematizada de un modo directo. Dado que las meditaciones del budismo tibetano son algo peculiares, es el momento de realizar una visión de conjunto de la meditación en las tradiciones budistas.

Si tuviéramos que indicar los textos fundamentales que han influido de manera directa en los tipos de meditación practicados en el budismo, habría que comenzar por un *Sutra* del Canon Pali, el *Satipatthana-sutta* o *Sutra sobre las aplicaciones de la atención plena*. Esta "atención plena", en sánscrito *smrti*, es el término traducido en inglés como *mindfulness* y que podemos considerar el hilo conductor de toda meditación budista, incluso de toda meditación. Esa total atención –la cual no resulta fácil de lograr en un comienzo– puede dirigirse a las sensaciones corporales, puede dirigirse a la respiración (como vimos en la meditación de la primera sesión sobre el budismo), puede dirigirse a todo el mundo afectivo, observando con total interés y al mismo tiempo sin identificarse, cualquier emoción o sentimiento que surja, puede dirigirse a todos los fenómenos mentales, los objetos que aparecen en el campo de nuestra mente, etcétera.[53] Tanta importancia concedió el Buddha a esta meditación básica que termina el *Sutra* diciendo: «Es, pues, en referencia a esta meditación que se dijo: "Monjes, este es el sendero directo para la purificación de los seres, para la superación del pesar y las lamentaciones, para la desaparición del dolor y la pena, para alcanzar el verdadero camino, para la realización del Nibbana; a saber, las cuatro aplicaciones de la atención plena"».[54]

Posteriormente, durante el siglo v d. de C. aparece uno de los tratados más sistemáticos e influyentes sobre la meditación en el budismo, desde una perspectiva Theravada. Se trata de la obra de Buddhaghosa, *Visuddhimaga*, "El Sendero de la Pureza". Su estructura expone, a lo largo de más de ochocientas páginas, esas tres fases, anteriormente comentadas: *shila, samadhi, prajña*. El primero tiene que ver con las "disciplinas" y las "reglas" recomendadas en el camino hacia la pureza (alimentación, vestimenta, medicamentos, alojamiento, etcétera); el segundo puede traducirse como "concentración" y se repasan

---

53. Una presentación contemporánea de estas "aplicaciones de la atención plena" puede verse en el librito del maestro de meditación *vipassana*, Jack Kornfield. *La meditación para principiantes*. Barcelona: Kairós, 2012.

54. Basado en la traducción de Bhikkhu Ñanamoli y Bhikkhu Bodhi. *The Middle Length Discourses of the Buddha: A Translation of the Majjhima Nikaya*. Boston: Wisdom Publications, 2009, 1. 10. pág. 155.

y desarrollan los distintos tipos de concentración, así como los objetos sobre los que se puede hacer recaer a esta; no falta un desarrollo sobre los diez aspectos feos y desagradables de la experiencia, contemplando distintas modalidades de cadáveres, para tomar conciencia de la impermanencia de un modo vívido, y encontramos también una cierta dedicación al "recuerdo del Buddha" (y del Dhamma y del Sangha).

La última parte del libro se centra en *prajña*, la verdadera "sabiduría" final que puede conducir a la liberación y la iluminación definitiva.[55]

Puede decirse que la estructura de la obra refleja, y quizás condiciona, la distinción central entre dos tipos de práctica: el cultivo de la calma o la serenidad mental (*samatha-bhavana*), y el cultivo de la visión penetrante (*vipashyana*). Y es que la meta de la primera sería justamente el estado de *samadhi*, de éxtasis, énstasis o contemplación. Ahora bien, más allá de los distintos tipos de concentración en objetos determinados, esta meditación conducente a la plena serenidad atenta apunta a una interiorización carente de objeto.[56]

Efectivamente, aquellos más familiarizados con el yoga de Patañjali estarán pensando que esto equivale al *nirvitarka samadhi*, o al *nirbija samadhi*, una contemplación en la que la

---

55. La versión consultada es la traducción francesa de Christian Maës (trad.), *Visuddhimagga. Le Chemin de la Pureté*. París: Fayard, 2002, quien traduce *prajña* por "sagacité".

56. Puede verse una buena introducción, así como una amplia selección de textos, en Conze. *Buddhist Meditation*. Nueva York: Dover Publications, 2003.

atención ya no está concentrada en un objeto, sino que es una atención no solo plena, sino también "libre", libre de cualquier contenido. Por tanto, vacía, como la vacuidad del Mahamudra. Por otra parte, *vipashyana*, en cuanto cultivo de una observación analítica, de una visión penetrante, conduciría igualmente a una intuición de la vacuidad de todas las cosas y a través de ella –y para algunos solo de ella, pues el *samadhi* de *samatha* sería un estado elevado, apreciable, valioso, pero igualmente pasajero, no ofreciendo por sí mismo la visión liberadora definitiva– a la comprensión sabia de la vacuidad de todos los *dharmas*. Esta sería la característica específica de la meditación budista.[57]

En ocasiones se han contrapuesto, a mi entender excesivamente, ambos tipos de meditación y, o bien se ha centrado el enfoque en la serenidad de la mente, o bien se ha minusvalorado esta y enfatizado la visión penetrante que revela la insustancialidad de todo lo existente. No han faltado, claro está, y me parece la actitud más equilibrada y sensata, quienes valoran la complementariedad de ambas meditaciones. Podríamos decir que una alta dosis de calma mental, de silencio profundo, de aquietamiento de las ondas de pensamiento, es enormemente

57. Una presentación del *vipassana* en la tradición monástica de Achhan Chaa y más concretamente tal como es enseñada por Mahasi Sayadaw puede verse en la obra de estos dos célebres maestros budistas de meditación *vipassana* que son J. Goldstein y J. Kornfield. *Vipassana: el camino de la meditación interior*. Barcelona: Kairós, 1995. Ambos autores han seguido publicando y me parecen altamente recomendables las dos obras posteriores de Jack Kornfield. *Después del éxtasis la colada*. Barcelona: La Liebre de Marzo, 2010, así como *La sabiduría del corazón*. Barcelona: La Liebre de Marzo, 2011.

valiosa en sí misma y además constituye una *conditio sine qua non* para que la atención plena pueda dirigirse, a modo de rayo láser, sobre las cuestiones investigadas, para que la búsqueda no sea ya una mera reflexión racional, sino que se posibilite la emergencia de una visión nueva, más lúcida, más penetrante, más intuitiva, capaz de ver con una más brillante luminosidad cualquier rasgo de la existencia al que se enfoque.

Allan Wallace indica del siguiente modo la supremacía de *vipassana* sobre *samatha*: «El logro de *shamatha* es tan poderoso y liberador que a veces se confunde con la iluminación. Ahora bien, en el budismo, *shamatha* se considera simplemente el acceso a la primera estabilización (*jhana, dhyana*). En ese contexto es el primer paso importante en una serie de prácticas contemplativas que conducen a la iluminación. En el sendero hacia el despertar total, *shamatha* ofrece solo una iluminación temporal de los síntomas de la disfunción mental. Las prácticas más avanzadas que siguen, se basan en *shamatha* y ofrecen la cura definitiva. *Vipashyana* permite atravesar las apariencias engañosas y comprender la verdadera naturaleza de los fenómenos. Poniendo de manifiesto nuestras sobreimposiciones –la proyección de concepciones subjetivas que distorsionan nuestra percepción–, nos permite experimentar la realidad tal como es».[58]

---

58. Allan Wallace. *La ciencia de la mente*. Barcelona: Kairós, 2009, pág. 317. Tan altamente recomendable como esta obra es otra de las ya traducidas del mismo Allan Wallace. *Mente en equilibrio*. Barcelona: Rigden Institut, 2009. Junto al de Matthieu Ricard. *El arte de la meditación*. Barcelona: Urano, 2009, serían dos de los libros sobre meditación que antes recomendaría, sobre todo desde una perspectiva budista tibetana.

Las cuatro aplicaciones de la atención suelen considerarse un método clásico en la práctica de *vipashyana*.

Otra de las obras más influyentes sobre la meditación en el budismo, perteneciente al mismo siglo v d. de C. es la de Vasubandhu, *Abhidharmakosha-bhasya*, que se puede traducir como *Un comentario sobre el tesoro de la metafísica*. Estamos aquí en un enfoque en el que pueden detectarse influencias del Sarvastivada y del Sautrantika, pero con un sabor Yogacara.

Si hubiera que mencionar una sola obra de gran influencia en nuestro tema, sería, ya en el siglo viii d. de C. la ya citada de Shantideva, *Bodhicaryavatara*, título que puede traducirse como *Entrando en la práctica del despertar*, obra que se estructura según las seis perfecciones y presenta una visión claramente Madhyamika.[59]

Esto por lo que respecta al Canon Pali, al Theravada y al Mahayana pretántrico. Ahora bien, si volvemos a lo más específico del budismo tibetano, en este caso centrándonos en la meditación, tenemos que volver a la tríada *mantra-mandala-mudra*. Si hay dos obras especialmente influyentes en este campo, quizás sean el *Hevajra-Tantra*[60] y el *Guhya-Samaja-Tantra*.[61]

59. Véanse los comentarios de Paltrül Rinpoché y de Khenpo Kumpal en Kretschmar, 2003.

60. Puede verse la traducción de G.W. Farrow y I. Menon. *The concealed Essence of the Hevajra Tantra (with the commentary Yogaratnamala)*. Delhi: Motilal Banarsidass, 1992.

61. Wayman, A. *The Yoga of the Guhyasamaja Tantra: The Arcane Lore of Forty Verses*. Delhi: Motilal Banarsidass, 1977. Del mismo Alex Wayman, puede consultarse, para un enfoque más general, *The Buddhist Tantras: Light on Indo-Tibetan Esotericism*. Delhi: Motilal Banarsidass, 1993.

Nos interesa ahora destacar el papel del sonido, de la vibración, a través del *mantra*, así como de la visualización, no solo de distintos *mandalas*, sino más en general, tal como puede verse en la práctica del *guru-yoga* o en la práctica del *tonglen*.

A través del *guru-yoga*, el meditador se funde con la mente del maestro (gurú, lama). Hay una clara exposición del *guru-yoga* en las bellas páginas que le dedica Sogyal Rinpoché en su célebre obra. Como tantos tibetanos y especialmente en el linaje Ñiygma, Sogyal Rinpoché confiesa que cada vez que hace *guru-yoga* es en el maestro universal, Padmasambhava, en quien medita. Ahora bien, en muchas ocasiones se puede realizar con el maestro-raíz, con el lama que me ha iniciado de manera definitiva en el camino. Recordemos que los principales maestros de Sogyal, como él mismo confiesa en un sincero reconocimiento lleno de amor y admiración hacia ellos, fueron Jamyang Khyentse, Dilgo Khyentse Rinpoché y el propio Kalu Rinpoché.

Como Sogyal Rinpoché expresa, el *guru-yoga* «es la práctica fundamental y la mayoría de los maestros tibetanos más destacados la han atesorado como su práctica de corazón más íntima».[62] Puede dividirse la práctica del *guru-yoga* en cuatro pasos fundamentales. En primer lugar se visualiza al maestro en meditación y se le invoca: «Ayúdame, inspírame, aliéntame a purificar mi *karma* y mis emociones negativas y a realizar

---

62. Sogyal Rinpoché. *El libro tibetano de la vida y de la muerte.* Barcelona: Urano, 2006, pág. 197.

y conocer la verdadera naturaleza de mi mente». En segundo lugar, una vez se ha producido la necesaria apertura, la mente del meditador se funde con la mente del maestro. Es en este momento cuando se introduce el *mantra*, que en el caso de Padmasambhava es: *om ah hum vajra guru padma siddhi hum*. De este modo se reciben las bendiciones del maestro y se intensifica la unión con su naturaleza, la fusión de nuestra mente con la suya. En tercer lugar, se produce la transmisión de poderes: «Imagina ahora que miles de brillantes rayos de luz se proyectan del maestro hacia ti y te penetran, purificándote, sanándote, bendiciéndote, transmitiéndote poderes y plantando en ti las semillas de la iluminación». Y, finalmente, se reposa en la naturaleza de *rigpa*, la conciencia pura, prístina, inmaculada: «Ahora permite que el maestro se disuelva en la luz y se haga uno contigo en la naturaleza de tu mente». Aquí, cuando se dice "mente" no es ya la mente en su sentido habitual, la mente dual, sino la naturaleza profunda de la mente, en realidad no-mente, conciencia pura, el Maestro absoluto, la naturaleza búdica.

No cabe duda de que el *guru-yoga* es un camino en el que la devoción está plenamente integrada y reconocida. Es más, por decirlo con palabras del eminente maestro Dilgo Khyentse Rinpoché, «la devoción es la esencia del camino».

También Kalu Rinpoché ha descrito en detalle la práctica del *guru-yoga*. No hay que olvidar que el vehículo diamantino concede gran importancia a lo que se denomina las "prácticas preliminares comunes": el descubrimiento de que la existencia humana es preciosa y constituye una oportunidad única para

lograr la iluminación; la toma de conciencia de la impermanencia de todas las cosas y de la inevitabilidad de la muerte;
la importancia de la comprensión de la ley del *karma*, como
esencia de la enseñanza budista, y la toma de conciencia de la
existencia del omnipenetrante sufrimiento que caracteriza al
mundo del *samsara*.

No menos importantes son los "preliminares especiales o
particulares", que se inician con la "toma de refugio" en las tres
joyas, tal como explicamos ya. Además de las tres joyas, se destacan las tres raíces del refugio: el gurú, los *yidams* o divinidades
meditativas, y las *dakinis* en cuanto protectoras del *dharma*.

Merece la pena presentar aquí esta potente meditación, considerada la práctica de purificación más eficaz. Se comienza
visualizándonos a nosotros mismos e imaginando que en nuestra coronilla hay una flor de loto blanca, sobre ella un disco de
luna llena formando un trono sobre el que se halla Vajrasattva,
nuestro gurú-raíz en el aspecto de pureza, sentado en postura
de loto. Su cuerpo es blanco, en su mano derecha sostiene, a la
altura del corazón, un *vajra* dorado; en su mano izquierda por-
ta una campana invertida, de plata. En su corazón visualizamos
la sílaba *hung*, de la cual emana una luz que ilumina el universo
entero. Visualizamos también que los *buddhas* y *bodhisattvas* de
todas las direcciones se manifiestan en miles de imágenes de Vajrasattva que son absorbidas por la imagen situada sobre nuestra
coronilla. En este caso, la visualización es acompañada por el
mantra *om bedzra sa to sa ma ya ma un pa la ya bedzra*, que
puede abreviarse como *om bedzra sato hung*.

Para terminar la meditación vemos cómo la figura de Vajrasattva sobre nuestra coronilla se disuelve en la luz y queda absorbida en nosotros, de modo que sentimos nuestra identidad con el cuerpo, la palabra y la mente de la divinidad visualizada. Y tras ello dejamos que la mente repose en un estado de vacuidad luminosa, libre de toda forma.

Como recuerda Kalu Rinpoché: «En el contexto de la meditación, la única ocupación importante de la mente consiste en la contemplación de la imagen de la divinidad, en el sonido del *mantra* que se recita y en la visualización del flujo de néctar purificándonos una y otra vez».[63]

Puede apreciarse la complejidad de este tipo de meditación, que contrasta con la simplicidad del simplemente sentarse (*zazen*) o de la meditación en la serenidad de la mente. Efectivamente, en estas meditaciones se integra un determinado tipo de actividad mental, que, no obstante, como hemos visto, ha de darse, idealmente, en una especial calma mental y sobre todo terminar disolviendo toda visualización en la luz de la vacuidad y acallando todo sonido en el silencio de la conciencia que subyace a la mente.

Compleja sigue siendo también la práctica del *mandala*, en la que se visualizan los siete atributos del monarca universal: la rueda, la joya que concede todos los deseos, el consorte o la consorte, el ministro, el elefante, el caballo, el general del monarca, y el octavo atributo, que es un gran recipiente lleno de tesoros y riquezas.

Solo después de todas estas prácticas llega, en rigor, el *gu-*

---

63. Kalu Rinpoché, o.c., 83.

ru-yoga. Kalu Rinpoché pertenecía al linaje Kagyü, originado con Vajradhara en el Dharmakaya, y pasando a través de los maestros indios Tilopa y Naropa, continuando –como vimos– con los maestros ya tibetanos: Marpa, Milarepa, Gampopa y el primer Karmapa. Recordamos esto para contextualizar, en la meditación del *guru-yoga* que viene a continuación, la referencia al Karmapa. Merece la pena seguir con las palabras del propio Kalu Rinpoché esta central meditación, aunque en algunos momentos resuma o modifique ligeramente la formulación.

Meditación

Visualizamos al Gurú (el Buddha, Padmasambhava, nuestro propio Maestro actual) sobre nuestra coronilla, sentado sobre el trono que se sitúa en los discos solar y lunar, ambos sobre una flor de loto.

(*Silencio*)

Está mirando en la misma dirección que nosotros y sobre su coronilla visualizamos a todos los gurús del linaje.

(*Silencio*)

Además lo vemos rodeado de los maestros de los demás linajes, y de las deidades meditativas y de los *buddhas* y *bodhisattvas*.

(*Silencio*)

Pronunciamos el mantra *Karmapa chenno* ("Tenme presente, recuérdame, Karmapa").

Karmapa chenno Karmapa chenno Karmapa chenno

El Karmapa es una emanación de la actividad de todos los *buddhas*, alguien cuya presencia espiritual es una manifestación de la actividad iluminada.

Todas las figuras situadas alrededor del gurú central se disuelven en la luz y son absorbidas en la figura central de nuestro gurú-raíz, quien se convierte así en la unión de todas esas fuentes de refugio.

(*Silencio*)

Comenzamos ahora a recibir las iniciaciones de nuestro gurú. Y para ello visualizamos que su frente emana rayos de luz blanca que se dirigen a nuestra propia frente (de su *ajñachakra* al nuestro).

(*Silencio*)

Es la iniciación que nos purifica de los oscurecimientos del cuerpo físico e implanta la capacidad de actualizar el *nirmanakaya*, la manifestación física de la iluminación.

(Silencio)

A continuación visualizamos rayos de luz roja que salen de la garganta del gurú y se ven absorbidos por nuestra propia garganta.

(Visualización silenciosa)

Es esta la iniciación secreta que purifica las negatividades de la palabra. Se relaciona con el *sambhogakaya*, el cuerpo de gozo que nos capacita para practicar los seis yogas/*dharmas* de Naropa.

(Silencio)

Visualizamos ahora rayos de luz azul que irradian desde el corazón del gurú y se ven absorbidos por nuestro propio corazón.

(Silencio)

Estamos recibiendo la iniciación de la sabiduría despierta, purificando las negatividades de nuestra mente, permitiéndonos alcanzar el *dharmakaya*, la unión entre el gozo y la vacuidad.

(Silencio)

Visualizamos cómo desde la frente, la garganta y el corazón del gurú (*ajña, vishudha, anahata*) brotan simultáneamente rayos de luz blanca, roja y azul y son absorbidos por nuestra frente, nuestra garganta y nuestro corazón (a través de los *chakras* correspondientes), purificando los tres aspectos.

(*Silencio*)

«Esta es la cuarta iniciación a la que en ocasiones se denomina iniciación de la palabra preciosa y que constituye la introducción al Mahamudra, la experiencia directa de la naturaleza de la mente. Este nivel está relacionado con el *svabhavikakaya*, la integración entre los diferentes aspectos de una misma y única experiencia».

(*Silencio*)

Finalmente, el gurú visualizado se disuelve en la luz, siendo absorbido todo ello por nosotros, de manera que nuestro cuerpo, nuestra palabra y nuestra mente se identifican con los del gurú. Toda la visualización se disuelve ahora en la luz y permanecemos en un estado de conciencia sin forma, sin noción del tiempo ni del espacio. Pura presencia amorosa-compasiva.

(*Silencio radiante. Gran Presencia*)

Para terminar dedicamos los méritos y virtudes de la práctica a todos los seres sintientes y sufrientes de este mundo y de todos los mundos.[64]

Diálogo sobre la meditación

Pregunta: En algún momento de la exposición has hablado de una meditación denominada tonglen. *¿Puedes decir en qué consiste?*

Respuesta: *Tonglen* es la práctica que refleja del modo más directo la importancia de la compasión en el budismo. *Tonglen* es compasión en acción. Se trata de una meditación relacional, en la que tomándose en serio la eficacia de la motivación, de la intención, de la visualización, del deseo, del pensamiento y de la voluntad, adoptamos toda la negatividad, todo el sufrimiento, el dolor, las emociones negativas, de una persona o un colectivo, y mediante el poder transformador de nuestro corazón amoroso y compasivo, damos toda la luz amorosa de que somos capaces, impregnando de compasión transformadora el campo de conciencia de aquella persona, aquel grupo, aquella colectividad con la que estamos "trabajando gozosamente".

Podemos explicarlo de modo que se convierta en una meditación. En realidad, nos estamos acostumbrando a que no haya tanta diferencia entre la meditación y la lectura de un texto,

---

64. Véase Kalu Rinpoché, o.c., págs. 97-111.

entre la meditación y la explicación de una enseñanza, entre la meditación con los ojos cerrados y la meditación con los ojos abiertos. Por ello, quien prefiera puede cerrar los ojos y quien quiera puede mantenerlos abiertos, pero en cualquier caso tratamos de vivir con atención plena lo que estamos diciendo y haciendo. La palabra es una acción. La visualización es una acción. La irradiación amorosa es una acción.

Así pues, aflojamos las tensiones. Observamos la respiración. Calmamos nuestra mente y meditamos sobre la compasión. Y para ello podemos invocar la presencia de todos los seres iluminados, de todos los seres de luz, todos los *buddhas* y *bodhisattvas* que han hecho de la compasión y de la bondad amorosa su razón de vivir.

(Silencio invocativo)

Ahora visualizamos a la persona o el colectivo que está sufriendo y al que queremos dirigirnos. (Si os parece comencemos con una sola persona, para simplificar la meditación y concentrar mejor en ella nuestra atención.)

Nuestro corazón se llena de amor compasivo al hacernos conscientes de su dolor, e imaginamos que todos sus sufrimientos se unen condensándose en una gran masa de humo negro que sale de ella y se dirige hacia nosotros. Vemos cómo se disuelve en nuestro corazón, cómo al llegar a nosotros queda transformado y de todo nuestro ser surgen rayos de luz, de paz, de amor, de felicidad que purifican todo el *karma* de la persona sobre la que estamos centrando nuestra atención amorosa y compasiva.

El poder de la compasión ha transformado la oscuridad en luz, el sufrimiento en felicidad, la desazón en paz, el temor en confianza, y visualizamos a la persona bañada en esa luz que limpia y purifica toda su conciencia.

(Mantenemos la visualización radiante)

Vamos terminando, haciéndonos conscientes de nuestra respiración y de nuestro cuerpo físico, integrando el mundo exterior en nuestra conciencia, si teníamos los ojos cerrados.

P.: ¿Y no puede tener efectos negativos sobre nosotros el tomar ese sufrimiento, esa oscuridad, ese humo negro?

R.: Es una pregunta muy frecuente. La respuesta tradicional es que el poder de la compasión purifica y transforma todo lo que llega a nosotros. Pero si alguien siente cierta resistencia ante ese tipo de visualización, puede hacerse de una manera más sencilla, simplemente envolviendo a la persona elegida en luz compasiva. Desde nuestro corazón irradian oleadas de amor hacia ella. Y desde nuestro entrecejo brotan rayos de luz dorada que iluminan todo el campo de realidad de esa persona. Y lo hacemos con la confianza de que esa luz y ese amor están llegando, sutil pero realmente, a la persona hacia la que los dirigimos.

16. Acompañar en el viaje definitivo: *Bardo Thodol* y *phowa*

Durante mucho tiempo la filosofía se consideró una *meditatio mortis*, una meditación sobre la muerte. Ni que decir tiene que todas las religiones han concedido un puesto especial a la escatología, y dentro de ella a lo que sucede al morir.

También el budismo, y especialmente el budismo tibetano, se ha ocupado de ello. No solo en el llamado *Libro tibetano de los muertos*, que abordaremos poco después, sino también en multitud de narraciones de los *delok*. Se trata de personas, generalmente mujeres, que viajan al otro mundo –la mayor parte de las veces a los "infiernos", aunque también hay algunos casos de viajes a ciertos paraísos– y vuelven a contarlo, trayendo algún mensaje particular de los muertos. A diferencia del *Bardo Thodol* –que puede considerarse parte de un ritual esotérico–, los *delok* emplean un lenguaje popular, plagado de imágenes concretas, al alcance de todo el mundo. Si el *Bardo Thodol* se descubre en el siglo XIV (fue descubierto por Karmalingpa), algunas narraciones *delok* son anteriores. Concretamente poseemos dos casos pertenecientes a los siglos XII y XIII en los que los relatos muestran abundancia de detalles. Cabe señalar que, si bien se encuentran en casi todas las escuelas, la mayoría proceden de la Nyingma y la Kagyü.

En realidad, cabe considerar a los *delok* como pertenecientes a un culto soteriológico a Avalokiteshvara. Incluso algunos *delok* afirman ser encarnación del propio Avalokiteshvara y en sus relatos suele hallarse el *om mani padme hum*, *mantra* especialmente destinado a la salvación del *samsara*.

Puede hablarse de una secuencia general que estructuraría buena parte de dichos relatos, sin excluir ciertas particularidades en cada caso. Así, los relatos suelen comenzar con una oración, para inmediatamente realizar la presentación del *delok*, su nombre, el lugar de nacimiento, etcétera. A continuación se realiza una introducción al viaje al más allá, narrando la existencia de sueños premonitorios que han antecedido al viaje o enfermedades que conducen a una muerte rápida e inesperada. Tras su "muerte", el *delok* tarda un tiempo en reconocer que esta ha ocurrido, hasta que encuentra por primera vez a los ayudantes del Señor de los muertos. En ocasiones, el tránsito es facilitado por un guía o un maestro; en otros relatos aparece un puente largo que permite simbólicamente el cruce de un mundo a otro. Más tarde hallamos la descripción principal del otro mundo: unas veces comienza con el encuentro por primera vez con el Señor de los muertos, otras con una travesía por los 18 infiernos y por el reino de los espíritus hambrientos. Allí se encuentra a los condenados, quienes explican las razones kármicas de su situación tormentosa y dan mensajes para que el visitante los lleve a su familia. Tras ello suele acaecer un segundo encuentro con el Señor de los muertos, junto al cual se asiste a uno o varios juicios, y el propio Señor de los muertos ofrece un mensaje al *delok* para los vivos. Finalmente llega el momento de volver a la Tierra y de re-ingresar en el cuerpo que parecía muerto y entregar los mensajes a las familias de los que sufren las infernales torturas, exhortando a la práctica del Dharma.

Uno de los relatos que se conservan es el de Sangye Chözom, cuya atención es atraída por un hombre que se halla sumido en un gran sufrimiento y le dice: «Eh, joven con buen *karma*, escúchame. Se dice que vas a volver al mundo humano; te ruego que me hagas el favor de transmitir esto de mi parte: "Soy de la región de Tashigang, en el Bután oriental. Mi nombre es Tserin kar chung. El nombre de mi madre es Tashi Chözom. Por mi salvación, tendría que hacerse con los textos del *Sutra del diamante* y del *Arrepentimiento de los pecados* y copiarlos mil veces. Debe ofrecer cien lámparas de mantequilla, muchas veces, en los templos. Ha de levantar una gran bandera-de-oraciones en la que debe inscribir la excelente fórmula de seis sílabas *om mani padme hum*. Para expiar mis pecados, debe hacer un ritual de arrepentimiento de los pecados, transferencia de méritos y una oración de bendición. Si tú, madre, amas de verdad a tu hijo, cumplirás estas acciones para beneficio mío y así podré renacer en el mundo humano. Si no lo haces, no seré liberado de este sufrimiento durante cien años". Joven, por favor, entrega mi mensaje en la Tierra».[65]

Ahora que tan de moda están las llamadas "experiencias cercanas a la muerte", desde R. Moody, E. Kübler Ross, K. Ring, y tantos otros, me ha parecido oportuno, sin entrar a analizar el lenguaje mitológico empleado en el texto, recoger la existencia de esas narraciones de los *delok*. Pero nos interesa más el análisis del *Bardo Thodol*, generalmente traducido como *Libro tibetano de los muertos* (o *Libro de los muertos tibetano*), aunque en realidad su significado es más bien el de *Libro de la liberación a través de la audición*. Hallamos en él un enfoque más esotérico de los sucesos post mórtem. *Bardo* es traducción del término sánscrito *antarbhava*, que significa "entre" o "en medio de". Generalmente se refiere al estado post mórtem, el estado entre dos vidas, entre la muerte y un nuevo renacimiento. Pero, en un sentido amplio, puede entenderse también como el "entre" dos momentos de actividad de nuestra conciencia. En realidad, la tradición tibetana habla de seis *bardos*:

1. El *bardo* natural de esta vida, que transcurre entre el nacimiento y la muerte.
2. El *bardo* doloroso del morir, desde el comienzo del proceso del morir hasta lo que se conoce como el fin de la "respiración interna".

---

65. Citado por Françoise Pommaret, «Returning from Hell», en Donald S. López, Jr. (ed.). *Religions of Tibet in Practice*. Princeton, New Jersey: Princeton University Press, 1997, pág. 504.

3. El *bardo* luminoso de *dharmata*, que consiste en la experiencia post mórtem de la naturaleza radiante de la mente; es la luminosidad fundamental, la clara luz que se manifiesta como sonido y color. Veremos que pueden diferenciarse dos etapas que aquí resumimos en una.

4. El *bardo* kármico del devenir, desde el final del anterior hasta que tomamos un nuevo cuerpo y comienza una nueva encarnación.

A este proceso de cuatro etapas se añaden a menudo dos *bardos* más:

5. El *bardo* del soñar, referente a todas las experiencias que se dan durante el estado de sueño.

6. El *bardo* de la meditación.

En realidad, podemos establecer un paralelismo entre lo que ocurre cuando nos disponemos a "dormir", cuando nos vamos a "meditar", y cuando emprendemos ese viaje definitivo al que llamamos "morir". En los tres casos asistimos a un proceso análogo. La conciencia se retira del mundo físico y penetra en un mundo sutil (imágenes, pensamientos, emociones mientras meditamos; ensoñaciones cuando vamos a dormir, en el estado de duermevela; y algo similar cuando morimos). Finalmente, entraríamos en el mundo causal (el estado de "conciencia pura" durante la meditación; el estado de sueño profundo, en el que han cesado las ensoñaciones; y la vacuidad luminosa en el proceso post mórtem).

De ahí que sea tan importante la práctica de la meditación, pues si durante la existencia encarnada no cultivamos el arte de mantenernos despiertos en esa dimensión que se encuentra más allá de las sensaciones físicas y de los procesos psíquicos, difícilmente podremos vencer las identificaciones tan arraigadas y no será posible la liberación al entrar en la luz del *dharmata*, pues no la reconoceremos como nuestra identidad profunda.

Algo semejante cabría decir del llamado "yoga del sueño", pues a través de él podemos habituarnos a mantener un estado de lucidez, incluso durante el proceso del dormir y el soñar. En ambos casos se trata de descubrir aquella dimensión de nosotros que está más allá del cuerpo y de la mente, de las imágenes y los pensamientos. Lo expresa con claridad John Powers: «Hay dos aspectos principales de este yoga: 1) la manipulación de los contenidos de los sueños, de modo que no reflejen ya estados mentales negativos, sino que son transformados de acuerdo al simbolismo tántrico, y 2) la obtención de la conciencia del hecho de que, en el estado de sueño, se está soñando. En la primera práctica, se generan mentalmente deidades tántricas, trayendo a la mente el simbolismo asociado a ellas, y utilizando estas visualizaciones para sustituir las azarosas imágenes de los sueños por imágenes budistas y estados mentales positivos que contrarrestan las aflicciones mentales» (Powers, 2007: 409).

Pero volvamos más directamente a la descripción que suele hacerse del proceso del morir. En el Vajrayana se distinguen dos etapas en el morir: la "disolución externa" y la "disolución interna". En la primera se va perdiendo el control de los sentidos físicos, como si uno comenzara a alejarse de la vida exterior. Todo lo que en nosotros corresponde al elemento tierra es lo primero en disolverse en el elemento agua: el cuerpo nos pesa, cualquier movimiento supone un gran esfuerzo, perdemos el control del movimiento físico, etcétera. Posteriormente sucede algo similar con el agua, perdiendo el control de los fluidos corporales, surgiendo, por ejemplo, incontinencia; y así hasta llegar al fuego (el calor de nuestro organismo comienza a desaparecer, nuestro aliento es frío, ya no podemos digerir), y finalmente al aire, cuando la respiración comienza a ser difícil. Nuestra mente comienza a perder toda percepción del mundo exterior y se suceden visiones y alucinaciones más o menos positivas o negativas según nuestro *karma*. La energía del moribundo está abandonando definitivamente el centro del corazón. La respiración se lentifica hasta que se producen varias espiraciones largas y, finalmente, se deja de respirar. La persona "ha muerto" desde el punto de vista científico-médico.

Para la sabiduría tibetana, sin embargo, no puede hablarse de verdadera muerte, al menos mientras persista la "respiración interna". Algunos textos tibetanos hablan de unos 20 minutos desde el final del respirar externo y el término del respirar interno. Pero el tiempo varía en cada caso y, por ejemplo, en muertes rápidas y violentas la diferencia entre una y otra puede ser muy escasa o nula. Reginald Ray, en realidad basándose en lo que afirma Sogyal Rinpoché, comenta: «la disolución interna puede entenderse en términos del cuerpo sutil. En la disolución interna, la esencia del padre (una gota blanca situada en el *chakra* coronario) y la esencia de la madre (una gota roja que reside cuatro dedos por debajo del ombligo) se unen en el centro del corazón. Al unirse en el corazón, la conciencia se halla encerrada entre ambas» (Ray: 338).

Repárese en que esto supone el proceso opuesto a la concepción, en la cual la semilla paterna aparece como el esperma del padre (la esencia blanca) y la semilla materna como óvulo de la madre (la esencia roja). Ambas se unen para formar el feto, y al desarrollarse este, ambas esencias se separan: la paterna residirá en la cabeza, la materna en el ombligo. Esto propiciará la experiencia de dualidad. Al morir, la unión de ambas en el corazón posibilita la experiencia de no-dualidad.

Al entrar en el tercer *bardo*, que en realidad marca el verdadero momento del morir, se produce el amanecer de la luminosidad fundamental. Es el momento en que re-encontramos nuestro rostro original, nuestra naturaleza primordial, la luminosidad prístina del Dharmakaya, la naturaleza de la mente no construida por la experiencia. Recibe varios nombres: "la mente del Buddha Samantabhadra", "la sabiduría más allá del intelecto", o simplemente "el despertar supremo". Es el momento que ofrece la gran oportunidad para la liberación. Ahora bien, solo será posible morar en tal estado conscientemente si lo hemos frecuentado en meditación durante la vida corpórea y lo hemos integrado, al menos en cierta medida, en nuestras vidas. De otro modo, para aquel que no se ha ejercitado en su re-conocimiento, la experiencia de la luminosidad fundamental no es más que un *flash* de luz que dura un instante y apenas es percibido. En ese caso, el sujeto cae en un estado de inconsciencia y permanece así durante tres días y medio, para pasar a una etapa posterior. Por ello, la práctica del Dzogchén (si es que puede hablarse de práctica) o el cultivo de Mahamudra, o el ejercitamiento en los yogas internos, constituyen un auténtico "ejercitarse en morir" platónico, una adquisición del hábito de permanecer despierto a la luminosidad abisal de nuestra naturaleza búdica.

La segunda fase de este tercer *bardo*, técnicamente descrito como "el *bardo* de *dharmata*", supone no ya el amanecer del Dharmakaya, como vacuidad última, sino la aparición del *sambhogakaya*. Constituye una segunda oportunidad de alcanzar la liberación, si no se ha conseguido en la anterior luminosidad fundamental. Es el momento en que la mente comienza a desplegarse, desde su repliegue en el estado primordial anterior.

Dos modos se ofrecen en la tradición tibetana para alcanzar la liberación en este momento: la práctica Dzogchén del *thögal* y la práctica de la meditación sobre el *yidam*. En el primer caso se distinguen cuatro fases en este *bardo*: 1) El espacio se disuelve en la luminosidad y esta se experimenta como un paisaje de luz; 2) La luminosidad se disuelve en la unión; aquí aparecen mandalas con las 43 deidades pacíficas y las 58 deidades iracundas, *mandalas* que ocupan todo el espacio luminoso; 3) La unión se disuelve en sabiduría, y los *buddhas* de la sabiduría son vistos como formas de luz, y 4) La sabiduría se disuelve en la presencia espontánea. Es el estado de pureza primordial. Si uno presencia este momento como un despliegue de *rigpa*, la conciencia primordial, se alcanza la liberación. De otro modo puede surgir temor, confusión y una próxima existencia encarnada.

En el segundo caso, aquellos acostumbrados a la práctica del *yidam* pueden encontrar en este momento del *bardo* la similitud con la práctica de la visualización de la divinidad eligida (*yidam*, equivalente al *istha devata* del hinduismo), según la cual el *yidam* es la esencia de uno mismo, y al mismo tiempo pura apariencia que se disuelve en la luz del ámbito del *sambhogakaya*.

El lama o el amigo espiritual debe leer en voz clara o mentalmente lo siguiente: «Hasta ayer tuviste visiones del estado intermedio [*bardo*] de lo Absoluto, pero no lograste reconocerlas y por eso tienes que ir errando por ahí. Intenta ahora mantener en ti, sin distracción, la esencia de la conciencia trascendente que, como te había indicado tu lama, es unión de luz clara y vacío, pura, desnuda, vibrante. En consecuencia, ¡permanece distendidamente en el estado más allá de la posesión y de la acción».[66]

Para la mayoría de la gente, no obstante, la conciencia se habrá perdido desde el momento de la muerte y no despertará hasta el momento del bardo del nacimiento, impulsada por los vientos del *karma* hacia un nuevo renacimiento. Es el *bardo sipa*, o *bardo* del devenir. Llega el momento de reingresar en el *samsara*, al no haber logrado instalarse conscientemente ni

---

66. Traducción de Ramon Prats. *El libro de los muertos tibetano*. Barcelona: Siruela, 1999, pág. 88.

en la vacuidad de la luminosidad fundamental del Dharmakaya ni en la luminosidad de la mente pura del *sambhogakaya*. Las semillas kármicas germinan ahora y su peso nos lanza a la búsqueda de una nueva matriz que nos aloje y permita continuar nuestra experiencia.

El *Bardo Thodol*, si bien descubierto –como precioso "tesoro" (*terma*)– en el siglo xiv por Karmalingpa, se atribuye a Padmasambhava. También él, como las narraciones de los *delok* comienza por una plegaria, que dice así:

> Oh, Amitabha, ilimitada luz del Cuerpo de Verdad,
> Oh, Deidades apacibles y furiosas del Beatífico Cuerpo de Loto,
> Oh, Padma Sambhava, redentor encarnado de los seres;
> ¡me inclino ante los Tres Cuerpos de los Maestros espirituales!

Recordemos que se trata del *Libro de la liberación a través de la audición*, porque el lama va leyendo el mapa de los estados post mórtem tal como fue cartografíado por Padmasambava, mapa que puede verse igualmente como representación simbólica de diversos estados de conciencia por los que uno puede pasar durante la meditación.

Justo en el comienzo leemos las siguientes palabras, que señalan ya al corazón de la experiencia por venir:

> «¡Oh, noblemente nacido, de nombre [fulano de tal]! Ahora ha llegado la hora de que busques el camino. Justo cuando se detenga

la respiración aparecerá la clara luz objetiva del primer bardo, tal
y como te fue descrita por tu maestro. Tu respiración interna se
detiene y experimentas la realidad pura y vacía como espacio, tu
conciencia inmaculadamente desnuda apareciendo clara y vacía
sin horizonte ni centro. En ese instante tú mismo debes recono-
cerla como a ti mismo, debes permanecer en esa experiencia. Te
la describiré de nuevo en ese momento».[67]

Ese momento llega poco después, una vez transcurridas las
primeras fases. Y el siguiente texto formula de manera brillante
la esencia del mensaje del *Bardo Thodol*:

«¡Oh, noblemente nacido, llamado [fulano de tal], escucha! Ahora
la pura y clara luz de la realidad aparece sobre ti. ¡Reconócela!
Oh, noblemente nacido, esta, tu presente y natural comprensión
consciente de la clara Vacuidad, esta presencia en clara vacuidad
sin ninguna objetividad o substancia, señal o color, ¡esa es justamente la realidad, la Madre, el Buddha de la Bondad Omnipresente
[*Samantabhadra*]! Y esta, tu comprensión consciente de la Vacuidad
natural, sin sucumbir a una falsa vacuidad aniquiladora, solo tu
propia comprensión consciente, incesante, brillante, inconfundible
y vibrante, ¡esa conciencia es el Padre, el Buddha de la Bondad
Omnipresente! Esta presencia de la indivisibilidad de tu conciencia
vacía naturalmente insustancial y la vibrante y brillante presencia

---

67. Utilizaré a partir de ahora la traducción de Robert Thurman. *El libro tibetano de los
    muertos*. Barcelona: Kairós, 2001.

de tu comprensión consciente, esa es justamente el Cuerpo de Verdad de Buddha. Tu comprensión, pues, mora en la vasta masa de luz de claridad-vacío indivisible. Estar liberado del nacimiento o la muerte: eso es la Luz inmutable de Buddha. Es suficiente con reconocerlo. Reconociendo como Buddha a esta tu propia comprensión consciente de pureza natural, tú mismo contemplando tu propia conciencia; eso es morar en la más profunda realización de todos los buddhas».

Es el momento de la emergencia de la Luz clara, la clara Vacuidad, el Buddha Samantabhadra como nombre simbólico de la Realidad última, Conciencia brillante y vibrante, el Cuerpo de Verdad del Buddha (Dharmakaya), la Luz inmutable del Buddha, la budeidad innata, la más profunda realización de todos los *buddhas*. Es difícil expresar con mayor claridad y belleza.

Si no se ha sido capaz de reconocer la pura Luz de la Realidad-Vacuidad, el *bardo* de *dharmata*, se pasa a percibir a las deidades pacíficas, los *buddhas* de los cinco clanes. También ahora se puede alcanzar la budeidad.

«¡Oh, noblemente nacido! ¡Escucha sin vacilar! Hasta ayer, las visiones de los cinco clanes búdicos se te aparecieron uno a uno. Y aunque fueron descritos con claridad, debido a la influencia de la evolución negativa sentiste pánico y hasta el momento presente sigues aquí. Si ya hubieses reconocido como visiones propias el resplandor natural de una de las sabidurías de los cinco clanes, te habrías disuelto en la luz de arco iris del cuerpo de uno de los cinco clanes búdicos y alcanzado la Budeidad en el Cuerpo de Beatitud. Pero no reconociste la luz y todavía deambulas por aquí [...]».

En el centro aparece la pareja del Buddha Vairochana... al este la pareja del Buddha Vajrasattva... al sur la pareja del Buddha Amitabha... al norte la pareja del Buddha Amoghasiddhi. Recordemos que la situación y el nombre de los distintos *buddhas* en las cuatro direcciones y en el centro del *mandala* varían según los textos.

Si no se ha logrado tampoco la identificación con la budeidad, aparecen las deidades iracundas, que no son nada más que otra forma de manifestarse aquellos, pero en actitudes iracundas y violentas, con imágenes simbólicas espeluznantes.

«¡Oh, noblemente nacido! ¡Escucha sin vacilar! El intermedio [*bardo*] pacífico ya ha desaparecido, pero no has reconocido la luz, por lo que debes seguir vagando. Ahora, en este octavo día, aparecerá la congregación de las Deidades Furiosas Heruka. ¡No temas! ¡Reconócelas! ¡Oh, noblemente nacido! Aparece el gran y glorioso Buddha Heruka, de color granate, con tres rostros, seis brazos y cuatro piernas extendidas [...]. Sus ojos deslumbran, aterrorizadores, sus cejas destellan con relámpagos, sus colmillos brillan como el cobre nuevo [...]. Su cuerpo está adornado con serpientes negras y una guirnalda de cabezas recién cortadas. En su mano derecha sostiene una rueda, en la del centro un hacha y en la izquierda una espada [...]. ¡Así parecen manifestándose ante ti, emergiendo desde el interior de tu propio cerebro! ¡No les temas! ¡No te sientas aterrorizado! ¡No les odies! ¡Reconócelos como una imagen de tu propio conocimiento! ¡Es tu propia Deidad Arquetípica, así que no tengas miedo! ¡De hecho, en realidad son el Señor Vairochana Padre y Madre, no les temas! ¡Serás liberado en el momento en que los reconozcas!».

Tras desgranar las apariciones terroríficas de las distintas deidades feroces, se vuelve a ofrecer la clave para la actitud que hay que adoptar ante ellas y poder así alcanzar la liberación.

«¡Oh, hijo mío! ¡Todo lo que ves y percibes, por muy terroríficas que sean las visiones, reconócelas como tus propias visiones! ¡Reconócelas como la energía natural de tu propia conciencia! ¡Si así lo haces, no hay duda alguna de que te convertirás inmediatamente en un Buddha! ¡Habrá sucedido lo que se llama la "instantánea perfección de la budeidad"! ¡Recuérdalo en tu mente!».

La visualización creadora como práctica espiritual prepara para estos momentos del *bardo*. Visualizar las deidades, identificarse con ellas y, finalmente, disolver todo ello en el Vacío del que surgen. Ahora comienzan las visiones de los reinos en los que se puede nacer si no se libera antes de que se produzca su nueva encarnación.

«Entonces, si vas a nacer como un dios [*deva*], tendrás visiones de los cielos. Si vas a nacer como un titán [*asura*], un humano, un animal, un *preta* o un ser infernal, tendrás visiones de cualquiera de esos reinos en los que vayas a nacer [...]. ¡No te aferres a esas visiones! ¡No te adhieras a ellas! [...]. Ahora puedes abrir tu comprensión a la clara luz, el desnudo, puro y brillante vacío. ¡Penetra en él, relájate en la experiencia de no aferrarte, del no-hacer! Serás liberado sin tener que penetrar en una matriz».

En el estado intermedio [*bardo*], el ser desarrolla poderes similares a los que se ponen de manifiesto en las "experiencias cercanas a la muerte" y en las "experiencias de proyección extra-corpórea": visión mental, telepatía, psi-traslación, clarividencia, etcétera. Se les denomina "sentidos completos":

«¡Oh, noblemente nacido! ¡Escucha sin que tu mente vacile! "Sentidos completos, moviéndose sin obstáculos", significa que aunque en vida fueses ciego, sordo, lisiado o cualquier otra cosa, ahora, en el bardo, tus ojos discernirán claramente las formas, tus ojos oirán los sonidos y demás. Tus sentidos serán claros y completos; es decir, "sentidos completos". ¡Reconócelo como una señal de que has muerto y vagas por el bardo!

»¡Oh noblemente nacido! Lo que "se mueve sin obstáculos" es tu cuerpo mental; tu conocimiento está libre de encarnación y no cuentas con cuerpo sólido... Ahora dispones del poder de pensar en cualquier lugar que desees y llegarás allí en el mismo instante».

Pese a todo ello, si no se reconoce la Clara Luz de la Vacuidad, se entra en un período de confusión, «oirás ruidos de aludes, inundaciones, fuegos y huracanes», y en la distracción de la mente, al comprobar que los amigos y familiares a los que ves en tu "cuerpo fantasmal", no pueden verte ni oírte, se comienza a acariciar la idea de volver a tener un cuerpo físico.

Piensas: «¡Qué hermoso sería tener un nuevo cuerpo!». Entonces tendrás visiones de buscar un cuerpo por todas partes.

Pero, incluso en esos momentos, es posible la Liberación total, incluso sin ser un experto en meditación.

De nuevo un texto crucial expresa de manera decisiva la experiencia central del Vacío-Claridad, de la Vacuidad luminosa:

«Si no sabes cómo meditar, examina cuidadosamente todo lo que te aterroriza y ve el vacío que es su falta de entidad objetiva. Eso es el Cuerpo Natural de Verdad. Y ese vacío no es meramente la aniquilación. Tu percepción triunfante y discriminadora del terror al vacío es en sí misma la bienaventurada mente del Cuerpo de Beatitud. Vacío y Claridad son indistinguibles; la realidad del vacío es claridad, la realidad de la claridad es el vacío. Tu percepción de la indivisibilidad de vacío-claridad está desnuda y ahora moras en la experiencia increada. Eso es el Cuerpo de Sabiduría de Verdad. Y aparece en todas partes espontáneamente y sin obstáculos. Y ese es el Cuerpo Compasivo de Emanación».

Si el *karma* propio, el estadio de evolución, la falta de práctica espiritual a lo largo de la vida hacen que tampoco ahora se desvele la identidad con la Claridad-Vacío, se repiten las visiones de los seis reinos, en uno de los cuales se puede renacer:

«Entonces te moverás hacia lo que aparezca, y gradual e inciertamente irán apareciendo las seis luces de los seis reinos. El reino hacia el que te impele tu propia evolución será el que aparezca más claramente».

«¡Oh, noblemente nacido! ¡Escúchame! ¿Qué son esas seis luces? Aparecerá la sombría luz blanca de los dioses; y también la roja de los titanes, y la azul de los humanos, la verde de los animales, la amarilla de los pretas, y la sombría luz ahumada de los infiernos; todas ellas emergerán. Estas son las seis luces. Así que el color de tu cuerpo será el de la luz del reino de renacimiento».

Una vez más, ya casi en la última etapa del *bardo*, cuando se está a punto de entrar en una matriz y con el fin de cerrar esta y no entrar en ella, para no volver al *samsara*, al ciclo de nacimientos y muertes, Padmasambhava ofrece una síntesis de las más altas enseñanzas:

«[…] Deberás bloquear la puerta [de entrada a la matriz] mediante la instrucción de que todo es ilusorio. Medita de la siguiente manera: "Varón y hembra, padre y madre, tormenta, visiones terroríficas, todos los fenómenos son ilusiones mágicas. Sin embargo, aunque aparezcan, carecen de substancia. Todo es irreal y falso. Como espejismos. Impermanentes. Limitados. ¿Por qué aferrarse a ellos? ¿Por qué temerlos y odiarlos? Eso es ver nada como algo. Todos ellos no son sino visiones de mi mente. La mente misma es originalmente no existente, como una ilusión mágica. Así pues, ¿de dónde provienen? Como nunca lo entendí en el pasado, sostengo que lo no existente existe. Sostengo que lo irreal es real. Sostengo que la ilusión es cierta. A causa de ello he vagado mucho tiempo en el ciclo de la vida. Si ahora sigo sin reconocer lo ilusorio de las cosas, vagaré todavía más en el ciclo de la vida y me veré hundido en el pozo de las miserias. Así que ahora reconoceré todas esas cosas como si se tratase de un sueño, una ilusión mágica, un eco, una ciudad de cuento, un espejismo, un reflejo, una ilusión óptica, la luna reflejada en el agua, careciendo incluso de un momento de estatus de veracidad, definitivamente inciertas y falsas». (Padmasambhava/Thurman: 248-249).

Si ninguno de todos los intentos por alcanzar la liberación definitiva, el reconocimiento de la naturaleza búdica, tiene éxito, dará comienzo una nueva existencia, el *karma* pondrá en marcha sus procesos y el sufrimiento y la búsqueda de su trascendencia comenzarán de nuevo.

Cualquier instante, y ninguno mejor que este, puede abrir la puerta de entrada a la Luminosidad fundamental, a la Vacuidad-Claridad, al Dharmakaya. Que así sea.

Meditación

Ahora que la vida de este libro llega a su fin, nada mejor que terminar con una meditación para el momento del morir, cuando el tiempo del *bardo* del vivir se está consumando. Puede verse como una aplicación del *guru-yoga*, pues en las tradiciones gurucéntricas es impensable dar un paso tan importante sin invocar la presencia del maestro. De modo similar, en las tradiciones cristocéntricas, lo esperable sería que se anhelase, en estos momentos finales, la presencia del Cristo.

Sabemos que hay "despedidas elegantes", maestros que abandonan el cuerpo de un modo consciente y bello, última lección para sus discípulos. Sabemos que parece haber ocasiones en las que el maestro iluminado es capaz de transfigurar de tal modo su cuerpo físico que diríase que lo lleva consigo a la luz, transformado en un cuerpo de luz, acaso en un cuerpo arcoíris, como consumación de su viaje, mostrando la transmutación final y la victoria del amor sobre la muerte. Esta especie de "ascensión" a los "cielos" en cuerpo físico es uno de los ideales últimos del Dzogchén y no faltan testimonios, incluso recientes, de ello.

En cualquier caso, *phowa*, la meditación con la que vamos a terminar, puede realizarse tanto dirigida al acompañamiento espiritual de un moribundo, como en el caso del propio tránsito; sentado en el lecho del moribundo, de pie ante él, o bien ante nosotros mismos, cuando ha llegado nuestro momento. Supongamos ahora que se trata de la propia despedida.

Como en otras ocasiones, relajamos las tensiones, calmamos la mente y abrimos nuestro corazón. Nuestra confianza es total. No dejamos espacio para el temor.

Invocamos al Maestro, al Buddha, a la Luz infinita (de ahí que sea frecuente invocar al Buddha Amitabha, el Buddha de la Luz ilimitada (sobre todo en China, Japón y el Tíbet).

(Silencio invocativo)

Percibimos su presencia, la Presencia de la Luz amorosa-compasiva.

(Silencio radiante)

Pedimos bendiciones, nos abrimos a la Gracia y sentimos torrentes de luz que emanan de esa Presencia y nos bañan en amor y compasión.

(Visualización silenciosa)

Nos sentimos bañados en la Luz y tenemos la sensación de que nuestro propio cuerpo se disuelve en la Luz.

(Sensación sutil pero intensa de luz radiante
que me envuelve y me impregna)

Nuestra conciencia se concentra, cual esfera de luz, en nuestro corazón y se dirige hacia el corazón de la Presencia Sagrada con la que nos sentimos uno, en la que nos hemos fundido. Somos el gozo de la luminosidad fundamental. Lo que hemos sido desde Siempre y para Siempre.

OM MANI PADME HUM

Epílogo

En torno a algunas ideas del budismo

«*[Los buddhas], teniendo un conocimiento perfecto, están libres de toda creencia en la dualidad* samsara-nirvana, *porque poseen la mejor de las dichas, la de un* samadhi *constante e inimaginable* [232].

»*[…] pues aunque actúen en el mundo, no son afectados por las cualidades mundanas, porque siendo inmortales y habiendo alcanzado el estado de paz, no hay oportunidad para el mal de la muerte*» [233].

[*Uttara Tantra*]

Hemos viajado juntos por un buen número de páginas, visitando no pocas ideas budistas. Nuestro hilo conductor era la meditación, pero ello no nos ha impedido recorrer bastantes territorios mentales y espirituales del budismo. Desde el comienzo del trayecto una pregunta estaba presente, latiendo por detrás, acuciante: ¿qué puedo aceptar "filosóficamente" del budismo? ¿Significa esta incursión en sus textos y sus maestros una aceptación de su "concepción del mundo"? ¿Es posible compartir algunas de sus creencias y sus prácticas sin por ello declararse budista? ¿Es posible no compartir algunas de sus ideas centrales y, sin embargo, seguir manifestando una gran simpatía hacia el camino budista?

Ahora bien, ¿cuáles son esas ideas centrales que no compartiría? Y… ¿por qué no las comparto? ¿Dónde me sitúo para sentirme distante de ellas? ¿Desde dónde pienso y hablo? ¿Cuál es, en realidad, mi sistema de creencias?

Me serviré de Kant para buscar un comienzo y una delimitación que nos permita avanzar. No obstante, mi apoyo en Kant no será más que por lo que respecta al planteamiento del problema, no necesariamente en sus conclusiones. Simplemente se trata de recordar esos tres grandes interrogantes: ¿Qué puedo conocer? ¿Qué debo hacer? ¿Qué me cabe esperar? Y cómo desembocan en la cuestión central: ¿Qué es el ser humano?

Dejaré de lado la epistemología budista, apenas recogeré su ética, aunque es preciso dejar constancia de la admiración que me merece la ética del *bodhisattva*, una ética de la compasión llevada a sus últimas consecuencias, que creo que tiene mucho que aportar en estos tiempos –y en todo tiempo–. Una ética de la compasión y una política de la bondad, como proclama el Dalái Lama, no solo con las palabras, sino también con su ejemplo y sus acciones. Una ética del amor compasivo que puede complementar perfectamente, como invitación libre, a una ética mínima, puramente formal, exigible a todos, bien sea por la universalidad de su estructura formal innegable (como pretendía Kant), bien sea por el procedimiento utilizado para alcanzar acuerdos (como en las éticas argumentativo-dialógicas).

Me centraré exclusivamente en la dimensión antropológica y su repercusión en la escatología correspondiente. Es decir, me preguntaré hasta qué punto puedo compartir la concepción del ser humano que defiende el budismo, así como sus implicaciones para la pregunta "qué puedo esperar".

En diversas ocasiones he hablado de lo que me parece que es "ambigüedad constitutiva" del budismo, así como de su carácter fuertemente paradójico, sobre todo cuando se trata de dar respuesta a estas dos cuestiones: «¿Qué es el ser humano y qué puede esperar?, y ¿cuál es su "destino"?». Ambigüedad constitutiva y paradoja radical que parten, precisamente, de dos de las consideradas, de manera casi unánime, características principales de toda la existencia, de todos los entes, de todos los seres, de todas las cosas. En realidad, las dos pueden reducirse a una: *anitya*, la impermanencia, el carácter transitorio de todo lo que existe, la naturaleza efímera de todo ser, de toda cosa, de todo proceso más bien, de toda realidad (¿habrá que especificar de toda realidad *condicionada*?). La segunda característica central, *anatman*, la negación de la existencia del *atman*, puede verse como la aplicación del rasgo anterior al análisis del ser humano. Veámoslo un poco más despacio.

Que todo es impermanente, transitorio, efímero, pasajero, cambiante, constituye un ataque frontal a toda concepción esencialista, sustancialista, firmemente arraigada en nuestro modo de pensar, ya desde el Ser de Parménides y las Ideas de Platón. Todos los fenómenos pueden descomponerse y entenderse como "estructuras dinámicas", "procesos energéticos", todo ello metáforas para expresar lo que la visión penetrante del Buddha habría comprendido: que no hay nada sustancial, nada esencial, nada incambiante, nada permanente, todos los fenómenos surgen en dependencia constitutiva de otros fenómenos, se originan a través de una serie compleja de causas y condiciones, sin las cuales no son lo que son. Esa co-originación dependiente (*pratityasamutpada*) sería la clave de la ontología budista. Dicho de otro modo, para recoger otro de sus conceptos centrales, todo fenómeno, todo lo que existe, todo *dharma* carece de entidad propia, de sustancialidad, de esencia inmutable, está *vacío* (*shunya*) de existencia en sí y por sí, su contingencia sería su "vacuidad" (*shunyata*).

Es el lenguaje, expresando la percepción gruesa, basta, superficial que tenemos de la realidad, el que nos ha tendido sus trampas (wittgensteinianamente) y nos ha hecho creer que hay un mundo de esencias. También Nietzsche lo apuntó con lucidez. Después del microscopio electrónico (de la mente entrenada en la meditación *vipassana*) aprendemos a ver que las cosas no son cosas-sustancias, sino cosas-procesos. La danza de partículas elementales de la física moderna habría venido a confirmar esta "intuición penetrante" budista.

Pratityasamutpada, la inter-dependencia de todas las cosas, expresada mediante la Red de Indra como infinito cruce de hilos, cuyos nudos no son más que un conjunto de relaciones, sería el pensamiento único, la única idea que el budismo da a pensar. Heidegger decía que todo pensador no hace más que pensar una sola idea a lo largo de toda su obra. Esta sería la idea única del Buddha: la insustancialidad de todo lo que existe, la procesualidad del hacerse, la irreductibilidad del devenir, un devenir que nunca llega a ser, un devenir que no es de un ser, un devenir sin ser, un cambio sin sujeto del cambio. Por ello "vacuidad" (*shunyata*) es otra manera de pensar y decir la idea única.

Ahora bien, nos interesa más la crítica budista al esencialismo cuando se dirige a la comprensión del ser humano. Desde Platón estábamos acostumbrados a pensar que nuestra identidad personal, el Yo, el Alma, es un sujeto sustancial, esto es, un ser que permanece siempre idéntico a sí mismo. Y en el mismo Platón –como ya antes en Pitágoras, en los pitagóricos y en los órficos–, dicha identidad personal (que trasciende lo humano, ciertamente) perdura no solo a lo largo de toda una vida, otorgándonos la impresión intuitiva de ser la misma persona desde que nacemos hasta que morimos, a pesar de los cambios, sino que se prolonga durante multitud de vidas. Quizás sea necesario recordar, paradojas de la historia, que el mismo Platón y el mismo Pitágoras eran firmes defensores de la reencarnación.

De modo que, antes de los ataques procedentes de los diversos tipos de ontologías materialistas, sean estas cientificistas o no, el esquema dominante (¿El de la filosofía perenne? ¿Pero qué filosofía perenne? ¿Cuál de todas ellas? Pues acaso hasta la filosofía perenne se diga en plural) era el platónico. Esquema adoptado por ese "platonismo para el pueblo" –como Nietzsche denominaba al cristianismo– que unía a Platón con san Agustín o con santo Tomás de Aquino. Eliminando la reencarnación, es cierto, y dudando acerca del futuro que cabía esperar para nuestros cuerpos, sobre todo una vez aristotelizado el cristianismo por Tomás de Aquino e inclinada la balanza hacia una antropología llamada "unitarista" o "integral", que consiste en decir que el ser humano no es esencialmente solo alma (como en Platón), sino alma y cuerpo, forma y materia, unión sustancial de ambas (como en Aristóteles). Pero, al fin y al cabo, la identidad personal y la supervivencia post mórtem seguían siendo una posibilidad decisiva.

Por otra parte, no solo Grecia y la Roma cristianizada acariciaban la idea de un alma inmortal, sino que algo similar parecía estar ocurriendo en la India hindú. Efectivamente, el alma platónica es increada e imperecedera, de ahí que sea no solo inmortal (en el sentido de perduración temporal indefinida, interminable), sino también y ante todo "eterna" (en el sentido de existir fuera del tiempo, y por supuesto, del espacio).

Pues bien, al menos desde las *Upanishads*, sabemos ya que en la India el ser humano es entendido como siendo esencialmente un *atman* (o el *atman* único, estas dos interpretaciones están por dilucidar), y a partir de ahí, desde las *Upanishads* que quizás el sabio del clan de los Sakya conocía –al menos las primeras, la *Brhadaranyaka* y la *Chandogya Upanishad*–

y más tarde en las epopeyas, muy claramente en la *Bhagavad Gita* y en el resto de los textos del hinduismo clásico (y también del medieval, el moderno y el contemporáneo). El *atman* es no-nacido, imperecedero, indestructible, increado, inmortal, eterno. Sí. Como el alma de Platón, esencia inmutable, sujeto sustancial, yo permanente.

* * *

¿Niegan el Buddha y el budismo, realmente, la existencia de un yo permanente? Y en caso de ser afirmativa la respuesta, ¿niegan también cualquier dimensión inmortal, incondicionada, eterna, en nosotros? Mi impresión es que la mayor parte del budismo, tratando de ser fiel a lo que se consideran palabras auténticas del Buddha Sakyamuni, sí que niega la existencia de tal yo (alma o *atman* individual), pero está lejos de negar que exista una dimensión eterna en el ser humano. Por tanto, creo que la respuesta es afirmativa en el primer caso y negativa en el segundo.

Si no fuera negativa en el segundo, si nada en el ser humano perdurase, si no hubiese una Esencia-del-Buddha en el corazón metafísico del ser humano, si este fuese no más que un conjunto de agregados psico-físicos en constante transformación (lo único permanente siendo la impermanencia), estaríamos ante un vulgar "materialismo", un simple "aniquilacionismo" que negaría cualquier dimensión suprasensible, inmaterial, al ser humano. Y si algo queda claro en el Canon Pali es el rechazo

de ambos extremos, tanto del "eternalismo" como del "aniquilacionismo". Y los símbolos utilizados en el budismo para esa
Realidad supraindividual, para esa dimensión supramundana,
son múltiples: *bodhicitta, tathagatagarbha, dharmakaya, nirvana*, budeidad, *adibuddha,* lo Incondicionado, lo Impensable,
etcétera.

Bodhicitta y *tathagatagarbha* (la mente del despertar y la
semilla de la budeidad, respectivamente) serían nombres para
designar la dimensión de "lo Incondicionado-Impensable" en
el ser humano, la luz compasiva en nuestro interior que habla
de esa Realidad inapresable e inexpresable y permite que nos
abramos camino en la senda del *samsara* (la totalidad del mundo
fenoménico, condicionado, sometido a los ciclos temporales y la
espacialidad de la manifestación –no solo física–), es esa misma
Realidad expresándose a través de nosotros, es "lo-Eterno-en-el-
ser humano", la budeidad, nuestra "naturaleza búdica", la mente-
del-Buddha en nosotros, el Buddha primordial (Adibuddha), o
el Buddha de la Luz infinita (Amitabha Buddha).

Dharmakaya sería la denominación de esa Realidad que
trasciende lo sensible y corporal (ámbito del *nirmanakaya*), así
como lo sutil y suprasensible pero todavía manifestado (reino
del *sambhogakaya*). El "cuerpo de la Verdad", que es la verdad
de todo cuerpo, de toda forma, de toda realidad.

Nirvana sería esa misma Realidad expresando el aspecto
de negación y extinción de todo lo condicionado, de todo lo
fenoménico, por tanto, extinción y fin del sufrimiento (el *nirvana* es Paz y Dicha inexpresables, inconmensurables), de la

impermanencia (el *nirvana* es el ámbito de lo eterno fuera del tiempo, "permanente atemporalidad"), del verdadero Atman, Ser supraindividual, No-dualidad originaria. De este modo, *nirvana* niega y extingue las tres características negativas de la existencia fenoménica. Es lo Nouménico, más allá de todas nuestras categorías intelectuales, más allá del Espacio y el Tiempo. Ni ser ni no-ser, ni yo ni no-yo. Impensable, pero "Sible". No se puede pensar, pero se puede SER.

Repárese que no he incluido el término *shunyata*, vacuidad, para aceptar la diferencia entre este término que apuntaría a la ausencia de entidad propia, a la deconstrucción de toda idea sustancialista, por tanto término puramente negativo, negador, y los anteriormente citados como términos que apuntan a una realidad positiva.

Si interpreto bien, pues, la aceptación de esta Realidad nirvánica en el budismo, surge la pregunta acerca de su diferencia (ontológica, o mejor metafísica) con el Vedanta Advaita hindú radical, desde Shankara a Nisargadatta Maharaj, pasando por Ramana Maharshi. ¿No es esta concepción de la budeidad, del *nirvana*, equivalente al *brahman nirguna* del Vedanta Advaita? ¿Qué diferencia cabría señalar entre el *dharmakaya* y el *para-brahman*? Ninguna. El perennialismo adváitico tendría razón por lo que respecta a este punto concreto, en esta comparación específica. Lejos ambos de toda ontología chata, materialista, fisicalista, se estaría afirmando, con metáforas en ocasiones distintas, en lenguaje paradójico, en ambos casos con tendencia al apofatismo, la existencia de una dimensión adimensional, de una realidad supraóntica, de un Océano de Luz y de Dicha, de Conciencia y de Amor-compasivo, que no se puede decir que sea ni eso, aunque sea mucho más que eso.

Ahora bien, ¿y la realidad del individuo, de la persona, del ser humano? ¿Qué tipo de realidad posee? ¿Qué sentido tiene el asombroso despliegue espacio-temporal, la multiplicidad de vidas que, de un modo u otro, atraviesa el ser humano, tanto en el hinduismo como en el budismo, reencarnación o renacimiento? ¿Pura ilusión metafísica? ¿Puro error cognitivo, producto de la ignorancia metafísica radical? ¿Puro juego (*lila*) de lo Absoluto, expresión perecedera de lo Imperecedero sin más objetivo y finalidad que tal descomunal expresión?

Lejos ya (o todavía) de certezas indudables, algo en mi interior se resiste a una concepción, en el fondo "impersonalista", de este tipo. Y esa resistencia trata de formularse racionalmente, de dar razones de por qué me inclino a una concepción en la que algún tipo de "individualidad espiritual" (alma, sujeto sustancial, yo, *atman* personal) desempeña un papel crucial en esta extraordinaria manifestación. Quizás parte del problema esté en la tendencia a concebir toda individualidad y toda diferencia como entidades cuasi-materiales y, por tanto, separadas las unas de las otras e independientes entre sí. Pienso que no es necesario que haya separación ni independencia cosificadora para que haya diferenciación, singularización, unicidad e irrepetibilidad en esa "esencia personal", en esa "personificación particularizada de lo Absoluto" a la que tradicionalmente se ha denominado alma o *atman*.

Lejos de cualquier presunta "demostración racional" o "verificación científica" acerca de tan central cuestión, es como si se escuchara la voz de una sensibilidad (o un criterio) al tiempo estética, ética y ontológico-axiológica que invita a "postular" (¡de nuevo kantianamente!) la existencia, bien real, del alma individual, del yo *qua* sujeto sustancial, del *atman* que estoy calificando de "personal" sin identificarlo con "humano", de una "identidad personal esencial" capaz de otorgar un nuevo sentido, un sentido distinto, un mayor sentido, a la existencia.

Quiero decir que, en mi opinión, si la Realidad incluye la existencia de sujetos personales espirituales que trascienden la vida del cuerpo, que son "inmortales" –una inmortalidad cuya verdadera naturaleza no se refiere a indefinida duración en el tiempo, sino a una realidad atemporal, eterna–, puede comprenderse mejor la existencia de un gran Sentido, sentido que incluye el devenir temporal y sus adquisiciones, más que si toda "autoconciencia individual" terminase con la muerte aniquiladora o con una "liberación" que implicara su cese definitivo.

Las consideraciones éticas tienen, ciertamente, mucho que ver aquí. La intuición que trata de expresarse, y que en forma de objeción se ha presentado repetidas veces al budismo, consiste en afirmar que sin un "agente moral" firme, en cuanto sujeto sustancial, yo libre y responsable de mis elecciones y decisiones, de mis acciones, de mi proyecto vital, el horizonte moral se desdibuja, si no es que pierde todo sentido. *Das faktum der moralität*, "el hecho de la moral" exigiría dicho agente moral libre (al menos relativamente libre, conscientes ya de la multitud de condicionamientos que afectan al ser humano, pero afirmando que todos ellos no equivalen a una estricta determinación, como pretende todo tipo de determinismo) para dar sentido a la dimensión moral del ser humano, a la conciencia moral, al lenguaje moral que quizás necesariamente presuponemos en todos nuestros discursos y casi en cada acto de habla.

El mismo camino del *bodhisattva*, la ética toda de la compasión budista, la búsqueda, vida tras vida, de la liberación, de la iluminación, del Despertar, solo cobra sentido, a mi entender, si hay alguien que pueda liberarse, iluminarse, Despertar a las cosas tal como son. El valor moral de la compasión del *bodhisattva* parece diluirse si las seis (o diez) virtudes perfectas, desde la generosidad del *bodhisattva* entregando su cuerpo a la tigresa para que pueda alimentar a su prole, hasta la sabiduría conducente a la omnisciencia, no causan bien a "nadie", o tan solo a unos procesos kármicos, a unas corrientes mentales, a unos *samskaras*, que solo la ignorancia nos hace tomar como personas en sentido esencialista, pero que en realidad la visión penetrante descubre como meros procesos de los agregados psíquicos. Si toda la existencia, tal como la conocemos, es como una burbuja, una fantasmagoría, un arco iris en día soleado de lluvia, una ilusión, una castillo de arena, a qué santo tanto esfuerzo, ascetismo, privación, determinación, anhelo de liberación, desapego, etcétera. ¿Solo para evitar el sufrimiento?

El valor de la persona (humana o suprahumana) quedaría devaluado, si todo el esfuerzo de su vida, o con mayor razón de sus múltiples vidas, está destinado a esfumarse como una figura de humo en el silencio aterrador del espacio vacío insensible e inconsciente, o incluso en la Vacuidad luminosa del Dharmata, si esta excluye la autoconciencia individual, como gota de agua disuelta en el océano.

Insisto en la necesidad de diferenciar entre ser humano y persona. Estará claro a estas alturas que, en la visión que más fácil me resulta compartir –cuando no siento la tentación de evitar todo lenguaje y toda conceptualización y permanecer en el silencio del Buddha, asintiendo entonces a su actitud ante la razón y las palabras–, el ser humano es una compleja realidad evolutiva, uno de cuyos elementos, el esencial, es justamente ese sujeto sustancial, alma o *atman* individual, que trasciende la condición humana, que entra en ella y sale de ella, pero no está limitado a ella, como el alma platónica, como el *atman* de la *Gita*, "porción eterna de lo Absoluto" (*sanatana amsa*), chispa del Fuego divino, rayo del Sol sagrado, rostro irrepetible del Purushottama, el Espíritu supremo.

Es el alma individual-personal, la esencia personal, joya de valor incalculable, la que se somete a los ciclos de nacimiento y muerte, de renacimiento repetido, pero con un propósito, con una finalidad, sin que sea necesario ahora plantearse el contenido concreto de tal propósito y la naturaleza precisa de tal finalidad.

Me impresionó cuando supe que Paul Williams, cuyos dos libros leídos cuento entre los más clarificadores del pensamiento budista, tras 20 años de identificación con el budismo, se había convertido al catolicismo. Pero más me sorprendió cuando leí su larga carta explicando el proceso de conversión y sus razones. No tengo nada que objetar a dicha conversión, obviamente, pero sí a los argumentos que ofrece tratando de dar cuenta de ella. En la primera parte de su argumentación me sentí relativamente identificado con él cuando confiesa que la concepción budista del renacimiento, y en definitiva su concepción del ser humano –carente de yo–, comenzó a resultarle una visión que lo dejaba sin esperanza. Argüía que según el budismo, nada de lo que tenga sentido llamar "yo" sigue en la existencia después de la muerte. E incluso si lo hace, Williams interpreta literalmente la posibilidad de renacer en reinos inferiores de la existencia (como un miembro del reino animal, por ejemplo) lo cual le parece, con toda razón, igualmente desesperanzador. Ahora bien, lo que me sorprendió fue su identificación de dicha interpretación budista (probablemente correcta) del yo y del renacimiento con la totalidad de las concepciones posibles, y realmente existentes, acerca de la reencarnación. Me he ocupado de la reencarnación, tanto en la historia de las religiones como en la cultura contemporánea, en libro ya citado, de modo que no es cuestión de entrar en detalles aquí, tan solo tener presente que hay importantes concepciones de la reencarnación en las cuales lo que podemos denominar "reencarnación involutiva o regresiva" se interpreta simbólicamente y no de manera literal, y además queda relacionada con una idea del yo, del alma, del sujeto sustancial, de la persona esencial, que no se ve afectada por los argumentos utilizados por Williams. La ausencia de referencia a esas otras concepciones del yo y del renacimiento, generalizando su crítica a la reencarnación me extrañó mucho, sobre todo cuando se erige en hilo conductor de su conversión al catolicismo.

Pues bien, esta referencia a la conversión de P. Williams no tenía otro propósito más que el de mostrar mi coincidencia, en su desazón ante la antropología budista así interpretada, con un ser humano sin yo esencial y con la posibilidad de un renacimiento infrahumano, pero también y sobre todo mi distanciamiento respecto a su ocultamiento, resulta difícil creer que por ignorancia, al menos por lo que respecta a la tradición hindú, de otras concepciones del ser humano y la reencarnación, distintas de la budista.

* * *

En cualquier caso, mi impresión es que por lo que respecta a la relación del ser humano con la Trascendencia nos hallamos ante el Misterio supremo y no descarto que el budismo pueda interpretarse, tanto algunos textos del Canon Pali, como algunos desarrollos en la tradición del *pudgalavada*, o en los textos del *tathagatagarba*, o en ciertas expresiones tanto mahayánicas como vajrayánicas, cuando se hace referencia a la naturaleza búdica, como abierto a la posibilidad de una concepción en la que el sujeto autoconsciente que habita en el cuerpo que le hace humano no sea una total ilusión, ni esté destinado a ser deconstruido como una pieza más de la gran maquinaria cósmica. No sé si atreverme incluso a decir que en muchos textos, en muchos enfoques, viene exigido por la lógica misma del discurso que se está elaborando. La pregunta sería: ¿se puede ser budista defendiendo la existencia de un sujeto sustancial, un alma, un *atman*, que no desaparezca como tal en la fusión con la Luz del Buddha primordial? ¿No cobra, incluso, un nuevo sentido, así, la ética de la compasión del *bodhisattva*? ¿No tiene más sentido que la negación a entrar en el *nirvana*, en la paz y la dicha absolutas, se deba a que hay seres humanos, y seres sintientes en general, que merecen ser "salvados" del sufrimiento y, por tanto, ayudados en su proceso hacia la iluminación completa y perfecta? ¿No resulta estéticamente más gloriosa una existencia en la que el logro de los esfuerzos realizados durante innumerables vidas dan sus frutos y puede saborearlos aquel (alguien y no algo) que por ellos ha luchado y ha sufrido? ¿No parece axiológicamente un valor mayor, un mayor sentido, la transfiguración de nuestra personalidad y su inclusión en la Vida Eterna, en el *nirvana*, en el *parabrahman*, en los Cielos, en un estado de amor extático –que no estático– en el que el/la amante y la/el Amada/o son dos siendo uno, en gozosa bi-unidad, incesantemente creativa, inagotablemente fecunda, inconceptualizablemente bella?

* * *

¿Por qué no preguntar a la meditación qué dice de todo esto? ¿Acaso no podemos a través de la meditación profunda descubrir la naturaleza última de la realidad? Podemos hacerlo. Pero quizás estemos esperando la respuesta de una meditación que no habla. Y cuando habla puede decir muchas cosas. Muchas cosas distintas. Para empezar, quizás porque no exista "la" meditación. Ni mucho menos "lo que la meditación dice". Hemos insinuado, en varias ocasiones ya, la dificultad de defender hoy una experiencia no mediada por el lenguaje, una experiencia pura, independiente de toda interpretación, una experiencia meditativa "objetiva", compartida por todos los meditadores serios. Como Popper mostró, en otro orden de cosas, en el campo de las ciencias y muy especialmente de las "ciencias humanas" (antes llamadas "ciencias del espíritu"), por mucho que se verifique una hipótesis, ello no significa que sea cierta. Quizás porque la presunta verificación está tremendamente condicionada por la intención y el deseo de lograrla. Puede que las distintas tradiciones meditativas, contemplativas, afirmen haber verificado, en multitud de ocasiones, sus supuestos, en ocasiones sus dogmas. Puede que terminemos encontrando, o incluso construyendo, lo que buscamos, lo que queremos encontrar, lo que deseamos hallar, lo que esperamos realizar. Eso explicaría que la prolongada formación en una tradición contemplativa en la que el objetivo propuesto sea la contemplación de Dios, el meditador termine contemplando a Dios, y si se hace hincapié en la unión con Dios, se termine experimentando la unión con Dios; mientras que en una tradición en la que todo ello es *makyo* o *maya*, aparición irreal, ilusión fantasmagórica o simplemente una etapa intermedia del camino, y se valora ante todo, como meta más avanzada, la conciencia pura como realidad última, el meditador termine alcanzando la experiencia de conciencia pura como fin último. Del mismo modo, si es la vacuidad luminosa la que se ha erigido en ideal definitivo, el verdadero meditador, el único reconocido como iluminado real será aquel que ha consumado su experiencia de luminosidad-vacuidad. Y si el hilo conductor y el anhelo profundo del alma es la visión de Krishna, de Cristo, de Kali, de Padmasambhava, de Rumi o de Ibn Arabí, algunos contemplativos terminen gozando de un encuentro con ellos.

Ni que decir tiene que esta esquematización de largos y complejos procesos meditativos, contemplativos y existenciales, de prolongadas búsquedas de la verdad, de la iluminación, del despertar, apenas hace justicia a la realidad. Y mucho menos quiere decir que la contemplación de Dios, la unión con la Divinidad personal invocada con múltiples nombres, la conciencia pura, la vacuidad luminosa, y un largo etcétera de símbolos de la realidad más o menos última, de la experiencia más o menos avanzada, sean "meras" construcciones mentales o lingüísticas, a través de las cuales una tradición, subtradición, escuela, linaje, orden, corriente, religión o secta adoctrinen a sus fieles y estos no hagan más que repetir ingenuamente y reproducir dogmáticamente, en una especie de sugestión hipnótica, lo escuchado, transmitido y aprendido a lo largo de su viaje de formación. No. Tal reduccionismo me parece inaceptable. Lo Sagrado y el Misterio están ahí, son lo Real. Y la meditación, las meditaciones constituyen hermosos caminos de experimentación de Eso Impensable. Pero cualquier pretensión de exclusividad respecto a la validez de la experiencia meditativa (y/o conceptualizadora), cualquier afán jerarquizador entre las distintas experiencias y las distintas concepciones, parécenos hoy ya trasnochado e ingenuo, amén de narcisista y uni-céntrico.

Y en este sentido, "el buen budismo" –si se me permite esta provisional y relativa expresión– ha dado muestras de una aguda conciencia de la ineludible parcialidad, limitación e insuficiencia de cualquier formulación mental que trate de expresar fielmente la realidad última o las cosas tal como son en sí mismas (teniendo en cuenta que, en realidad, nunca son en sí y por sí mismas, sino en-dependencia-de-otras, y por-otras). De ahí el simbólico y elocuente silencio del Buddha. De ahí el atronador silencio de Vimalakirti, que se niega a decir nada acerca de la no-dualidad. De ahí la rigurosa tarea deconstructiva de Nagarjuna. De ahí el simplemente sentarse (*zazen, shikantaza*) de Dogen. De ahí, quizás, la constitutiva ambigüedad de las formulaciones budistas (y, por supuesto, de la mística en general) y su paradójico lenguaje.

Sí, es cierto que también en otras tradiciones está presente dicha conciencia de la inefabilidad de las Profundidades y las Alturas, desde el *neti, neti* upanishádico (no es eso, ni eso, *atmanbrahman* no es nada de lo que pueda decirse) hasta la ebriedad amorosa del sufismo, pasando por la sobriedad de la teología apofática cristiana, y así podría continuarse con otras tradiciones («El Tao que puede ser dicho no es el verdadero Tao»), pero estamos enfocando nuestra consideración principalmente en el budismo.

¿Querrá esto decir que la meditación no posee valor cognitivo alguno, sino solo afectivo? ¿Que no podemos descubrir verdad alguna mediante ella, sino tan solo experienciar ciertos estados de conciencia diferentes de los habituales, estados de paz, de calma, de serenidad, de gozo, de amor, de compasión, más o menos intensos y elevados, pero sin contenido epistémico alguno, sin revelarnos la verdad acerca de algún aspecto de la realidad, o incluso –anhelo último– la Verdad de la Realidad?

No creo que así sea. No creo que solo posea un valor afectivo lo que la meditación pueda ofrecernos. Este es, indiscutiblemente, muy elevado. La experiencia de la meditación conduce, es cierto, a estados afectivos sutiles, elevados, sublimes, valiosos en sí mismos, tanto que es fácil apegarse a ellos y descuidar la vida cotidiana y todo lo que no sea el bendito estado de meditación. Pero ya sabemos que "después del éxtasis viene la colada" y que tras el ascenso a los distintos tipos de *samadhi*, es necesario integrar su potencial transformador en la vida cotidiana. Pero eso no significa que la meditación no pueda proporcionar una visión clara de algunos aspectos de la realidad que, de otro modo, suelen pasar desapercibidos o permanecer confusos. Justamente, la distinción entre dos tipos de meditación, en el budismo, *samatha-bhavana* y *vipassana-bhavana*, el cultivo de la calma mental y la serenidad total, por una parte, y el cultivo de la visión penetrante, de la observación intuitiva analítica, por otra parte, apunta a esos dos aspectos de la meditación. Si a través del primero accedemos a experiencias afectivamente satisfactorias (y psico-fisiológicamente benéficas, como cada vez más los estudios científicos están poniendo de manifiesto), a través del segundo descubrimos cómo son las cosas en realidad, en la realidad, más allá de nuestras proyecciones, basadas en temores, deseos, recuerdos, expectativas, creencias, etcétera.

Esto no implica que, automáticamente, el contenido revelado a través de la visión penetrante sea incuestionablemente cierto y el resultado de dicha visión penetrante sea siempre el mismo. Volvemos al comienzo, a la flexible relación entre vacuidad y forma, entre conciencia pura y contenidos mentales determinados. Es decir, quizás la experiencia meditativa profunda más común (no por frecuente, sino por compartida entre los contemplativos) sea la de "conciencia pura", aunque esta es ya una determinada denominación de la experiencia, quizás equivalente a la experiencia de "vacuidad luminosa". En ambos casos son experiencias que carecen de un contenido cognitivo determinado, más allá de lo indicado en los términos metafóricos, si bien podría complementarse la descripción de dicha experiencia radical (conciencia pura o vacuidad luminosa) con el tono afectivo que puede darse unido a ella, y entonces hablar de "gozo", "dicha", *ananda*, "compasión", "amor", etcétera, de modo que la experiencia puede describirse como "conciencia gozosa" o "luminosidad amorosa", etcétera.

Sin embargo, aun con dicha complementariedad entre la onda amorosa-compasiva y el corpúsculo vacuidad consciente, seguiríamos carentes de contenidos concretos en nuestra investigación meditativa en pos de "verdades objetivas" (o al menos "certezas subjetivas") respecto a la naturaleza del mundo (no solo físico, denso, también de los mundos sutiles, sustancias o procesos), del ser humano (solo conjunto de agregados o también un centro articulador de ellos, un "alguien" que soporta, sostiene y da sentido a tales "algos", un yo, un alma, un *atman*, una esencia personal, un sujeto autoconsciente) y de lo Absoluto (Ser personal o Realidad impersonal, Dios creador bondadoso o Conciencia transpersonal, no-dualidad excluyente, no-dualidad omni-inclusiva, dualidad o multiplicidad compatibles o no con la no-dualidad integral, Plenitud o Vacuidad, etcétera).

No veo por qué la meditación no podría abarcar estos tres aspectos, y otros en los que no entramos, pues quizás lo Infinito pueda expresarse, y lo haga, a través de infinitos aspectos, cualidades, matices, rostros. Sin embargo, hoy por hoy, diríase que tenemos que conformarnos, y no es poco, con el gozo de los sublimes estados de conciencia, con la deliciosa conciencia pura o la vacuidad luminosa, y con certezas subjetivas sin pretensión de objetividad universalizable, pero no por ello menos valiosas.

* * *

En el hinduismo, como hemos tenido ocasión de comprobar, el *atman* (o el *purusha*, su equivalente en ciertas tradiciones, como el Samkhya de Kapila y el Yoga de Patañjali), esto es, la esencia del ser humano, se ha interpretado en unas ocasiones de manera individual y en otras de manera supraindividual. Hemos dicho que si interpretamos el budismo y su concepción de la realidad última (*nirvana*, Dharmakaya, budeidad, etcétera) de modo positivo, como nos inclinamos a hacer, ciertamente las diferencias con el Vedanta Advaita shankariano-ramanamaharshiano son menores que las semejanzas. Eso explicaría el criptobudismo del que se ha hablado en el caso de Gaudapada, precursor de Sankara. En ambos casos, pues, se afirmaría la existencia de lo Incondicionado, de una Conciencia infinita transpersonal, y en ambos casos se vería la individualidad personal como parte de la Ignorancia y la Ilusión cósmica.

Es cierto que no resulta descabellado interpretar las *Upanishads* y la *Bhagavad Gita* al modo Advaita acosmista, como realizó Shankara y sus seguidores (hacerlo en el caso de los *Brahma-sutras* parece algo más difícil), pero no es menos cierto que no es la única interpretación posible. Algunas *Upanishads* admiten y casi invitan a una interpretación personalista (en el caso del ser humano y no menos en el caso de lo Absoluto, el Señor –*isha*–, como en la *Isha Upanishad*, en la *Svetasvatara Upanishad* o en otras). Lo mismo cabe decir, y con mayor razón, de la *Bhagavad Gita*, entre Krishna como *avatar* de Vishnu, símbolo este de lo Absoluto personal, de la Persona divina, el Purushottamma o Espíritu absoluto, y Arjuna, símbolo del alma individual, cuyo esfuerzo a través de esa síntesis de las tres vías yóguicas (*karma, jñana, bhakti*) le conduce a la unión (*yoga*) con el Amado Krishna.

En el *raja-yoga* de Patañjali, siguiendo la cosmología Samkhya, hallamos un decidido dualismo, concibiendo el *purusha* como espíritu individual que puede liberarse de su errónea identificación con todo el mundo de *prakriti*, incluyendo emociones y pensamientos, todo el mundo psíquico y su ego psicológico (*ahamkara*), y puede a través de la devoción a Ishvara (el Dios personal, Espíritu absoluto) unirse a este, sin por ello perder su identidad.

En el universo del Tantra hemos visto que la versión no-dualista, pese a su potencia doctrinal, no es la única existente y que cabe pensar y vivir el Tantra desde una concepción dualista o con esa visión intermedia que en el seno de las corrientes vedánticas se ha denominado, entre otras modalidades, *vishistad-vaita*, esto es, un no-dualismo orgánico, un no-dualismo pero con modificaciones, con matices, donde la Identidad suprema no excluye las diferencias y entre ellas las diferentes almas o conciencias (*cit*, en la terminología de Ramanuja, que es su exponente más célebre).

Finalmente, este mismo equilibrio inestable entre la Identidad y las diferencias, entre el Uno y los muchos, entre la Realidad no-dual y las almas igualmente reales, aunque nunca separadas ni radicalmente distintas de Aquello o Aquel/Aquella (Ishvara-Shakti), lo hemos visto en el Vedanta Advaita integral y Yoga integral de Sri Aurobindo. Encontramos aquí una poderosa formulación, fruto de una no menos amplia experiencia yóguico-espiritual, que trata de armonizar la intuición central del adualismo (*advaita*) con el carácter eterno, sempiterno y temporalmente real de los individuos espirituales (*jivatman-s*) que son otros tantos rostros, otros tantos nombres del Mismo Absoluto integral, en el que lo Personal y lo Impersonal (hoy diríamos mejor Transpersonal, en el sentido de trascender la noción habitual de persona, que suele asociarse demasiado a lo humano y, por tanto, a la limitación y la finitud) no son contradictorios ni incompatibles, sino modos de expresar el Misterio sagrado que está más allá de toda experiencia y de toda formulación. En una visión así, la esencia personal adquiere una personalidad anímica en el ser anímico o alma, en cuanto sujeto autoconsciente que desciende a la manifestación y para el cual la reencarnación constituye un procedimiento sabio en el interior de un proceso de evolución anímico-espiritual que sabe dar sentido tanto al Tiempo como a la Eternidad, a las Formas múltiples como a la Vacuidad no-dual, a la Realidad suprema más allá de toda manifestación como a la manifestación espacio-temporal en la que nos hallamos, ciertamente en un proceso de Despertar, de Iluminación, de Realización.

En cualquier caso, me gustaría terminar con algunas expresiones del *Uttara Tantra* que considero especialmente iluminadoras:

Si no hubiera esencia-del-Buddha, no habría insatisfacción, ni sufrimiento, ni deseo, ni esfuerzo, ni aspiración al Nirvana [39].

La conciencia de la insuficiencia y la insatisfactoriedad del samsara, *así como la cualidad del Nirvana y su felicidad, se deben a la existencia de este potencial, pues sin él no estarían presentes [40].*

La budeidad es como el sol inmaculado, porque completamente libre de las nubes de la ignorancia disipa la oscuridad de los seres con la irradiación de su sabiduría primordial [181].

[Los buddhas], teniendo un conocimiento perfecto, están libres de toda creencia en la dualidad samsara-nirvana, *porque poseen la mejor de las dichas, la de un* samadhi *constante e inimaginable [232].*

Pues aunque actúen en el mundo, no son afectados por las cualidades mundanas, porque siendo inmortales y habiendo alcanzado el estado de paz, no hay oportunidad para el mal de la muerte [233].

Bibliografía

Agud, Ana, y Rubio, Francisco (2002) (trad., intr., notas). *La ciencia del brahman: Once Upanisad antiguas*. Barcelona: Trotta.

Almaas, A.H. (1996). *The Void: Inner Spaciousness and Ego Structure*. Berkeley: Diamond Books.

— (1998). *Essence* (with *The Elixir of Enlightenment*). York Beach: Samuel Weiser.

Arokjasamy, Arul M. (Gen-Un-Ken) (1998). *¿Por qué Bodhidharma vino a Occidente? –La transmisión del Zen: problemas, peligros y promesa*. Brihuega, Guadalajara: Zendo Betania.

Aurobindo, Sri (1972). *Essays on the Bhagavad Gita*. Pondicherry: Sri Aurobindo Ashram.

— (1974). *The Life Divine*. Pondicherry: Sri Aurobindo Ashram. [Versión en castellano: *La vida divina* (3 vols.). Barcelona: Fundación Sri Aurobindo. También en Kier (en deficiente traducción).]

— (1978). *Synthesis of Yoga*. Pondicherry: Sri Aurobindo Ashram. [Versión en castellano: *La síntesis del yoga*. Buenos Aires: Kier (3 vols.)]

— (1983). *Letters on Yoga*. Pondicherry: Sri Aurobindo Ashram.

— (1984). *Savitri*. Pondicherry: Sri Aurobindo Ashram.

Ballesteros, Ernesto (trad. y notas) (1993). *Yogasutras de Patañjali. Con los comentarios de Vyasa y Shankara*. Madrid: Bhisma.

Batchelor, Stephen (2008). *Budismo sin creencias: guía contemporánea para despertar*. Madrid: Gaia.

— (2012). *Confesión de un ateo budista*. Pamplona: La Llave.

Berkwitz, Stephen C. (2010). *South Asian Buddhism: A Survey*. Nueva York: Routledge.

Bodhi, Bikkhu (2000) (trad.). *The Connected Discourses of the Buddha. A Translation of the Samyutta Nikaya*. Boston: Wisdom Publications.

— (2003) (trad.). *Numerical Discourses of the Buddha. A Translation of the Anguttara Nikaya*. Boston: Wisdom Publications.

Bokar, Rimpoche, y Donyo, Kempo (1997). *El alba del mahamudra: mente, meditación y absoluto*. Alicante: Dharma.

Buddhaghosa (2002). *Visuddhimaga: Le Chemin de la pureté* (trad. Christian Maës). París: Fayard.

Chatterji, J.C. (1987). *Kashmir Shaivism*. Delhi: Parimal Publications.

Cleary, Thomas (1993). *The Flower Ornamente Scripture - Translation of the Avatamsaka*. Boston & Londres: Shambhala.

Conze, Edward (1978). *El budismo, su esencia y desarrollo*. México: Fondo de Cultura Económica.

— (1983). *Breve historia del budismo*. Madrid: Alianza.

— (1983). *Buddhist Thought in India. Three Phases of Buddhist Philosophy*. Londres: George Allen & Unwin.

— (1984) (trad.). *The Large Sutra on Perfect Wisdom -with the divisions of the Abhisamayalankara*. Berkeley: University of California Press.

— (2003). *Buddhist Meditation*. Nueva York: Dover.

Dalái Lama (2008). *El mundo del budismo tibetano: Una visión general de su filosofía y su práctica*. Barcelona: Kairós.

Damasio, Antonio (2007). *El error de Descartes: la emoción, la razón y el cerebro humano*. Barcelona: Crítica/Drakontos.

Davidson, Ronald (2005). *Tibetan Tantric Buddhism in the Reanaissance-Rebirth of Tibetan Culture*. Nueva York: Columbia University Press.

De Palma, Daniel (1995) (trad. y notas). *Upanishads*, Madrid: Siruela.

Dogen, Eihai (2007). *Shobogenzo: The Treasury House of the Eye of the True Teaching*. (trad. Hubert Nearman). California: Shasta Abbey Press.

Dumoulin, Henri (1993). *Zen Enligthenment: Origins and Meaning*. Nueva York-Tokyo: Wheaterhill.

Dumoulin, Henri (1995). *Encuentro con el budismo*. Barcelona: Herder.

Dyczkowski, Mark S.G. (1989). *The Doctrine of Vibration: An Analysis of the Doctrines and Practices of Kashmir Shaivism*. Delhi: Motilal Banarsidass.

Eliade, Mircea (1987). *Patañjali y el yoga*. Barcelona: Paidós-Orientalia.

Farrow, J.V.-Menon, I. (1992). *The Concealed Essence of the Hevajra Tantra*. Delhi: Motilal Banarsidass.

Fauliot, Pascal (2011). *Cuentos de los sabios del Tíbet*. Madrid: Paidós.

Flood, Gavin (1998). *El hinduismo*. Madrid: Cambridge University Press.

— (2006). *The Tantric Body: The Secret Tradition of Hindu Religion*. Londres: Tauris.

Gambhirananda, Swami (1982). *Eight Upanishads: with the Commentary of Sankaracharya*. Calcuta: Advaita Ashrama.

Gethin, Rupert (1998). *The Foundations of Buddhism*. Oxford: Oxford University Press.

Goldstein, J., y Kornfield, J. (1995). *Vipassana: El camino de la meditación interior.* Barcelona: Kairós.

Gyatso, Tenzin, el Dalái Lama, y Hopkins, Jeffrey (1989). *Kalachakra Tantra: Rite of Initiation.* Londres: Wisdom Publications.

Harvey, Peter (1998). *El budismo.* Madrid: Cambridge University Press.

— (2005). *An Introduction to Buddhist's Ethics: Foundations, Values and Issues.* Cambridge: Cambridge University Press.

Heckel, Tom (2010). *Baba Om. Una odisea mística.* Vitoria: La llave.

Heehs, Peter (1993). *Sri Aurobindo. A Brief Biography.* Delhi: Oxford University Press.

Heisig, James W. (2002). *Filósofos de la nada: un ensayo sobre la Escuela de Kioto.* Barcelona: Herder.

Hui Neng (2000). *Sutra del estrado [Tang-jing]* (trad. Laureano Ramírez). Barcelona: Kairós.

Ilárraz, Félix, y Pujol, Óscar (2003) (ed. y trad.). *La sabiduría del bosque: antología de las principales Upanishads.* Madrid: Trotta.

Iyengar, K.R., Srinivasa (1985). *Sri Aurobindo: A Biography and a History.* Pondicherry: Sri Aurobindo International Centre of Education.

Iyengar, H.K.S. (2003). *Luz sobre los Yoga-sutras de Patañjali.* Barcelona: Kairós.

Kalu, Rinpoché (2005). *Fundamentos del budismo tibetano.* Barcelona: Kairós.

Kalupahana, David J. (1992). *A History of Buddhist Philosophy.* Honolulú: University of Hawai Press.

Kornfield, Jack (2010). *Después del éxtasis, la colada.* Barcelona: La Liebre de Marzo.

— (2011). *La sabiduría del corazón.* Barcelona: La Liebre de Marzo.

— (2012). *La meditación para principiantes.* Barcelona: Kairós.

Kretschmar, A. (comp. y trad.), Amtzis, J.S., y Deweese, J. (eds.) (2003). *Drops of Nectar: Shantideva's Bodhisattva-caryavatara –according to the tradition of Paltrül Rimpoche, with the Commentary by Khenpo Kunpal and with oral explanations by Dzogchen Khenpo Chöga.*

Krishna, Gopi (1999). *Kundalini. El yoga de la energía.* Barcelona: Kairós.

Lakshman Jee, Swami (1991). *Kashmir Shaivism: The Secret Suprem.* Delhi: Sri Satguru Publ.

— (2002). *Vijñana Bhairava: The Practice of Centering Awareness.* Varanasi: Índica.

Le Saux, Henri (Abhishiktananda) (2001). *Els Upanixads: Introducció i selecció de textos.* Barcelona: Claret.

López, Donald, Jr. (1990) (ed.). *The Heart Sutra Explained.* Delhi: Sri Satguru Publications.

— (1997) (ed.). *Religions of Tibet in Practice*. Princeton, New Jersey: Princeton University Press.

— (2009). *El budismo*. Barcelona: Kairós.

Loy, David (2001). *El gran despertar: una teoría social budista*. Barcelona: Kairós.

Martín, Consuelo (1997) (ed.). *Bhagavad Gita. Con los comentarios advaita de Shankara*. Madrid: Trotta.

— (1998) (ed.). *Gran Upanishad del Bosque*. Madrid: Trotta.

— (2000) (ed.). *Brahma-sutras. Con los comentarios advaita de Shankara*. Madrid: Trotta.

— (2001) (ed.). *Upanishads. Con los comentarios advaita de Shankara*. Madrid: Trotta.

Mascaró, Joan, y Crespo, Roberto (1973). *Los Upanishads*. México: Diana.

Masiá, Juan (2009). *El Sutra del loto*. Salamanca: Sígueme.

Melloni, Javier (2007). *Vislumbres de lo real*. Barcelona: Herder.

— (2009). *El deseo esencial*. Salamanca: Sal Terrae.

— (2011). *Hacia un tiempo de síntesis*. Barcelona: Fragmenta.

Merlo, Vicente (1998). *Las enseñanzas de Sri Aurobindo*. Barcelona: Kairós.

— (1999). *Simbolismo del arte hindú: de la experiencia estética a la experiencia mística*. Madrid: Biblioteca Nueva.

— (2001). *La autoluminosidad del atman: aproximación al pensamiento hindú clásico*. Madrid: Biblioteca Nueva.

— (2002). *La fascinación de Oriente*. Barcelona: Kairós.

— (2007). *La llamada (de la) Nueva Era: hacia una espiritualidad mística y esotérica*. Barcelona: Kairós.

— (2007). *La reencarnación: una clave para entender el sentido de la vida*. Málaga: Sirio.

— (2013). *Filosofía ¿qué es eso? Saber y ser en Occidente y Oriente*. Biblioteca Nueva: Madrid.

Naranjo, Claudio (2008). *Entre meditación y psicoterapia*. Vitoria: La Llave.

Ngodup, Thubten (2010). *Nechung. El oráculo del Dalái Lama*. Barcelona: Kairós.

Nishitani, Keiji (1983). *Religión and Nothingness*. Berkeley: University of CaliforniaPress. [Versión en castellano: *La religion y la nada*. Barcelona: Siruela, 1999.]

Nityabodhananda, Swami (1985). *Actualidad de las Upanishads*. Barcelona: Kairós.

Norbu, Namkhai (1995). *El cristal y la vía de la luz: Sutra, Tantra y Dzogchén*. Barcelona: Kairós.

Ñanamoli, Bhikkhu, y Bodhi, Bhikkhu (2009). *The Middle Length Discourses of the Buddha: A Translation of the Majjhima Nikaya*. Boston: Wisdom Publications.

Olivelle, Patrick (1996). *Upanishads*. Oxford: Oxford University Press.

Padmasambhava (2001) (trad. Robert Thurman). *El libro tibetano de los muertos*. Barcelona: Kairós.

Padoux, André (2010). *Pour comprendre le tantrisme: les sources hindoues*. París: Albin Michel. [Versión en castellano: *El Tantra. La tradición hindú*. Barcelona: Kairós, 2011.]

Panikkar, Raimon (1970). *El silencio del Dios*. Madrid: Guadiana. Actualmente, *El silencio de Buddha: una introducción al ateísmo religioso*. Barcelona: Siruela, 1996.

— (1983). *Myth, Faith and Hermeneutics. Cross-cultural Studies*. Bangalore: ATC.

— (1989). *The Vedic Experience. Mantramanjari: An Anthology of the Vedas for Modern Man and Contemporary Celebration*. Nueva Delhi: Motilal Banarsidass.

— (1997). *La experiencia filosófica de la India*. Madrid: Trotta.

— (2005). *Espiritualidad hindú. Sanatana Dharma*. Barcelona: Kairós.

Phillips, Steven H. (1986). *Sri Aurobindo's Philosophy of Brahman*. Leiden: Brill.

Plá, Roberto (1998). *Bhagavad Gita*. Madrid: Etnos-Índika.

Powers, John (1995) (trad.). *Wisdom of Buddha: The Samdhinirmocana-sutra*. Berkeley: Dharma Publishing.

— (2007). *Introduction to Tibetan Buddhism*. Nueva York: Snow Lion.

Prats, Ramon (1999) (trad.). *El libro de los muertos tibetano*. Barcelona: Siruela.

Purani, A.P. (1964). *The Life of Sri Aurobindo. A Source Book*. Pondicherry: Sri Aurobindo Ashram.

Quiles, Ismael (1997). *Filosofía budista*. Buenos Aires: Depalma.

Radhakrishnan, Sarvepalli (1968). *The Principal Upanishads*. Londres: Allen & Unwin.

— (1994). *The Bagavad Gita*. Nueva Delhi: Harper Collins.

Ray, Reginald (2001). *Secret of the Vajra World: the Tantric Buddhism of Tibet*. Boston: Shambhala.

Rama, Swami (1988). *Perennial Psychology of the Bhagavad Gita*. Pensilvania: The Himalayan International Institute of Yoga, Science and Philosophy.

Ramanan, Venkatan (1993). *Nagarjuna's Philosophy (as presented in the Maha-Prajñaparamita-Shastra)*. Delhi: Motilal Banarsidass.

Ranganathan, Shyam (2008). *Patañjali's Yoga Sutra*. Nueva Delhi: Penguin Books.

Renou, Louis (1986). *Isa, Katha, Kena Upanishads*. París: Adrien Maisonneuve.

Renou, Silburn, *et al.* (1978). *Kausitaki, Svetasvatara, Prasna, Taitiriya Upanishads*. París: Adrien Maisonneuve.

Ricard, Mattthieu (2009). *El arte de la meditación*. Barcelona: Urano.

Rivière, Jean (1980). *La santa Upanishad de la Bhagavad Gita*. Buenos Aires: Kier.

Roberts, Peter Alan (2011) (trad.). *Mahamudra and related instructions -Core Teachings of the Kagyu School*. Somerville: Wisdom Publications.

Ruiz Calderón, Javier (2009). *Breve historia del hinduismo: de los Vedas al siglo XXI*. Madrid: Biblioteca Nueva.

Sanderson, Alexis (1985). «Power and Purity among the Brahmans of Kashmir», en Carruthers *et alter*. *The Category of Person*. Cambridge: Cambridge University Press, págs. 190-216.

— (1988). «Shaivism and the Tantric Traditions», en S. Sutherland *et al.* (eds.). *The World's Religions*. Londres: Routledge, págs. 660-704.

Silburn, Lilian (1999). *Le Vijñana bhairava*. París: Collège de France.

Singh, Jaideva (1980). *Spanda Karikas*. Delhi: Motilal Banarsidass.

— (1993). *Vijñanabhairava or Divine Consciousness*. Delhi: Motilal Banarsidass.

Smart, Ninian (2000). *Las religiones del mundo*. Madrid: Akal.

Snellgrove, David (1987). *Indo-Tibetan Buddhism* (2 vols.). Boston: Shambhala.

Sogyal, Rimpoché (2006). *El libro tibetano de la vida y la muerte*. Barcelona: Urano.

Souto, Alicia (2009) (trad. y com.). *Los orígenes del Hatha Yoga: Hatha Pradipika, Gheranda Samhita, Goraksha-Shataka*. Madrid: Ediciones Librería Argentina.

Steiner, Rudolf (1988). *Los fundamentos ocultos de la Bhagavad Gita*. Buenos Aires: Antroposófica.

Stoddart, William (2011). *El budismo*. Palma de Mallorca: Olañeta.

Taimni, I.K. (1974). *The Science of Yoga*. Madras: Theosophical Publishing House.

Than, Mih, y Leigh, P.D. (2001) (trad.). *Sutra of the Medicine Buddha*. Buddha Dharma Education Association Inc.

Tanabe, Hajime (1986). *Philosophy as Metanoetics*. Berkeley: University of California Press.

Tola, Fernando (1973) (intr., trad., notas). *Doctrinas secretas de la India: Upanishads*, Barcelona: Seix Barral.

Tola, F., y Dragonetti, Carmen (2006). *La filosofía yoga*. Barcelona: Kairós.

Unno, Taitetsu (1989) (ed.). *The Religious Philosophy of Nishitani Keiji*. Berkeley: Asian Humanities Press.

Urban, Hugh B. (2003). *Tantra: Sex, Secrecy, Politics and Power in the Study of Religions*. Berkeley: University of California Press.

Vélez, Abraham (2003) (trad., intr., notas). *Nagarjuna: versos sobre los fundamentos del camino medio*. Barcelona: Kairós.

Villalba, Dokusho (1989) (ed.). *La enseñanza de Vimalakiti —Vvimalakirti Nirdesa Sutra—*. Madrid: Miraguano.

Waldron, William S. (2003). *The Buddhist Unconscious. The alaya-vijñana in the context of Indian Buddhist Thought*. Londres: Routledge Curzon.

Wallace, Vesna A. (2001). *The Inner Kalacakratantra: A Buddhist Tantric View of the Individual*. Oxford: Oxford University Press.

Wallace, Alan (2009*a*). *La ciencia de la mente*. Barcelona: Kairós.

—(2009*b*). *Mente en equilibrio*. Barcelona: Rigden Institut.

Walshe, Maurice (1995) (trad.). *The Long Discourses of the Buddha. A Translation of the Digha Nikaya*. Boston: Wisdom Publications.

Wayman, Alex (1977) (trad.). *The Yoga of the Guhyasamaja Tantra: The Arcane Lore of Forty Verses*. Delhi: Motilal Banarsidass.

— (1993). *The Buddhist Tantras: Light on Indo-Tibetan Esotericism*. Delhi: Motilal Banarsidass.

White, David Gordon (1996). *The Alchemical Body. Siddha Traditions in Medieval India*. Chicago: University of Chicago Press.

— (2003). *Kiss of the Yoguini: Tantric Sex in its South Asian Context*. Chicago: The University of Chicago Press.

Williams, Paul (2002). *Buddhist Thought: A complete introduction to the Indian Tradition*. Londres: Routledge.

— (2008). *Mahayana Buddhism: The Doctrinal Foundations*. Londres: Routledge.

Wolpin, Samuel (1984). *El Sutra del corazón*. Buenos Aires: Hastinapura.

— (1985). *El Sutra del diamante*. Buenos Aires: Hastinapura.

Zaehner, R.C. (1969). *The Bhagavad Gita*. Oxford: Clarendom Press.

Agradecimientos

Quiero agradecer a todos aquellos que han leído el manuscrito y me han ofrecido muy valiosos comentarios y sugerencias. Especialmente a Arcángelo Cerezzo, Jorge N. Ferrer, Javier Ruiz Calderón (Shankara), Pawel Odyniec, Florencio Serrano (Karma Tsondru Yeshe) y Miguel Torices.

A Ferran Mestanza, porque sin sus recomendaciones y préstamos bibliográficos referentes a la tradición budista el libro no habría podido ser lo que es.

A Javier Melloni, por el prólogo realizado, así como por sus múltiples sugerencias tras la lectura del manuscrito.

A Agustín Pániker, por su excelente labor de editor y el cuidado con que realiza su trabajo.

A Che Portal, por su amorosa presencia, inestimable compañera del Sendero.

Cualquier comentario o sugerencia será bien recibida en:
merlo.vicente@gmail.com

editorial **K**airós

Puede recibir información sobre nuestros
libros y colecciones o hacer comentarios
acerca de nuestras temáticas en:

www.editorialkairos.com

Numancia, 117-121 • 08029 Barcelona • España
tel +34 934 949 490 • info@editorialkairos.com